大是文化

正史的誤導

烽火戲諸侯、焚書坑儒、項羽自刎於烏江……
看完這些翻案證據，你會驚呼，歷史課本誰編的？

北京師範大學古典文獻學博士
趙運濤——著

目錄

第二部
歷史不只能塑造形象，還能改變長相

❖第三部　紙上得來終覺假，絕知此事要躬行

第四部

歷史碰上鄉野奇談，故事流傳後世

推薦序一

破除單一視角的局限，看見歷史的真實樣貌

「Special 教師獎」得主／吳宜蓉

不曉得你有沒有看過一張在社群網站中，被許多人分享轉載的圖片：漫畫《貓之寺的知恩姊》的老奶奶，平靜的說著一段讓人警醒的話：「就算是再好的人，只要有好好努力，在某人的故事裡也會變成壞人。」

我們看待別人的觀點，只要從某個角度出發，就一定會有視野的局限。

傳統歷史上被視為狐媚惑人的妲己，一向被貼上紅顏禍水的標籤；然而，中央研究院曾透過考古文物的研討，重新比對甲骨文史料，**推測真實歷史中的妲己可能曾經馳騁沙場，是個親自帶兵與周人作戰的一級戰將！**並且，她極有可能殺敵無數，使周人受到重創。因此周人才這麼痛恨她，進而抹黑她。妲己在歷史上，從神力女戰士一瞬間黑掉，變成後人心中禍國殃民的頭號惡女！

這篇專業的文章，在中央研究院「研之有物」網站一發表，就立刻成為網路爆文！明明是學術研討的文章，大家卻看得津津有味，為什麼？因為論述內容寫得清楚完整，因為證據推論交代得明確有本！讀者看了不僅容易明白，更得到真正收穫知識的快感！

然而，我們的歷史課本常常把一個人、一個事件，只用一句話輕輕帶過。缺乏故事情境，所以學生看了不明所以；少了多重角度，徒增刻板印象。

難怪學生常常會跟我反映：「老師，歷史好難背！」、「歷史好無聊哦！」我不怨天不尤人，只怪歷史教科書！這正是知識碎片化產生的不良後果！當真實世界的複雜脈絡，被簡化為課文上的隻字片語，明明看完一知半解，卻又因為考試而必須照單全收。學習歷史，自然而然成為學子們的共同噩夢！

然而，**人類天生是一種喜歡故事的生物，越是完整、有系統的故事，越是能夠幫助我們的大腦有效率的提取、解譯**。影像醫學研究顯示，人類在讀故事或聽故事時，大腦皮層會啟動社會及情緒程序，深化我們的認知能力，深刻我們的同理心。想要強化學習，就得剔除課本的隻字片語，讓系統化的脈絡敘事進到腦中。

因此，如果有一位老師盡其所能的蒐羅完整證據，進而交代出一個具系統脈絡的敘事，讓史料說話、讓文物說話，運用各種角度，盡可能還原過去世界的三百六十度全面相；讓歷史人物不再只是課文上的印刷文字、形象扁平，而是有血有肉，跟你我一樣有著小情小愛、各種心思的真實人類；讓歷史朝代不再只是選擇題中的某個選項，而是有風有雨有晴有陰，有著深層底蘊的風華絕代。如能這樣，誰會不喜歡讀歷史呢？

這本書的作者趙運濤博士，就是這方面的大師級人物！翻開這本《正史的誤導》，一起來重新探究中國歷史吧！那些你以為你學過的歷史，是真實的歷史，還是片面的認識呢？那些你以為你熟悉的人物，是不是該給一個重新認識他們的機會？

歷史可以不再是淺薄的知識錯覺，在層層史料推理中，發現你從未想過的細節。四十個篇章一口氣讀下來，你將能充分感受歷史思維大破大立的閱讀超快感！

推薦序二

從課本沒提的故事，發現歷史的血肉和靈魂

國立蘭陽女中歷史科教師／汪栢年

歷史跟人一樣，除了骨架之外，還需要血肉與靈魂，否則就成了一具具的骷髏。二十年前的歷史課本，充滿許多人物、事蹟與關聯性，日後逐漸消失，必須倚靠老師、家長與學生自行重建，才能恢復歷史的本來面目。

而這本《正史的誤導》，正可以增添歷史的靈魂，又可以補充現在歷史課中缺少的血肉，其價值不輸一本百萬元等級的歷史筆記。

碎片化知識產生的誤解、正史中充斥一家之言的史觀、古今之間充滿時代隔閡、古籍與考古間的矛盾，以上作者想要導正的四個方向，剛好是歷史課本的四大病徵。二十世紀以來，在科學掛帥的菁英思維主導下，許多非正史、非名家、非主流的歷史，一律被打入冷宮，淪為稗官野史，不入朝堂之門，不列科舉之目。眾多有思想、有主見的學子，只好憑著自學精神，蒐羅史料、找遍筆記小說，以窺透當政者想蒙蔽的真相。

看完本書後，會打破你對中國史的一些成見。例如：禪讓制度、夏王朝的存在、大禹治水、

商紂王的罪狀等。

以往我們都照著課本講述或學習，以為歷史就是那個樣子，但其實不是；原來我們所講的歷史，很多都只是傳說，或有心人士的虛構。

當你跳脫正史史觀後，歷史的天空瞬間開闊，你彷彿能看到真實的歷史人物出現，為自己辯白。商朝婦女會跟你說：「我們可以主持祭祀、參與政治、率軍出征，你們時代的女生辦得到嗎？」紂王會跟你喊冤：「我們本是遊牧民族，重視祭祀典禮，酒肉是必備之物，怎能說我酒池肉林呢？」

在審定嚴格的教科書中，中國史中有趣的故事消失了。一般人的印象中，歷史都是背誦，現在則是連史事都消失了，剩下一條條的論證與結論。

本書從古人論述、專家論文、筆記小說等「非正史」材料中，蒐羅豐富的歷史故事，彌補我們的破碎歷史知識，例如：用《詩經》裡的故事，來讓學生了解古代男女生如何交朋友、談戀愛；用《笑林廣記》中，許多女性妙應答的故事，使古代婦女的面貌更加清晰；用秦、漢的民歌，講述秦始皇築長城、驪山陵寢，對人民生兒育女觀念的影響；用考古新發現，述說西周晚期周厲王的經濟改革失敗與王室衰微等。

此外，現在的學生很喜歡穿越故事，卻以為穿越都是虛構的。作者很貼心的從考古文物、圖畫（例如：《清明上河圖》、《百子圖》等）中，找到古代器物與現代器物有類似的造型，也找到從古代一直使用到現代的器物，說明古今相連的重要觀念。

現代的學生誤以為古人是陳腐的，但作者引用各種文獻，讓我們看見古代的俊男美女、古人的智慧與幽默、古人的真實面貌。

以上閱讀的收穫，讓我更加明白：**「把歷史限定在某一範疇，就是一種誤導」**、**「學習歷史的另一個好處，是提升文化鑑賞能力」**。我們一定要跳脫「只重架構，不要血肉」的歷史學習態度，才能讓學生發現歷史的靈魂。

前言
你讀過的歷史，是真正的歷史嗎？

《莊子》中有這樣一個故事：晉獻公要娶驪姬為妻。驪姬不知道自己要嫁的這個君主長什麼樣，於是每天哭哭啼啼。等嫁過去之後，她跟著晉獻公吃喝玩樂，就悔恨自己當年為什麼要哭泣，她沒想到嫁人之後，人生居然會這麼開心。

《莊子．秋水》中還有一個故事說，秋水隨著季節漲起來，河伯以為自己已經足夠廣大，全天下都不如自己，結果見到海神若，只能望洋興嘆，這才知道自己眼界的局限。「井底之蛙」這個成語就是出自這一篇。**實際上，每個人都可能是井底之蛙。這個故事並不是在嘲笑蛙，而是說明每個人的眼界，可能都會受限於自己的認知。**莊子說：「吾生也有涯，而知也無涯。」人生是有限的，而知識是無限的。每個人因為時間等原因，不可能全知全覺，獲得的知識自然也就有限。

零散的歷史知識，可能讓我們產生誤解

現今，我們身處節奏飛快的社會，各種媒介都在跟我們搶獲取知識的時間，人們能獲得的知識就更有限。**碎片化的時間所獲得的零散知識，很可能讓我們產生「誤解」**。尤其是在中國傳統文

化、歷史知識方面，我們或許以為是常識，其實可能未必，我們可能只知其然，而不知其所以然。**我們可能被自己已知的知識「鎖住」頭腦，因而產生錯覺，認為歷史就是我們頭腦中記憶的那一種形式**。

本書就是想透過對某一歷史人物或歷史群像、某一事件或歷史階段進行有系統的梳理，打破碎片化知識建立的偏見。穿透這堵牆，還原歷史現場，重新補充我們已經獲得的知識，看看我們已經被鎖住的腦袋，已知之外的歷史世界究竟是什麼樣子。

本書將以讀者熟悉的歷史人物及歷史事件為考察物件，探究那些我們以為已經了解、掌握的歷史知識之中，隱藏的祕密。**我們受過的歷史教育常是大概，往往前因後果不完備**，多種說法只取其一，這樣一來，**就很容易產生錯覺：歷史上只有這種情況，或歷史本來就是這樣**。我將透過綜述傳世文獻，並結合新出土資料，推敲歷史細節，打破你對歷史的錯覺。

讀完此書，你可能會有「原來如此」的感慨：原來還有這樣一種說法；原來古代就有這些器物；原來古代有與今日相似的行為方式；原來這些人物是同個時代，我的記憶居然是錯的；甚至，可能會顛覆你對某些人物的印象。

歷史跟你以為的不一樣

「三皇五帝」並不是八個人，根據傳說與記載，在「三皇五帝」這一組合下的成員總數，遠遠超過八個。堯、舜、禹帝位的傳承方式，除了「禪讓」，還有一個版本則是暴力奪權。而且，並不是所有中國水系都是大禹治理的，後世將大禹治水的功績誇大了。

商紂王其實並沒有那麼壞，他的壞被誇大，武王伐紂只指責他三、四條罪狀，但後來人們不斷黑（按：指說壞話）他，到了戰國以後，紂王的罪行增加到七十多條。西周最後一代君主周幽王，其實並沒有烽火戲諸侯，因為烽火要到大約戰國末年至西漢初年才出現。

《道德經》可能不是一個人寫成的，《論語》也不是孔子寫的。所謂「三綱」，即「君為臣綱，父為子綱，夫為妻綱」，其實孔子並沒有說過。

孟姜女的故事最初跟秦始皇沒有關係，先秦時是她向齊國君主哭悼自己戰死的丈夫，但是到了漢代，就說她哭倒齊國的長城。項羽很可能並不是在烏江畔自刎，也許他在到達烏江之前就已經掛了。「成也蕭何，敗也蕭何」，韓信其實並沒有要造反。

王安石變法的正面形象，是到近代才確立，實際上，在古代時，對王安石變法的負面評價是主流，人們常認為北宋滅亡是王安石變法導致。

大家往往會對狀元有個誤解，認為中了狀元就可以做駙馬，戲曲小說往往寫士子中狀元後，被皇帝招為駙馬的故事；但歷史上，被招為駙馬的狀元只有唐代的鄭顥一人。

唐代的時候，很多貴族之家都不願意娶公主，皇帝家的女兒也愁嫁不出去。「女子無才便是德」並不對，古代女子也要讀書寫字，因為她們要教育孩子。古代小孩子玩的玩具，有很多傳承到現在……。

本書中，許多篇文章都有相關配圖，並且還有幾篇專門以圖或器物圖像為核心的文章，能更具象的補充歷史及文化知識，比方說：古代有哪些器物像是穿越的？古畫中父母帶孩子有何區別？

有哪些時髦的現代行業，在古代就有了？服飾顏色可以判斷官職大小？

總之，本書的主要目的就是打破碎片化閱讀、淺層閱讀歷史帶來的知識錯覺，希望大家透過本書中對人、物、文、事、時、世的重新探究，能更了解中國傳統文化。

本書的每一篇文章，都是當作學術論文來寫，但表述方式盡可能通俗易懂，讀起來既有學術的嚴謹，又有大眾讀物的文字流暢感。此外，本書參考大量文獻，引用眾多學者的成果，雖然在書中每有提及，但難免掛一漏十。錯誤疏漏之處，還請各位方家、讀者批評指正。

第一部

從古人的想像中，挖掘真相

01

堯、舜、禹的傳承，可能不是禪讓

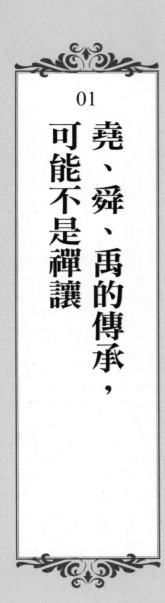

中國的歷史，一般認為是從「三皇五帝」開始的。

關於「三皇」，歷史上有不同的說法。《尚書大傳》認為，三皇是燧人氏（燧皇）、伏羲氏（羲皇）、神農氏（農皇）。他們不僅是古老部族的首領，還是影響歷史進程的偉大「發明家」。

傳說中，燧人氏創造鑽木取火的方法；伏羲氏創造八卦（伏羲時代如果跟考古對應，大概是新舊石器之際，中國訓詁學家于省吾認為，上古發不出「ㄈㄨ」的音，往往將音「ㄈㄨ」的字讀為「ㄅㄠ」音，所以伏羲又被叫做「庖犧」或「包犧」。《周易》中有：「古者包犧氏之王天下也，仰則觀象於天，俯則觀法於地，觀鳥獸之文，與地之宜，近取諸身，遠取諸物，於是始作八卦，以通神明之德，以類萬物之情。」）；神農氏嘗百草，奠定中醫藥的基礎。

《帝王世紀》則以伏羲、神農、黃帝為三皇。傳說中，黃帝發明的東西非常多，例如《淮南子》說「黃帝造車」。不僅如此，他還讓妻子嫘祖教人民養蠶，發明衣服；他命令大臣倉頡造文字；又命大臣大撓造干支，因此有了黃曆。此外，黃帝的發明還包括種植五穀、建造房屋、採礦、製陶等。中醫學的奠基之作《黃帝內經》託名於他，戰國時期興起的黃老之學，也尊黃帝為創始人。

而《通鑑外紀》以伏羲、神農、共工為三皇。共工是水神，傳說他一怒而撞擊不周山，支撐天的柱子折斷了，「天傾西北，故日月星辰移焉；地不滿東南，故水潦塵埃歸焉」。在中國的神話中，中國的地形西北高、東南低，是共工造成的。

有些說法則是把伏羲、神農與女媧合稱為三皇，女媧不僅造人，還補了天。

實際上，**這些都是古人為人類和自然界的事物及現象，尋求合理的解釋，並把一些偉大發明與古聖賢聯結起來**。古人認為，偉大的發明，非通曉智慧的聖賢大智不能為之，正如《考工記》所

▲圖1-1　《帝王道統萬年圖》，伏義（明，仇英繪。按：《帝王道統萬年圖》共20冊，分別描繪20位古代帝王明君）。

▲圖1-3　漢代畫像磚中的軒轅黃帝。

▲圖1-2　《帝王道統萬年圖》，神農（明，仇英繪）。

說：「百工之事，皆聖人之作也。」

另一方面，關於「五帝」，歷史上也有不同的說法。漢代司馬遷的《史記．五帝本紀》列黃帝、顓頊（皇帝的孫子）、帝嚳（又名高辛，傳說為皇帝的曾孫）、堯、舜為五帝；《禮記》以大皞（即伏羲）、炎帝（傳說為神農氏）、黃帝、少皞（少昊，傳說為皇帝的兒子）、顓頊為五帝；《帝王世紀》則以少昊、顓頊、高辛、堯、舜為五帝。

把所有三皇五帝傳說所涉及的人物，去掉重複，共有燧人氏、女媧、伏羲、共工、黃帝、炎帝、少皞、顓頊、帝嚳、堯、舜。你會發現，「三皇五帝」這一組合下的成員，總數遠遠超過八個。這是不同傳說累積形成的。

三皇五帝的說法是後來才出現，而這些原始傳說中的神人，之前就已經散落在不同的記載中。因此，**當古人們在挑選誰該入選的時候，就產生分歧，而出現不同的組合**。就像有人提出「龍生九子」的說法，但究竟是哪九子，人們廣泛搜羅傳說中的神獸來湊數，因為搜集的神獸類別不同，也就出現了分歧。

當然，從接受者的角度來看，總會有一個較多數人認可的選擇。**黃帝、顓頊、帝嚳、堯與舜，這一「五帝」組合，就因為《史記．五帝本紀》，而獲得了更廣泛的歷史認同**。

傳說中的黃帝，其實不是人

黃帝的傳說，在先秦時期就已經普遍存在，但早期傳說中的黃帝往往是神，其形象也與人的形象差別很大。袁珂《山海經校注》曰：「古天神多為人面蛇身，舉其著者，如伏羲、女媧、共工、相柳、窫窳（按：音同「訝宇」）、貳負等是矣；或龍身人頭，如雷神、燭龍、鼓等是矣，亦人面蛇身之同型也。此言軒轅國人人面蛇身，固是神子之態，推而言之，古傳黃帝或亦當作此形貌也。」[1]除了伏羲、女媧是蛇身人面之外，袁珂認為，早期傳說中的黃帝也是這樣的造型。

不過，中國人很早就已經有理性思維，如果黃帝是人面蛇身，或有極奇異的外型，要說他是人類

▲圖1-4　《帝王道統萬年圖冊》，少昊（明，仇英繪）。

1 袁珂，《山海經校注》，北京聯合出版公司，二〇一五年版，第二〇二頁。

的祖先，人們可能很難相信，不容易將其作為歷史人物來看。哪有人會長成這樣啊？因此只會把他當傳說人物。想要將傳說人物與人聯繫起來，納入歷史進程之中，就必須進行「改造」，神話英雄需要轉變為人間英雄，而實際上，早在司馬遷之前，儒家就已經完成了這個工作。

《太平御覽》卷七九引《尸子》記載，子貢問孔子一個問題：「古者黃帝四面，信乎？」傳說黃帝有四張臉，可信嗎？孔子曰：「黃帝取合己者四人，使治四方，不計而耦，不約而成，此之謂四面。」孔子做出理性的解釋：所謂「黃帝四面」，其實是黃帝派遣符合自己心意的人統治四方罷了。

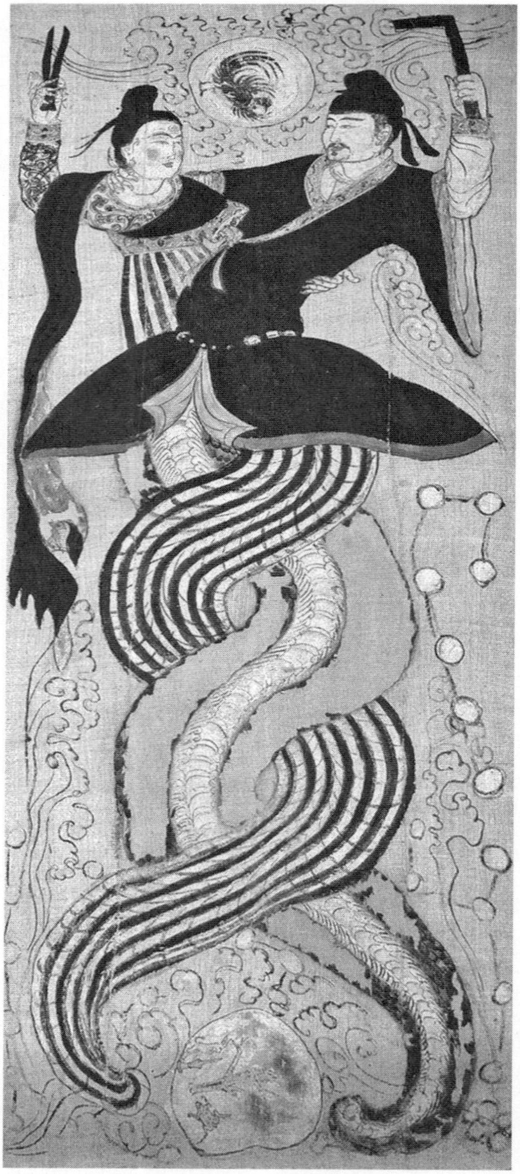
▲ 圖1-5　唐代絹畫中的伏義與女媧。

此外，在《大戴禮．五帝德》中記載，宰我問孔子：「傳言黃帝活了三百年，那麼黃帝是人還是神呢？」孔子回答：「生而民得其利百年，死而民畏其神百年，亡而民用其教百年，故曰三百年。」孔子解釋：三百年是指人們從黃帝那裡受益一百年，他去世後，人們又敬仰他一百年，他的教化又再影響了後世一百年，而不是說他活了三百年。

經過儒家的改造，黃帝成為文化與民族的締造者，他不再是原始信仰中掌握天道的神，而是天道在人間的代理人。司馬遷把《五帝本紀》放在開篇，以黃帝為首，就是在儒家改造的基礎上，將其歷史化，黃帝成為一個歷史人物，是歷史上存在過、可信的一個人。

有了黃帝這樣的歷史人物，就有歷史的開端，司馬遷《五帝本紀》將黃帝之後的傳說人物與黃帝產生聯結，也就將他們納入歷史進程中。根據已有的傳說，司馬遷梳理出帝位的傳承順序：黃帝之後，接任帝位的是黃帝的孫子顓頊；顓頊之後，是黃帝的曾孫帝嚳；帝嚳之後是黃帝的玄孫堯。堯和大禹是同個輩分的人，但從堯到禹，中間隔了一個舜，舜是黃帝的八代孫，要比堯和大禹晚四代。

按照《史記》的記載，我們來看一下五帝到大禹的傳承（如下頁圖所示）。

司馬遷敘述五帝傳承，建構的是一種血緣傳承，讓他們都跟黃帝有關係，彼此之間也就有合法的繼承權利。但這裡有個麻煩的人物，就是舜，「虞舜者，名曰重華。重華父曰瞽叟，瞽叟父曰橋牛，橋牛父曰句望，句望父曰敬康，敬康父曰窮蟬，窮蟬父曰帝顓頊，顓頊父曰昌意：以至舜七世矣。自從窮蟬以至帝舜，皆微為庶人。」（《史記．五帝本紀》）。舜與堯、與大禹的血緣關係都太遠了，而且，他上推五代都只是平民百姓，單單依靠血緣傳承的說法，似乎不具有足夠說服

五帝到大禹的傳承圖

黃帝

第一代	昌意		玄囂
第二代	顓頊（帝王）		蟜極
第三代	窮蟬	鯀	帝嚳（帝王）
第四代	敬康	禹（帝王）	堯（帝王）
第五代	句望		
第六代	橋牛		
第七代	瞽叟		
第八代	舜（帝王）		

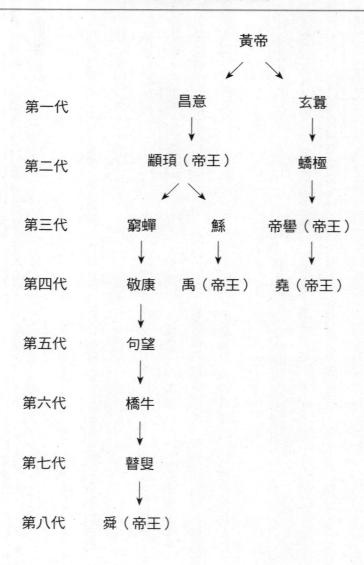

力。幸好，在司馬遷之前，已有相關的傳說解決這個問題，那就是「禪讓」：堯將帝位禪讓給舜，舜又將帝位禪讓給禹。

禪讓，原始的民主制度

先秦時期「禪讓」的說法，從事理上來講，可能是有現實依據的。這是生產力水準很低、人們只能依靠共同勞動來維持生存的時代，生產工具和勞動收穫都歸集體所有，大家共盡義務、享有同等的權利，所以沒有「官」也沒有「民」，**大家往往是透過集體協商和民主選舉，選出一個部族首領來管理部族的事務**。所以說**「禪讓」**，**應該是有著原始民主的依據**。

儒家祖述堯、舜，大力讚揚堯、舜的德行，其中「禪讓」就是表現其德性的重要面向。他們不僅宣導禪讓，而且

▲ 圖1-6　18世紀《歷代帝王聖賢名臣大儒遺像》中的舜像。

在司馬遷之前，還解決了禪讓的具體步驟這個大問題。其中，具體的選舉活動包括兩個方面，要「薦之於天，而天受之」（《孟子．萬章》），也就是說要取得上天的承認，繼承人能主持祭祀活動，溝通天人，因而繼承者必須謙虛恭敬；此外，還要取得人們的信任和擁護，「使之主事而事治，百姓安之，是民受之也」（《孟子．萬章》）。在「讓」的過程中，就可以看出繼承人能不能得民心。

司馬遷在敘述堯、舜、禹禪讓過程時，就完全圍繞著這兩方面。堯將舜薦之於天，讓他先攝政。堯死後，舜躲避堯的兒子丹朱，大家都歸附舜，而不去見丹朱。同樣的，舜將大禹薦之於天，讓他攝政。舜死後，大禹躲避舜的兒子商均，結果大家都歸附大禹，而不去朝見商均：「堯立七十年得舜，二十年而老，令舜攝行天子之政，薦之於天……堯崩，三年之喪畢，舜讓辟丹朱於南河之南。諸侯朝覲者不之丹朱而之舜，獄訟者不之丹朱而之舜，謳歌者不謳歌丹朱而謳歌舜。舜曰：『天也』，夫而後之中國踐天子位焉，是為帝舜。」、「舜子商均亦不肖，舜乃豫薦禹於天。十七年而崩。三年喪畢，禹亦乃讓舜子，如舜讓堯子。諸侯歸之，然後禹踐天子位。」（《史記．五帝本紀》）。

另一個真相：禪讓其實是暴力奪權

實際上，在處理堯、舜、禹帝位傳承這一問題上，解決方式在先秦時期有兩個版本。一個是司馬遷選擇的「禪讓」版本；還有一個版本，則是暴力奪權的傳說。

晉武帝太康二年（西元二八一年），在汲郡（約在今河南省汲縣西南）的一座古墓裡，出土一部戰國時魏國的史書，人們稱它為《竹書紀年》或《汲塚竹書》、《汲塚紀年》。這是一部比司馬遷《史記》還要早的書。書中對堯、舜、禹權力過渡的記載，與《史記》中所言的禪讓完全不同。《竹書紀年》說，當年舜是奪權而上位，他不僅囚禁了堯，還囚禁堯的兒子丹朱：「昔堯德衰，為舜所囚也……舜囚堯，復偃塞丹朱，使不與父相見也。」舜最後把堯流放到平陽，自己取代了他：「舜放堯於平陽，取之帝位。」

堯
大哉帝堯　盛德巍巍
垂衣而治　光被華夷
聖神文武　四岳是咨
揖遜之典　萬世仰之

▲圖1-7　帝堯立像（宋，馬麟繪），現藏於臺北故宮博物院。

關於這場權力鬥爭，儒家經典《尚書》中透露了一點蛛絲馬跡。舜奪得權力後，把堯在位時用的一些重臣都處置了：「堯使舜嗣位……流共工於幽州，放驩兜於崇山，竄三苗於三危，殛鯀於羽山，四罪而天下咸服。」

《韓非子》中記載，當年這些人都曾反對舜接任堯的位置：「堯欲傳天下於舜，鯀諫曰：『不祥哉！孰以天下而傳之於匹夫乎？』堯不聽，舉兵而誅，殺鯀於羽山之郊。共工又諫曰：『孰以天下而傳之於匹夫乎？』堯不聽，又舉兵而誅共工於幽州之都。於是天下莫敢言無傳天下於舜。」他們反對舜接任的理由，就是舜的身分只是平民百姓。結果這些反對舜的，都被堯派兵剿滅了。在舜接任堯這件事上，出現了戰爭，文獻雖說是堯「舉兵」誅殺反對舜的人，但如果結合《竹書紀年》來看，舜是「挾天子以令諸侯」第一人也未可知。

因為舜是平民出身，從堯到舜的權力交替，缺少血緣傳承的合法性，《史記》選擇儒家宣揚的「禪讓」之說，而《竹書紀年》則選擇暴力奪權之說。同樣，《韓非子》中有一篇，也是選擇「暴力奪權」之說，說舜逼迫堯退位，後來禹又逼迫舜退位：「舜逼堯，禹逼舜，湯放桀，武王伐紂。此四王者，人臣弒其君者也，而天下譽之。」

綜合各種傳說來看，大禹和堯是同輩人，兩個人的血緣關係較近，大禹本身就具有合法的血緣傳承關係，有繼承權。再加上傳說大禹的父親是鯀，而鯀又傳說是被舜殺死的，**當身為平民的舜，奪取堯的權力，大禹再以武力重新奪權於舜，奪回屬於自己的帝位，並為父親報仇，從情理上來說，是有可能的。**

當代學者、先秦史專家王玉哲綜合各種資料，在〈堯、舜、禹「禪讓」與「篡奪」兩種傳說並存的新理解〉一文中指出：「堯的末年曾把其酋長職位，傳給他的兒子丹朱，有勢力的有虞氏舜藉口堯破壞了民主選舉制，把堯囚禁起來，又放逐其子丹朱。舜於是把最高的領導權篡奪到自己手中。舜臨死前，也想把酋長職位傳給他自己的兒子商均，夏禹也藉口不能破壞舊傳統，逼迫舜把酋長職位讓給他，夏禹終於占據了這個最高職位。」他說**這個時期，反映的正是「傳賢」與「傳子」制度的鬥爭，是權力的獲得從原始民主到世襲制的過渡**。「在堯、舜、禹時期，民主選舉的舊傳統『禪讓』制雖然仍在執行，但是，這些酋長都已經視其職位為私有，都想傳給自己的兒子；另外一些顯貴，則利用氏族民主選舉的傳統，作為奪權的藉口。一旦奪權成功，他又要效法他的前任，把職位傳給自己的兒子。每經過一次這樣反覆鬥爭，傳統的氏族民主選舉制就逐步被削弱。而父子相傳的世襲制，就在這種反覆的鬥爭中逐漸產生和加強。夏禹以後逐漸感到，『選賢與（舉）能』、『天下為公』的舊制度已經過時，於是『各親其親，各子其子』的『天下為家』的新時代，正式開始了。」[2]

總之，堯、舜、禹的權力傳承，如果按照儒家宣揚，如《尚書》、《論語》等的記載，堯、舜、禹是「禪讓」傳承帝位，出土的楚簡《唐虞之道》、《容成氏》、《子羔》，也記載堯、舜是禪讓。但是，按其他的史料和傳說，三者卻都是透過權力鬥爭而得到天下。這兩種傳說在先秦時期都存在，都是為了解決權力過渡的問題。司馬遷《史記》最終選擇「禪讓」這一版本的傳說，因為

2 王玉哲，〈堯、舜、禹「禪讓」與「篡奪」兩種傳說並存的新理解〉，《歷史教學》，一九八六年第一期。

儒家及司馬遷《史記》的影響，這一說法也就成了古代社會認可的主流，另一個版本的傳說，就逐漸湮沒無聞了。

禪讓變成帝王表示謙虛的象徵，以及奪權的好藉口

大禹之後，王權加強，從夏啟開始，「公天下」變成了「家天下」，堯、舜、禹那種「禪讓制」傳說的土壤自此就不存在了。但因為儒家和《史記》塑造出這種「讓」的理想社會形態，樹立一種理想的標竿，它對後世帝王權力的過渡，仍有重要的影響。

首先，是在形式上的影響。**古代皇帝即位前，基本都要象徵性的「讓一讓」**。皇帝登基前，大臣們往往要進行三次，甚至多次請願活動，皇帝首先要謙虛拒絕幾次，表現出這不是他想要的，最後才在「不得已」的情況下即位。

《史記．高祖本紀》記載，劉邦打敗項羽後，群臣都勸他當皇帝，當時還是漢王的劉邦說：「別鬧了，我的德行不足以擔當起這個虛名。」群臣都哭著說：「您功勞大，就應該當皇帝，您要是不當皇帝，我們就死給您看！」劉邦讓了三次，原文說：「漢王三讓，不得已……。」之後才做了皇帝。

漢高祖死後，呂后專權，諸呂掌握朝廷軍政大權。《史記．孝文本紀》記載，呂后一死，太尉周勃、丞相陳平等大臣把諸呂一網打盡，打算迎代王劉恆入京為帝。代王一到京城，大臣們就開始自己的表演，紛紛來勸代王即天子之位。代王說：「我沒有才能，幹不了這種大事，你們再找

找，看看還有沒有其他更合適的人吧。」大臣們跪在地上，痛哭流涕的堅決請求：「我們的心中只有您，您是我們心中唯一的候選人。」他又謙讓了兩、三次，原文說：「代王西鄉讓者三，南鄉讓者再。」最後才即位，做了天子。而後代皇帝即位，基本都要走這樣一個過場。

直到近代，這樣的戲碼還在上演。袁世凱當皇帝前，國會中的一些成員、籌安會（按：一九一五年成立的政治團體，支持恢復帝制、實施君主立憲），還有各種請願團都跪呈勸進表，請求袁世凱俯順民意，早正大位。袁世凱很配合的揖讓，假惺惺的說：「本大總統認為改革國體，不合時宜。」為了表現「民主」，後來又召開國民代表大會，內定各省國民代表，代表們在監視下投票。參政院（按：一九一四年成立的臨時立法機構，一九一六年裁撤）統計的最終結果是：全國參加投票者一千九百九十三人，贊成帝制為一千九百九十三票，無一人反對，無一票作廢。袁世凱又經過多次揖讓，最終才接受皇帝的尊號。

其次，則是在名義上的影響。**「禪讓」成為異姓帝王們權力過渡的好藉口**。漢朝的最後一任天子漢獻帝，被迫「禪讓」皇位給曹丕，《三國志．魏書．文帝紀》裴松之注引《魏氏春秋》說，曹丕受禪當皇帝後，顧謂群臣曰：「堯舜之事，吾知之矣！」（我今天總算懂了，原來堯、舜「禪讓」是這麼回事啊！）曹丕認為，禪讓只是迫不得已，這倒是與《韓非子》、《竹書紀年》中記載，堯、舜、禹互相逼迫的意味相契合。

後來，歷史上又出現了幾次禪讓，確實也都是出於形勢所逼。例如北周靜帝禪位於隋，後周恭帝禪位於宋等，「禪讓」成為異姓帝王們奪權的遮羞布。當然，**歷史上還有一種「內禪」，就是父親將皇位讓於太子，自己當「太上皇」**，像是唐睿宗李旦讓位於太子李隆基，唐順宗讓位於太子李純等，這些同血緣的「禪讓」，多少也帶有被迫與無奈的因素。

可以說，堯、舜、禹「禪讓」之名，在後世還存在，但其事實卻是《韓非子》、《竹書紀年》中記載的堯、舜、禹逼迫奪權。**司馬遷選擇禪讓之名與禪讓之實；但後世的人們則選擇禪讓之名，而行《韓非子》、《竹書紀年》所記之實。**

▲ 圖1-8　三國，受禪表碑。記錄漢獻帝將帝位禪讓給魏王曹丕之事。

02

夏王朝，後人的想像？

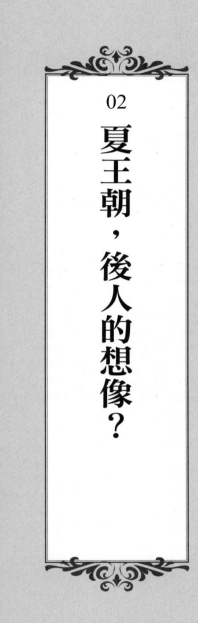

目前，夏王朝的存在，在學術界已經得到多數人的認可，但每當我們談到這第一個「家天下」的王朝時，總能聽到這樣的聲音：「有人說，夏王朝其實是不存在的。」你要是問出處何在、有何證據，卻又語焉不詳。

實際上，在古代，並沒有人懷疑夏王朝的存在，直到二十世紀「新文化運動」興起，中國史學界萌生「疑古思潮」，許多大學者才開始質疑這段歷史。

大禹不是人，其實是條蟲？

清末民初的學者夏曾佑，在一九〇三到一九〇五年編寫了《中國古代史》。在這本書中，他首先發難，**認為由開闢到周初為傳疑時期，因為這一時期並沒有可信的資料存在**。有關這一時期的事，都是在後世的經書和諸子的著作中見到，並不是當時的資料，往往寓言、實事分不清，讀者各信其所習慣而已。

而**胡適**《中國哲學史大綱》寫定於一九一八年，出版於一九一九年，他在導言中說：「**以現在中國考古學的程度看來，我們對於東周以前的中國古史，只可存一個懷疑的態度。**」[3]胡適認為唐虞夏商的事實，今所根據，只有一部《尚書》，但《尚書》是不是真的，很難確定，沒有信史價值。其後，胡適在〈研究國故的方法〉（一九二七年七月，胡適在東南大學的演講稿）一文中又說：「東周以前的歷史，是沒有一字可以信的。以後呢？大部分也是不可靠的。如《禹貢》（按：《尚書》中的一篇）這一章書，一般學者都承認是可靠的。據我用歷史的眼光看來，也是不可靠的，我敢斷定它是偽的。在夏禹時，中國難道竟有這般大的土地嗎？四部書裡的經、史、子三種，大多是不可靠的。我們總要有疑古的態度才好！」

考古學家陳夢家在一九三六年發表〈商代的神話與巫術〉，其中提出「夏世即商世」，認為夏史乃全從商史中分出：第一，夏商地理文化相同，都在東方，只有周起源於西方；第二，在王位繼承上，夏、商有相似性，都是兄終弟及制，周人則是嫡長子繼承制；第三，夏的大禹、商的祖先契，都是治水的功臣，相似；第四，夏、商先妣都為神媒，信仰傳說也一樣；第五，《詩經・長發》：「洪水芒芒，禹敷下土方……有娀方將，帝立子生商。」這個帝就是大禹，大禹生了「商」，也就是說禹為商人之祖，是禹生的契；第六，夏、商帝王名多有重複，夏、商都是十四世，帝王名重複的就有七個，如夏啟的名字啟，可能就是根據商人始祖契而來的。因此，陳夢家認為夏之十四世即商之十四世，夏朝是人們根據商朝編的。[4]

歷史學家顧頡剛在一九二三年發表了〈與錢玄同先生論古史書〉一文，以「大禹是條蟲」這一論說震驚文史界，顧頡剛說：「至於禹從何來……我以為都是從九鼎上來的。禹，《說文》云：『蟲也，從禸（按：音同「柔」），象形。』禸，《說文》云：『獸足蹂地也。』以蟲而有足蹂地，大約是蜥蜴之類。我以為禹或是九鼎上鑄的一種動物，當時鑄鼎象物，奇怪的形狀一定很多，

---

3 胡適，《中國哲學史大綱》，上海古籍出版社，一九九七年版，第十六頁。

4 陳夢家，〈商代的神話與巫術〉，《燕京學報》，一九三六年第二十期。

禹是鼎上動物的最有力者，或者有敷土的樣子，就算他是開天闢地的人。流傳到後來，就成了真的人王了。」[5]

一九三五年，魯迅還對此特意寫了一篇文章譏諷，《故事新編．理水》：「至於禹，那可一定是一條蟲，我有許多證據，可以證明他的烏有，叫大家來公評……。」魯迅的影響很大，此文一出，顧頡剛更是受到許多批判。他曾多次解釋大家誤會他的意思，一九三七年他在〈九州之戎與戎禹〉一文中說：「言禹為蟲，就是言禹為動物。」[6]說禹是條蟲，不是說他是一條具體的蟲，而是說禹可能是夏的動物圖騰。無論大禹是蟲或什麼動物，反正不是正常人。

夏朝歷史，可能是周人編造的

顧頡剛是古史辨派的代表，他對秦、漢以前的歷史往往持懷疑的態度，對於這一時期的史料，他有幾個觀點：第一，**時間越往後，傳說的古史時期就越長**。比如說，西周時期人們心中最古老的祖先就是大禹；到了孔子的時候，出現了堯、舜；戰國時又有了黃帝和神農，秦的時候三皇五帝也出來了；漢代以後才出現了盤古開天闢地的傳說。第二，**時代越往後，傳說中的中心人物形象就越強大**。意思就是，越早的帝王越賢能，能力也更強。第三，儘管這些傳說時期的歷史，現代歷史學家可能沒有辦法一一證實，但是我們可以將它們在傳說過程當中，最原始、古老的樣子展現出來。我們不曉得堯、舜時期的歷史，但是可以搞清楚戰國時期流傳的堯、舜時期歷史；不知道夏王朝具體的歷史，但可以研究春秋時期的人們如何看待夏朝。

顧頡剛是否定夏朝存在論的主要學者之一，在一九三六年，他還和童書業發表了〈夏史三論〉，對有關夏的傳世文獻進行了更為全面的辨析，現舉幾點：第一，夏被提出來，是在殷、周之際，商人沒說過，周人常說，但史書中提到的夏桀幾乎就是商紂的翻版；第二，在最初的文獻記載中，大禹是地神，和夏朝沒有任何關係，直到戰國時期的墨子，才使禹與夏有了關係；第三，傳世文獻資料顯示，先是大禹與夏產生聯繫，之後禹有個父親鯀，接著又有了兒子啟。啟本是另一個神話傳說中的人物，當禹和夏發生關係之後，他才被「追認」為禹的兒子。夏朝有了頭尾，中間的部分，勇於作偽的戰國秦、漢間歷史家，就繼起完成他們的工作，有關夏的記載一步步完善起來，但大多是其他歷史人物事蹟的翻版而已。[7]

一九四一年，顧頡剛主編的《古史辨》第七冊，收錄歷史學家楊寬〈中國上古史導論〉一文，楊寬說：「夏代傳說之確立，至早在殷周之際。夏史大部分為周人依據東西神話輾轉演述而成者，故周人盛稱之，而殷人則不知，亦無怪乎卜辭之不見其蹤跡矣。」他認為**夏朝是周人編造的，夏史大部分為周人依據神話傳說轉述而成，因而殷商人並不知道**。所以，**在出土的殷商甲骨文中，從來就沒有關於夏的歷史記載**。

5 顧頡剛，《古史辨》，第一冊，上海書店一九九三年影印本。
6 顧頡剛，〈九州之戎與戎禹〉，《古史辨》，第七冊，上海古籍出版社一九八二年版。
7 顧頡剛、童書業，〈夏史三論〉，《史學年報》，一九三六年第二卷第三期。

從歷史、考古、科學，證明夏王朝的存在

除了中國國內，國外一般也不認可夏王朝的存在。二十世紀後期至今，國外一些歷史著作或教科書，基本上認為中國文明是從商王朝開始，例如西方研究中國歷史的權威著作《劍橋中國上古史》中，就沒有夏朝的章節。

一九九一年發表的《洛杉磯「夏文化國際學術研討會」英文本論文譯述》，記錄海外學者對夏王朝研究的一些看法，例如英國倫敦大學主要研究先秦文獻的艾蘭（Sarah Allan），在〈夏存在嗎？——歷史方法論諸問題〉指出，目前無法證實夏王朝的存在。她認為，周代關於夏的記載，是從商代二元神話衍生出來的。她還指出中國考古學家徐旭生等人，為尋找「夏墟」，先仔細分析有關夏代都城及其地點的文獻記載，再去人們稱為「夏都」的地方，尋找新石器時代遺址的證據，這種方法帶有「先入為主」的弊病。中國古代史專家劉克甫（Mikhail Kryukov）〈夏民族國家：事實還是傳說？〉一文認為，**一個民族的「自我認證」，要有文獻證明，而這些文獻必須是書寫而非口傳，是當時的紀錄而非後來的，是用本民族語言寫成而非其他民族語言寫成**。而目前有關夏的種種證據，均不具備上述三要素，因此，不能認為夏民族國家是個事實。

二〇〇二年，在美國華盛頓一場「夏商周斷代工程：交流與爭鳴」討論會，中外學者脣槍舌劍，過程就是中方代表說有，海外學者說無，結果就是誰也沒說服誰。

我們不是已經有出土文物了嗎？二里頭是不是夏王朝的所在呢？事實上，對二里頭的質疑也一直存在。

陳淳、龔辛〈二里頭、夏與中國早期國家研究〉一文指出，二里頭遺址發掘至今還未發表一張比較完整的遺址布局圖，這樣一來，要讓國內外學者了解遺址的規模、重要性及其整體狀況和發展趨勢，認可其「夏墟」的都邑地位，顯然存在很大的不足；即便我們確認二里頭文化與河南龍山文化的分界，也無法認定這就是夏朝的開始。也就是說，中國學者的「二里頭文化＝夏文化＝夏民族＝一批有特色的器物分布＝夏國＝夏國的疆域」這種推理方式有問題。[8]

其實，堅持夏王朝存在的學者，理由也大多很充分。例如豫西（按：河南省西部）和晉南（按：山西省西南部）是周代文獻中提到的夏人活動區域，其中二里頭文化最有可能是夏文化的代表；二里頭發現宮殿遺跡，表明國家的存在；碳-十四測年結果也證明二里頭在夏的紀年內；甲骨文可以證明司馬遷記載

▲圖2-1　從河南偃師二里頭遺址出土的青銅禮器。

▲圖2-2　從河南偃師二里頭遺址出土的綠松石銅牌飾。

8 陳淳、龔辛，〈二里頭、夏與中國早期國家研究〉，《復旦學報》，社會科學版，二〇〇四年第四期。

的商朝為信史，那麼其所記載的夏，應該也是可信的。

為了考究夏、商、周歷史的可信度，排定夏、商、周時期的確切年代，中國在一九九六年啟動「夏商周斷代工程」，二〇〇〇年結案驗收，共有一百七十多名學者參與其中，他們幾乎都是歷史學、考古學、文獻學、古文字學、歷史地理學、天文學和測年技術學等領域的頂尖人士。其中，對夏王朝的研究主要有下列幾個方向：

1. 有關夏、商、周年代和天象，以及都城文獻的整理及可信性研究。
2. 夏、商、周天文年代學綜合研究性問題研究。
3. 夏代年代學的研究。包括「早期夏文化研究」、「二里頭文化分期與夏商文化分界」、「《尚書》仲康日食再研究」、「《夏小正》星象和年代」。
4. 夏、商、周年代研究的綜合和總結。

「夏商周斷代工程」集中考古、文獻、天文、曆法等各個領域的專家，經過多方面的研究，走出「疑古」的時代，證實夏王朝的存在，並最終確定夏王朝的年代為：西元前二〇七〇年至西元前一六〇〇年。

03

如果真是這樣，大禹治水可信嗎？

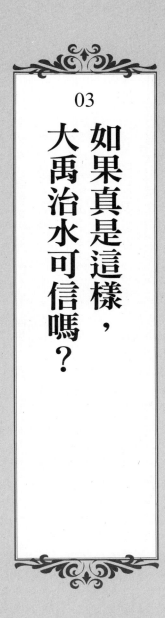

大禹治水，是夏王朝建立的基礎。古人認為，對天下人有功的人才能當帝王，而大禹治水就是一件特別大的功，這為全天下人開闢了生存的場所。所以，周代和秦代的王室都屢屢提到禹，說自己的祖先曾經隨從大禹一起治過水，以證明今日坐天下理所應當。

大概也正因為大禹的治水功勞，禹之後，「公天下」變成「家天下」。傳說禹死後，他的兒子啟按照禪讓的慣例避位退讓，讓伯益（按：協助禹治水有功，因而被禹選為繼承人）做君主，結果人們離開伯益的根據地，而到啟的根據地。人們都支持啟，因此啟就即位了。

談到夏朝的歷史，大家印象中往往就是大禹治水，接著大禹的兒子啟把「公天下」變成「家天下」，再來就只記得夏朝最後有個暴君叫桀，中間三、四百年歷史好似一片空白。殊不知，其中有一件重要的事情，那就是到了大禹的孫子太康時，夏朝的統治實際上中斷了約四十年。夏啟之後，夏王朝就亂了，一方面可能是原始民主與世襲制的爭鬥所致，另一方面則很可能是大禹治水埋下的「隱患」所致。

洪水真正的起因，不是降水量大，而是氣溫升高

《史記．夏本紀》中記載「太康失國」，孔安國（按：西漢經學家，司馬遷研究《尚書》中《堯典》、《禹貢》等篇時，曾向他請教）解釋，夏啟的兒子太康即位後，終日田獵無度，不以百姓為重。東夷族有窮氏首領后羿趁著他外出打獵，奪取他的國家。太康被后羿流放，病死於陽夏。后羿掌控朝政，立太康的兄弟仲康為帝，作為自己的傀儡。仲康在位三十年，憂憤而死。仲康兒子

▲圖3-1　《大禹治水圖》（清，謝遂仿唐人繪）。禹到各地尋找治水方法，一日夢到神人給他治水神書。大禹得書後細讀，又獲得神仙斫石相助，最終治服洪水。

相繼位，不久後，后羿逼走相，自己當國君。后羿即位後，也四處去打獵，把政事交給自己的手下寒浞（按：音同「卓」）。寒浞卻是個小人，《楚辭．天問》說他和后羿的妻子私通：「浞娶純狐，眩妻爰謀。」《左傳》說他暗中培養自己的勢力：「浞行媚於內，而施賂於外，愚弄其民，而虞羿於田，樹之詐慝，以取其國家，外內咸服。」後來，寒浞找機會害死后羿，繼而追殺被逼走的仲康之子相，最後射死了相。而這時，相的妻子已經懷孕，她逃到娘家有仍氏，生下相的兒子少康。少康長大後，在有仍氏和舜的後代有虞氏的幫助下，發兵一舉滅掉寒浞，成功恢復夏朝，實現「少康中興」。

在這段混亂的歷史中，值得注意的有以下幾點：第一，史書說夏啟晚年好打獵，他的兒子太康好田獵，篡位者后羿也好遊獵，後人評價說他們荒淫無度，沉迷於打獵的遊戲之中。然而，這反

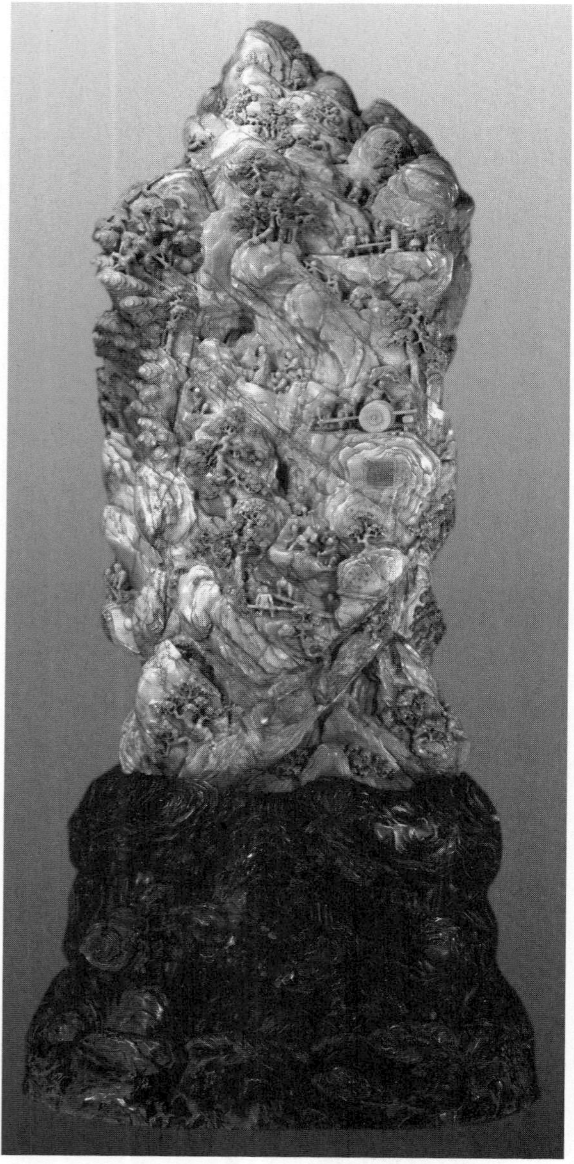

▲ 圖3-2　大禹治水玉山，清乾隆時期的宮廷玉器，現藏於北京故宮博物院。

映的可能只是遊牧民族的生活方式罷了。與大禹同時代，有一個叫后稷的人，他被稱為農神，善於種莊稼，這說明農業在夏朝應該有所發展。但無論是遊牧的逐水草而居，還是農耕的伴水而生，水資源都極其重要，《尚書·五子之歌》中記載「太康失國」，就隱約暗示出圍繞河水進行的爭奪地盤之戰：「太康……畋於有洛之表，十旬弗反，有窮后羿因民弗忍，距於河。」太康到洛水的南面打獵，過了百天還不回來。有窮國的君主羿在河的北面抵禦太康，不讓他回國。夏王朝坐落於伊洛流域之間，伊洛在則夏在，伊洛落入他人之手，則夏入他人之手；而伊水、洛水乾涸，「伊洛竭而夏亡」（《國語》）。

第二，夏啟時，有攻益之戰、討伐有扈氏的甘之戰、河西之戰；仲康時，有攻羲氏和氏之戰；相時，有攻東夷之戰、澆（按：與下文「豷」皆為寒浞之子）滅相之戰；少康時，有復國之戰、滅澆之戰；隨後即位的夏王時期，戰爭也是不斷，如滅豷之戰、攻東夷之戰等，部族之間的戰爭衝突實在不少，像是洛伯與河伯兩大家族之戰。**在夏王朝，戰爭幾乎沒有消停的時候，一方面是因為「家天下」，夏王朝想集中統治權力，在不斷加強自己勢力的過程中，與其他部族發生衝突；另一方面大概與各個部族之間爭奪生活資源有關。**

第三，我們知道神話傳說中有個射日的后羿，他和我們上文提到的奪人國家的后羿都善射，其實在先秦至漢，兩者往往混為一談。而兩者混在一起的原因，或許也是一種觀念的反映。《尚書》裡說堯的時候洪水滔天，《孟子》稱「當堯之世，洪水橫流」，而《淮南子·本經訓》卻說，堯時天上出現十個太陽，莊稼都被烤焦，草木也被晒死，人們沒東西吃，於是射日的后羿站出來，「逮至堯之時，十日並出，焦禾稼，殺草木，而民無所食」。這段文字的描述，顯然是大旱觀念的反映，同樣是對堯的時候的記載，一會兒大水，一會兒大旱，這又是怎麼回事呢？

我們不妨在此做一個大膽的推測：**這是因為這次洪水的起因，並非降水量大，而是氣溫升高所致**。據學者考證，在西元前二十一、二十世紀，發生一次回暖的氣候變化，氣溫驟然升高，山上冰雪融化，造成世界各地的洪水。《淮南子》提到大禹伐三苗時，有「夏冰」，夏天見到冰，大概就是山上沖下來的冰。也就是說，這次大旱與大水相伴而生：水流大，水流過的地方，就是洪澇；氣溫高，沒有水的地方，就是大旱。這次大水持續的時間很長。各個部族逐水草而居，隨著水的分布散落各處。而大禹治水，透過疏導降服洪水，《尚書》：「予決九川，距四海，濬畎澮距川。」

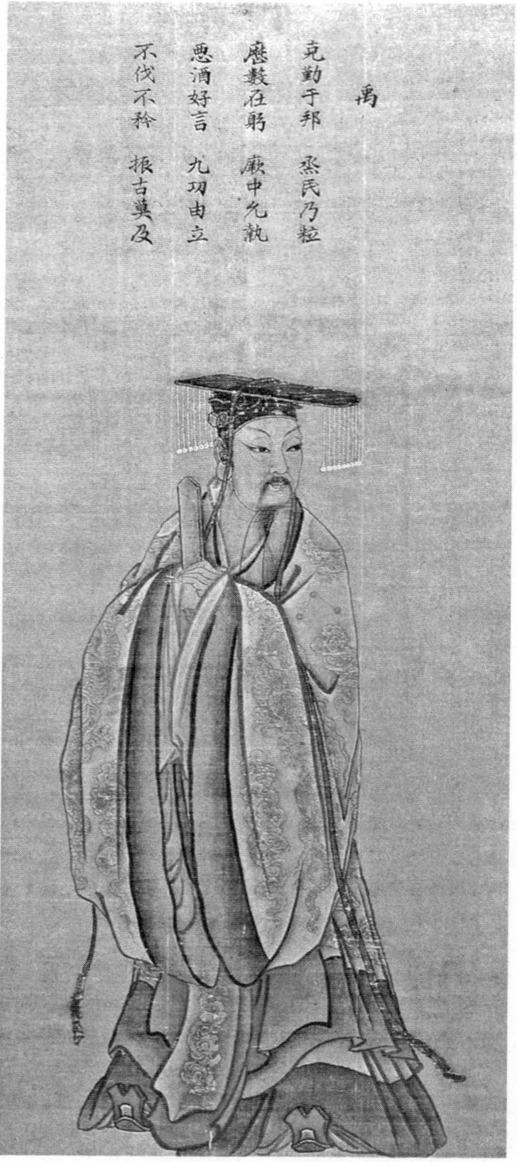
禹
克勤于邦　烝民乃粒
歷數在躬　厥中允執
惡酒好言　九功由立
不伐不矜　振古莫及

▲圖3-3　夏禹立像（宋，馬麟繪）。現藏於臺北故宮博物院。

經過大禹的治理（其中可能也有一些是附會他名下的功績），洪水退去了，但氣溫高的現實還沒有改變。當大水的主要河道形成，一些分散的積水也就失去源頭，爾後，或隨著積水流入大河，或隨著氣溫升高而蒸發，原來生活在這一片積水邊的人們逐漸失去水源，也就面臨大旱。當然，有一些小河溝是慢慢消失的，大概有窮氏生活的地方也是這樣。他們逐水草而居，沒有源頭的死水消失時，就只能搬到另一處。他們經歷的大概就是《淮南子》描述的大旱。到了太康之時，后羿帶著部族遷徙到伊洛流域的夏王朝附近，與夏發生爭奪之戰，他靠著善射的本領，終於奪取夏的寶地，解決乾旱問題，這大概就是后羿射日這一神話觀念的反映。

大禹時，氏族部落極多。《左傳．哀公七年》說：「禹合諸侯於塗山，執玉帛者萬國。」當時的部族有數萬。這些部族原先分散在各地，他們各自守著自己部族的小河溝，各自生存繁衍。大禹治水，名聲很大，夏王朝也就有了民眾基礎，使

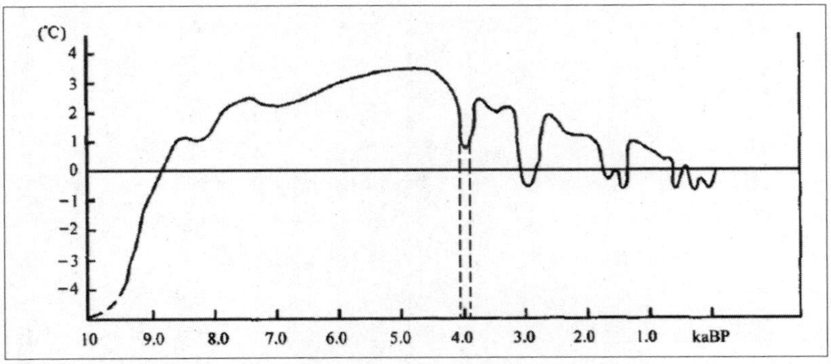

▲圖3-4　中國一萬年來氣溫變化圖[9]（圖中4.0即表示距今4000年）。

9 宋豫秦，《中國文明起源的人地關係簡論》，科學出版社，二〇〇二年版，第二〇〇頁。

得後來「家天下」成為可能。但大禹治水同時也埋下了隱患。帝位傳了三代之後，這些人民的後代不一定還聽從自己後人的命令。更重要的是，當主要河道被確定下來，一些失去源頭的小河溝，雖然暫時還能維持氏族部落的用水需求，但隨著氣溫升高、不斷蒸發，又沒有新的水源補充，它們終究會消失。水源消失之後，這些部族就又不得不遷移，伴水而生、逐水草而居，部族之間搶奪水資源的戰爭也就不斷發生。史書上說，到了夏朝末年，當年的「萬國」只剩下「三千」部落，可見戰爭之激烈。

大禹治水是夏王朝權力的來源和基礎，而坐落於伊洛流域的王朝，隨後不斷受到其他缺水部落的挑戰，歷經三、四百年的時間，最後終因大旱而滅亡，這大概是大禹沒想到的「隱患」。夏得天下，或是因為大禹治水；失去天下，或也與之有關。另外，夏朝之後，商人、周人、秦人都想與「大禹治水」事件有所聯繫，他們都說自己的祖先曾與大禹共同戰鬥過，對天下有功。周人推翻商人，秦人統一天下，都以這件事為名義，為自己提供合法性，這也可以說是大禹治水留下來的一種歷史「隱患」。可以想像，當年與夏王朝打仗的那些部落，很可能也是打著自己先人與大禹一起治水有功的幌子，而「造反」的。

大禹成功治水，其實只是時機對了

大禹治水除了對歷史進程、政治宣傳有影響，在歷史中埋下隱患，還對神話傳播、文學創作有著重要影響。可以說，在後世小說、戲劇等題材中也埋下隱患。

我們先來看早期神話傳說中，對大禹治水的記載。《山海經．海內經》中記載：「洪水滔天，鯀竊帝之息壤以堙洪水，不待帝命。帝令祝融殺鯀於羽郊。鯀復生禹，帝乃命禹卒布土以定九州。」先是大禹的父親鯀負責治水，為了能盡快堵住決堤的江河，他從天帝那裡偷來可以自己增生的土壤，哪裡有缺口就放在哪裡。可惜越堵缺口越多，最終惹惱天帝，被天帝派來的火神祝融所殺。然而，未能使人間渡過難關的鯀心有不甘，死不瞑目，於是把自己的肚子剖開，生出禹，希望他能完成自己未竟的事業。根據其他文獻記載，禹長大後繼承了父親的志向，他改變「堙」的方法，開始用「疏導」的策略治水，最終成功了。

遠古時期的洪水神話，是一個世界性的題材。據現代學者考察，當時全世界都發生海平面上升的問題，所以許多民族都有被洪水淹沒的傳說。例如中國有大禹治水，在西方則有諾亞方舟。海平面上升就會形成海水倒灌，《孟子．滕文公》說：「當堯之時，天下猶未平，洪水橫流，氾濫於天下」、「當堯之時，水逆行，氾濫於中國」。中國地形是西高東低，正常情況下水應該是從西向東流，只有海水由東向西倒灌，才會出現「橫流」、「逆行」的現象。

從事理上來講，當大洪水發生時，河道被沖出缺口，人們首先想到的肯定是堵，但此時水太大，堵不住；過了一段時間，洪峰退去，形成自然的千溝萬壑，這時要開闢生存場所，就需要疏通。**大禹的父親沒有成功，主要是由於他沒有趕上好時機**，那時正是海水向陸地奔湧，洪峰凶猛、水流氾濫的時候。**等大禹出來治水時，海水倒灌結束，百川歸海，採用疏通的方法正合時宜，於是他成功了**。

在《尚書》中，也記載了鯀和禹治水之事。堯問大臣們誰能治水，大家都一致推薦鯀，可見其治水才華應該是有目共睹的。結果沒有成功，堯死後，舜就把鯀殺了，接著讓禹繼續治水，「禹，汝平水土，惟時懋哉！」最後他成功了。

後來，屈原在〈天問〉裡就為鯀叫屈：當年是你們推薦鯀治水，你們都說他做得到，而且他治理川谷也見功勞，為何還要處置他？又說大禹的成功，其實離不開前人之功：「不任汩鴻，師何以尚之？僉曰『何憂？』何不課而行之……伯禹愎鯀，夫何以變化？纂就前緒，遂成考功。」他還問：「鯀何所營，禹何所成？」是什麼耽誤鯀的一生，是什麼成就了禹？要我回答就是：時也，命也。

我們再重新看《山海經》中的神話記載，說上天殺鯀是因為他「不待帝命」，說他沒有聽從上天的命令，這大概就是對他沒能趕上「天時」的解釋。《山海經》神祕化了「大禹治水」的歷史背景。

大禹實際治水的範圍有多大？

大禹治水成功了，那麼，他親自治理的水域是哪裡呢？後世將大禹治水的功績誇大，而為了「適應」這種誇大，又誕生不少相關的神話與傳說。

出土文物中，最早記載大禹治水事件的，是約製作於西周中期的「豳（按：音同「賓」）公盨」銘文：「天令（命）禹尃（敷）土，墮山濬川。」上博簡（按：上海博物館藏戰國楚竹書）中大約為戰國中期的文獻《容成氏》記載得更詳細，說大禹治水涉九州，河濟、淮沂、江漢、涇渭、伊洛等河流都在其治理範圍內。

傳世文獻《尚書．禹貢》也提到九州，大禹足跡遍及今日十八個省。《孟子》中也說：「禹疏九河，瀹濟、漯而注諸海，決汝、漢，排淮、泗而注之江，然後中國可得而食也。」

根據記載與傳說，好像大半個中國都有大禹的足跡，黃河、長江等流域都被他治理過。《墨子》甚至還說大禹開鑿龍門：「古者禹治天下……鑿為龍門，以利燕、代、胡、貉與西河之民。」

試想，西元前二〇〇〇年，以當時的生產力，大禹真的能有這樣的實力嗎？地質學家丁文江在一九二四年就對此提出質疑，以現代技術疏導長江、黃河都很困難，更何況是上古時代？而且龍門是天然的峽口，非人力所能為也。

那麼，大禹治水可信嗎？大禹治水是可信的事實，但又是被誇大的事實。歷史學家呂思勉在《先秦史》一書中指出，大禹所治水系只可能是某一段，並非涉及所有中國的大水系，「禹之治水亦僅限於一隅」[10]。如果把範圍畫得小一點，大禹治水的事實就容易被接受。如果去除誇張的部分，大禹親自治理的水究竟是哪一段呢？

有諸多前輩學者對此曾有考證與論斷，如：歷史學家徐旭生在《中國古史的傳說時代》指出：「洪水的發生區域主要在兗州，次要的在豫州、徐州境內。餘州無洪水。禹平水土遍及九州的說法，是後人把實在的歷史逐漸擴大而成的」，「洪水發生及大禹所施工的地域，主要是兗州。在

10 呂思勉，《先秦史》，北京日報出版社，二〇一八年版，第八十三頁。

豫州東部及徐州的部分平原，可能也曾施工。」[11]先秦史專家沈長雲在〈論禹治洪水真相兼論夏史研究諸問題〉文中，也有相同的看法：「古代洪水只是發生在河、濟之間，即《禹貢》十三州的兗州及其附近地區。」[12]《尚書・禹貢》曰：「濟、河惟兗州。」古代兗州在河、濟兩大水系中間，是黃河下游低窪地區之一，約在今河南東北部、河北南部、山東西部一帶。張磊〈大禹治水地域範圍新論〉也認為大禹治水主要是在兗州，「治理對象是黃河下游河道，還包括附近的河流、湖泊和沼澤。」

大禹治理的主要是黃河下游，沒有到長江，早期文獻提到大禹治水涉及長江，除了誇張，另一個可能是誤讀所引起。《史記・殷本紀》說商湯作《湯誥》提到，大禹治水涉及江、河、淮、濟：「（湯）曰：『古禹、皋陶久勞於外，其有功乎民，民乃有安。東為江，北為濟，西為河，南為淮，四瀆已修，萬民乃有居。』」人們常以為「江」是長江，而侯仰軍在〈考古發現與大禹治水真相〉文中指出，在唐以前，「江」並非長江的專稱，這裡的「江」可能是指古沂水，「淮」也不是今淮河，據《左傳》記載，現在河南東部地區在古代也有叫「淮」的河流。另外，「河」、「濟」也都是流經河南和山東的河流，濟水發源於今河南濟源王屋山，向東經今山東注入大海。侯仰軍也同意以往學者的考證，大致確定大禹治水的位置為泰山以西、濮陽以東、聊城以南、商丘以北，古兗州一帶，即今天的豫東、魯西南地區。[13]

也有學者持不同的看法，他們認為大禹治水主要是在豫西和晉南的黃河中游，這是夏王朝的中心地帶。豫西和晉南出土大量夏代文物，坐實這一地區為夏朝統治中心，但大禹治水未必就是在這個區域。歷史學家郭立新、郭靜云在〈古史復原應遵從的史料學原則——以大禹治水在豫西晉南說為例〉一文指出：「從地形來看，豫西晉南地區黃河、汾河、伊洛河、潁河上游支流等，皆穿行於高原、山地和狹谷之間，河道坡降大，發生常年大洪水的可能性小。從微觀地形分析，豫中地區龍山時代諸城均位於潁河、雙洎河、溱水等淮河支流的上游，受洪水威脅的風險較小。已有學者指出，陶寺和王城崗兩處遺址皆不大可能發生大水災。」[14]所以，大禹治水應該不是在黃河中游，而是如徐旭生等學者所指出的，在黃河下游，下游疏通，中游也就安全了，這正對應歷史傳說中大禹是用「疏導」方式治水成功。

我們知道，當河道決口、發生洪水，堵的方式最直接有效，尤其是在平地。但根據傳說，大禹的父親鯀用堵的方式失敗了，而禹用疏導的方式成功。上古時期，歷史與神話傳說往往是混淆的，一些傳說往往帶有歷史原型，從地理學上來考察這種文化記憶，可能就是因為大禹治理的是黃河下游，疏導更有用。大禹靠著疏導方式，保護處在黃河中游的部落，所以疏導洪水就被賦予了一種「正確性」，並在神話中傳承下來，大禹治水的方式也成為可歌可頌的內容。反過來，大禹疏導河流的傳說，又恰恰可以證明其治理的是下游，如果下游不疏導，讓它堵著，中游疏導又有什麼用呢！而大禹父親鯀治理的範圍大概是中游，用堵的方法，結果下游海水倒灌，中游又趕上洪水洪

11 徐旭生，《中國古史的傳說時代》，科學出版社，一九六〇年版，第一六一頁。
12 沈長雲，〈論禹治洪水真相兼論夏史研究諸問題〉，《學術月刊》，一九九四年第六期。
13 侯仰軍，〈考古發現與大禹治水真相〉，《古籍整理研究學刊》，二〇〇八年第二期。
14 郭立新、郭靜云，〈古史復原應遵從的史料學原則——以大禹治水在豫西晉南說為例〉，《齊魯學刊》，二〇二〇年第三期。

峰，最後失敗坐收。

在黃河下游，透過挖溝渠疏導河流等方式，大禹治水成功了。《論語．泰伯》：「子曰：『禹，吾無間然矣……卑宮室，而盡力乎溝洫。』」按孔子的看法，大禹治水的工程量似乎並不大。後來，**大禹到過其他地方，別人效仿他治水的方式，或借他之名聚集人力，其他地方的洪水也漸漸退去，人們就把所有功績都歸在大禹名下，好像全天下的洪水都是大禹治服，於是就有大禹劃定九州的傳說**。

大禹功勞太大，後人就把他神化

總之，**大禹治水的功績在後世被誇大了，而為了彌補他的功績與現實能力的矛盾，人們就將大禹神化**，比如說他可以變身，變成熊開山。《山海經》、《淮南子》和《拾遺記》裡都記載這個遠古的神話故事：大禹治水時，妻子懷孕了。大禹疏導河流，為了開山方便，他就變成一隻熊，這大概是圖騰信仰的反映，黃帝據說就是有熊氏。他為了不嚇到自己懷孕的妻子，就在身邊準備一面鼓，要妻子聽到鼓聲再來送飯，屆時他會變回人。有次他挖山，不小心滑落一塊石頭，正好擊中身邊的鼓，妻子聞聲提前送飯來，結果被眼前突然出現的一隻熊嚇壞了，轉頭就跑。大禹見妻子跑，就在後面追，他忘了自己是熊的模樣。妻子一直跑到河邊，見無路可去，嚇得縮成一團，結果變成一塊大石頭。大禹追上來，這才發現自己還是熊的模樣，於是趕緊變回人形，跑到妻子面前哭泣，並不斷大喊：「還我兒子！」這時候，石頭突然裂開，一個孩子從裡面生出來，大禹就給他取名為

「啟」。這個孩子，就是後來歷史上經常被人們指責的，把「公天下」變成「家天下」、破壞禪讓制的夏啟。

> 禹治洪水，通軒轅山，化為熊。（禹）謂塗山氏曰：「欲餉，聞鼓聲乃來。」禹跳石，誤中鼓。塗山氏往，見禹方作熊，慚而去。至嵩高山下，化為石，方生啟。禹曰：「歸我子！」石破北方而啟生（《漢書．武帝紀》顏師古注引《淮南子》）。

夏啟誕生的神話，源於古人對主管生育的高禖石的信仰。《太平御覽》記載，民間有乞子石，向這種石頭祈求，可以生兒子。後來在《西遊記》中，神猴出世，從石頭裡蹦出來孫猴子，就是借用大禹兒子夏啟出生的神話，孫悟空有夏啟的影子。大禹變熊開山的傳說，正是為了彌補大禹治理九州水患，功績與現實能力矛盾而編造出來的。

此外，人們還想像出各種神人、神獸來幫他，例如河伯（按：中國民間信仰中黃河的水神）獻出河圖、伏羲幫助他丈量土地、一條神龍和一隻靈龜幫他勞動等。人們為了凸顯大禹的艱辛，又想像他降服很多妖魔鬼怪，像是誅殺相柳（按：中國古代傳說的蛇妖，其形象為九首蛇身）等。因為有先秦對大禹神化的基礎，後世對大禹治水相關傳說的想像與附會，就一直沒有結束。從神話體系本身來說，大禹治水為後世留下不少隱患，比方說某個作品中，河裡有怪獸出現，作者就可以附會這是當年大禹治水時留下的。

唐人小說中有一篇《古岳瀆經》，講一個漁人無意間在水下發現一條巨大的鐵鍊，不知為何物，於是就報告給當時的刺史李湯。李湯命人用五十多頭牛拉動鐵鍊，沒想到鐵鍊盡頭竟然鎖著一頭巨大的怪獸。這隻怪獸長得像猿猴，眼放金光，環視人群，欲發狂怒，觀看的人都被嚇跑了，怪獸才拖著牛群慢慢回到水中。此後，有漁夫又見其鎖，卻沒再見到怪獸。後來，聽過這個故事的李公佐到太湖遊玩，在包山的石洞裡得到一本《古岳瀆經》，記載的內容就關於這隻怪獸，原來祂是大禹治水時降服的水怪，叫無支祁（魯迅說，這就是孫悟空的原型之一），大禹就這樣背鍋（按：指被迫為人承擔某件事的責任）了。另外，《西遊記》中說孫悟空的金箍棒，是大禹治水用的定海神針，如此說來，大禹治水還為龍宮與天庭埋下隱患。

總之，大禹治水是中國文化中的一個重要記憶與公共話題。在政治意義上，周人、秦人都以自己的祖先跟隨大禹治水為榮，將其視為政治宣傳的資本；在文學意義上，後世將很多神話傳說都附會到大禹治水，增加故事的神祕性、古老性；而在文獻學的意義是，史料與傳說能讓我們認識上古的政治生態，以及進行文化人類學探究。

04

傳說中有兩個后羿，嫦娥嫁的是哪個？

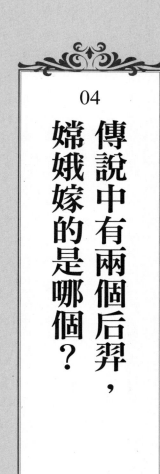

在中國古代傳說中，有兩個叫羿的，一個是歷史傳說人物，一個是神話傳說人物，嫦娥與他們兩個都發生過「緋聞」，這是怎麼回事呢？

先來看歷史傳說中的羿。《史記．夏本紀》記載，大禹死後，其子啟用非常手段，殺害繼承人伯益，破壞禪讓制，公天下就此變成家天下。啟繼承帝位，臨死前又把帝位傳給自己的兒子太康。太康荒淫無度，不修政事，只喜歡四處遊玩打獵，這時另一個部族首領后羿圖謀篡奪帝位：「昔有夏之衰也，后羿自鉏遷於窮石，因夏人而代夏政。」（《史記．夏本紀》）史書記載，東夷族有窮部落首領羿，趁太康出外狩獵之際，謀奪夏國政權。太康被羿流放到陽夏，後來病死在那裡，這就是歷史上的「太康失國」事件。

后羿掌控朝政，立太康的兄弟仲康為帝，作為自己的傀儡。仲康在位三十年，憂憤而死，仲康的兒子相繼位。不久後，后羿就將相趕走，自己做國君。后羿非常善於射箭，仗著自己這個本事胡作非為，不修人事、不理朝政，把一切都交給自己的臣子寒浞處理，自己則像太康一樣四處打獵遊玩。寒浞卻是個奸詐的小人，他殺了后羿的親信，建立自己的勢力：「浞行媚於內，而施賂於外，愚弄其民，而虞羿於田，樹之詐慝，以取其國家，外內咸服。」（《左傳》）有一次，后羿打獵回來，寒浞就趁機派人把后羿殺死了。

神話的后羿不只射太陽，還斬除許多妖怪

再來看看神話傳說中有關后羿的故事。傳說帝堯時，有一個神人后羿。《淮南子》說帝堯之

時，天上同時出現十個太陽，把土地都烤焦，莊稼也枯乾，「而民無所食」，人們連吃的都沒有，後來后羿出來射下太陽，萬民歡喜。此外，十日並出的時候，妖魔鬼怪也趁機出來作亂：「猰貐（即「窫窳」）、鑿齒、九嬰、大風、封豨、修蛇皆為民害。」（《淮南子》）。

這些神獸，早在《山海經》等文獻中就有記載，後世根據相關記載，又不斷完善后羿射殺祂們的相關故事，例如猰貐是一隻形狀像牛，渾身披著紅色長毛、人臉、馬蹄，叫起來像嬰兒啼哭的怪物：「有獸焉，其狀如牛，而赤身、人面、馬足，名曰窫窳，其音如嬰兒，是食人。」（《山海經．北山經》）十日同出時，祂出來吃人，羿找到祂，並用弓箭射死了祂，「上射十日而下殺猰貐」（《淮南子》）。

鑿齒，傳說祂住在疇華之野，長著野獸的頭，牙齒形狀像鑿子，能貫穿金石。后羿找到作亂的祂，祂拿起盾牌遮擋自己，迎戰后羿，后羿則拉弓上箭，將其射殺。《山海經．海外南經》曰：「崑崙虛在其東，虛四方。一曰在岐舌東，為虛四方。」、「羿與鑿齒戰於壽華之野，羿射殺之。在崑崙虛東。羿持弓矢，鑿齒持盾，一曰持戈。」

九嬰，傳說祂住在凶水。這個妖怪既能噴水，又能噴火。十日並出時，凶水沸

▲圖4-1　漢代畫像磚描述「后羿射日」的傳說。

騰，祂上岸吃人。后羿找到並殺死了祂：「殺九嬰於凶水之上。」（《淮南子》）。

大風，狗的身體、人的頭，見到人就會笑。人見到祂，就預示將有大風災害，諸如颶風、颱風等。祂後來被封為風伯。「狀如犬而人面，善投，見人則笑，其名曰山㺏，其行如風。見則天下大風。」（《山海經》）祂被羿射殺於青丘之澤，「繳大風於青丘之澤」（《淮南子》）。

封豨是一隻大野豬，住在桑林，常常出來危害人間。羿找到祂，也射死了祂，「擒封豨於桑林」（《淮南子》）。

修蛇，又叫巴蛇，居住在洞庭湖一帶，吞食過往的動物，傳說祂曾經生吞一頭大象，過了三年，才把大象的骨架吐出來。「巴蛇食象，三歲而出其骨，君子服之，無心腹之疾。其為蛇青、黃、赤、黑。一曰黑蛇青首，在犀牛西。」（《山海經．海內南經》）由於修蛇也襲擊人類，所以后羿前往斬殺，「斷修蛇於洞庭」（《淮南子》）。后羿首先用箭射中修蛇，接著將其斬為兩段，修蛇的屍體變成一座山丘，現稱為巴陵。

歷史上的后羿和神話中的后羿，在傳說中常常是混淆的，因為兩者有一個共同特點，就是都擅長射箭。近代有學者研究，**認為神話中的后羿「射十日」的傳說，原型可能就是歷史上后羿射殺夏相之事，古書傳抄過程中可能抄錯了，將「相」字誤寫成了「十日」。羿射十日，實為后羿射死相**。「甘水之間，有羲和之國。有女子名曰羲和，方日浴於甘淵。羲和者，帝俊之妻，生十日。」（《山海經》）在東海之外，甘水之間有個羲和國，這裡有個叫羲和的女子，有天到甘淵中洗澡。羲和這個女子，是帝俊的妻子，生了十日。學者們認為「十日」不是十個太陽，而是人名，「十日」即為「相」。

夏朝的帝王仲康之子相，後來被后羿、寒浞追殺、射死。這時，相的妻子已經懷孕，逃到娘家有仍氏，生下相的兒子少康。少康長大後，在有仍氏和舜的後代有虞氏的幫助之下，發兵一舉滅掉寒浞，成功恢復夏朝，也就是「少康中興」。

嫦娥嫁的是哪一個后羿？

歷史上的后羿和神話中的后羿最大的不同就是，歷史上的后羿有妻子。〈天問〉曰：「浞娶純狐，眩妻爰謀。」《史記．夏本紀》正義曰：「浞殺羿，烹之，以食其子，子不忍食，殺於窮門。浞因羿室，生澆及豷。」寒浞瞞著后羿，與他的妻子私通，並和她生了兩個孩子。而在先秦時

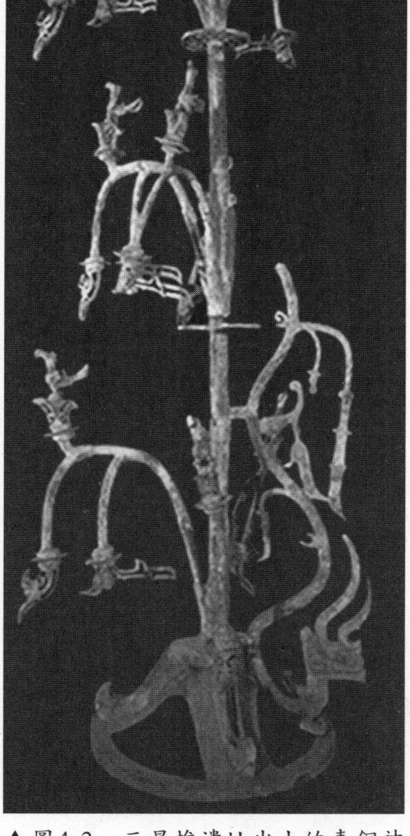

▲圖4-2　三星堆遺址出土的青銅神樹，上面有九隻金烏。遠古傳說天有十日，每天升起一個太陽(金烏)，剩下的九隻金烏就棲息在樹上。

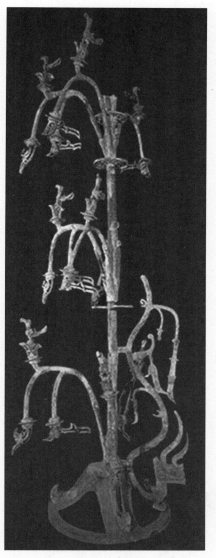

期，神話中的后羿、殺妖怪的后羿，是沒有任何關於他妻子的記載。**直到東漢，在高誘注《淮南子》中，才第一次說嫦娥是射日的后羿之妻。**

嫦娥奔月的故事大概在先秦時期就有了。到了漢代，《淮南子．覽冥訓》提到嫦娥趁羿不在的時候，偷吃長生不死藥，奔逃到月宮：「羿請不死之藥於西王母，姮娥竊以奔月，悵然有喪，無以續之。」這是第一次將嫦娥和后羿聯繫起來。為什麼嫦娥能拿到后羿的不死藥呢？東漢時高誘進一步解釋：「姮娥，羿妻。」姮娥是后羿的妻子。姮娥即嫦娥（一說姮最初又為恆），為了避漢文帝劉恆的名諱而改稱嫦娥。因為高誘的注解，嫦娥與射日后羿的「緋聞」從此流傳開來。

到了唐代，嫦娥又有一個緋聞男友，那就是吳剛。李白詩曰：「白兔搗藥秋復春，嫦娥孤棲與誰鄰？」孤獨的嫦娥，她在月亮上有鄰居嗎？唐代時真的就有了。唐段成式《酉陽雜俎．天咫》記載，西河有個叫吳剛的人，因學仙有過，被罰到月亮上砍桂樹。月亮上這棵桂樹很神奇，用斧頭砍下去，切口瞬間就能癒

▲圖4-3　出土於河南南陽西關的「嫦娥奔月」畫像石。

合，於是吳剛只能不停的砍，而桂樹則隨砍隨合。這有點像希臘神話中得罪眾神、被要求不斷推著石頭上山的薛西弗斯（Sisyphos），每當石頭快到山頂就會滾落，他不得不從頭再來。

月亮上有了「孤男寡女」，一些民間傳說就將吳剛與嫦娥視為夫妻。當然，這種說法出現得比較晚，畢竟在這之前，已經有一個嫦娥是后羿妻子的傳說存在。

另外，從嫦娥奔月到唐代吳剛登月這段時間，還發生一件盡人皆知的大事：按照《西遊記》故事的紀年，孫悟空大鬧天宮約在東漢末年，五百年後是唐朝，唐僧師徒四人開始西天取經，而在這期間，月宮上發生「駭人聽聞」又為人「喜聞樂見」的八戒調戲嫦娥事件（按：《西遊記》中，豬八戒原是天蓬元帥，因喝醉酒調戲嫦娥，惹怒玉帝，而被貶凡間）。

嫦娥當初為何要奔月呢？歷來語焉不詳，都只說她背著后羿偷偷吃了長生不老藥，結果獨自一人飛升。唐代李商隱詩曰：「嫦娥應悔偷靈藥，碧海青天夜夜心。」人間清暑殿，天上廣寒宮，嫦娥應該後悔了吧！宋代辛棄疾詞曰：「飛鏡無根誰繫，嫦娥不嫁誰留？」嫦娥還不出嫁，究竟是在等誰？

至於后羿與嫦娥的娛樂新聞再炒作，要到明末了，題作鐘惺編輯、馮夢龍鑒定的《有夏志傳》，說夏朝國王太康看上后羿的妻子嫦娥，想用

▲圖4-4　嫦娥月宮圖（宋，劉松年繪）。

一座城池跟后羿交換，后羿居然答應了。嫦娥知道消息後大失所望，偷偷吃了長生不老藥而飛升月宮。這又把歷史上的后羿與神話中的后羿混為一談，嫦娥又與歷史中的后羿有了「緋聞」。這個故事不僅為嫦娥奔月找出一個理由，更把罪責安到男人身上。明末清初的文人們很喜歡看這樣的故事。亂世之中，男人們沒一個好東西，錢謙益不如柳如是（按：柳如是是明末清初著名才女，嫁給當時文名頗著的錢謙益。在清兵攻入南京時，柳如是不願投降，欲勸錢謙益一起投水殉國，但被錢謙益阻止。最後錢謙益降清），侯方域不如李香君（按：李相君為明朝時名妓，對侯方域一見傾心，但侯方域沒錢，阮大鋮透過侯方域友人，資助他一筆錢，順勢想拉攏他入僚。阮大鋮是當時大官，但人品低下，李香君知道後便罵了侯方域，並變賣首飾、四處借錢，最後把錢還給阮大鋮），這都是藉女子來反諷那些所謂的「大丈夫」。

▲ 圖4-5　《有夏志傳》書影。

05

從現代「穿越」回古代的器物

商代的青銅器中，大家最熟悉的可能就是司母戊鼎，中國國家博物館已經將其改名為「后母戊鼎」。最初替該鼎命名的是郭沫若，叫司母戊鼎，「司」是祭祀的意思。由於商代的字體較自由，可以正寫，也可以反寫，所以「司」和「后」字形一樣，因而有專家認為應該叫「后母戊鼎」，「后」不是動詞、祭祀之意，而是形容詞，有偉大的意思，如「皇天后土」中「后」字之意。中國國家博物館在展覽時率先用了這個名字「后母戊鼎」，偉大母親戊的鼎。但一些專家仍堅持它應該叫司母戊鼎（見左頁圖 5-1、5-2）。

青銅器命名出現爭議的，還有東漢的「馬踏飛燕」，這個名字最初也是郭沫若命名，後來學者們也提出不同的意見。燕子尾巴是分開的，而該件器物中，馬下面那隻鳥，尾部並不像燕子，所以現在學界一般稱呼其為「銅奔馬」（見左頁圖 5-3）。

商代出現路由器、電路板？

青銅器作為飲食器具和禮器，主要在夏、商、周時期；到了漢代，隨著陶器及鐵器的應用，相對笨重的青銅器就逐漸被取代了。而夏、商、周三代的青銅器，在我看來，又以商代的青銅器最具有厚重感，比如后母戊鼎，重達八十三萬兩千八百四十克，當年國民黨本想將其運往臺灣，但因為太重了，最後被丟棄在機場。

當然，商代也有一些輕巧的青銅器，比如第七十二頁這幾件。隨著近年來遊戲與影視的發展，商代的青銅器也火了起來。

▲ 圖5-2　司母戊鼎中的銘文。

▲ 圖5-1　司母戊鼎。

▲ 圖5-3　銅奔馬（又稱「馬踏飛燕」）。

圖5-4是商代晚期青銅鴞卣（按：音同「有」），卣是一種盛酒的器具。鴞，貓頭鷹，但你看它的造型像不像是憤怒鳥（按：Angry Birds，芬蘭Rovio娛樂推出的益智射擊遊戲）？

再來看圖5-5，安陽出土的商代晚期青銅鴞，是不是更像了？

古代還有不少器物，可以與我們現在常見的器物相比對的，還有一些奇奇怪怪的造型，就像是從現代「穿越」過去的。

比如圖5-6，四川廣漢三星堆出土的器物，像不像方向盤？

圖5-7山西襄汾陶寺出土的青銅器（約西元前兩千一百年至一千九百年），像不像齒輪？圖5-8西周雲紋五柱器，像不像路由器？圖5-9西周四足帶蓋方鼎，是不是有點像安卓系統的圖示？

▲圖5-4　商代晚期，青銅鴞卣。

▲圖5-6　四川廣漢三星堆器物。

▲圖5-8　西周雲紋五柱器。

▲圖5-5　商代晚期，青銅鴞。

▲圖5-7　山西襄汾陶寺青銅器。

▲圖5-9　西周四足帶蓋方鼎。

圖5-10，戰國錯金銀兆域圖銅版，是不是很像電路板？

以上的器物只是造型與我們現在的器物相像，但功能則完全不同。比方說西周雲紋五柱器肯定不是路由器，而是祭祀用具；戰國錯金銀兆域圖銅版也不是電路板，而是最早的建築規畫圖。

這些器物，從古人用到現在

另一方面，古代有一些器物不僅造型與現代相同，用途也一樣。

例如西周盤鼎、王莽時期的青銅卡尺（按：用於測量物體尺寸的設備）、戰國執把黑陶杯、戰國水晶杯、西漢玻璃杯（見第七十五頁圖5-12）。

玻璃在西周晚期已經傳入中國。西元三世紀到四世紀初，西晉上層人物

▲ 圖5-10　戰國錯金銀兆域圖銅版。

喜好玻璃器，玻璃器成為他們炫富的物品。東晉南京象山王氏墓中也發現玻璃杯，同時還有金剛指環，很像今天的鑽戒（見左頁圖5-12）。

再來看看盛飯的用具，越窯青瓷方格盒；用於梳洗打扮的東西，例如唐代的金柄玉梳、內蒙古赤峰遼國墓葬出土的一堆牙刷（見左頁圖5-12）。

另外，還有一些小孩的用品，例如敦煌壁畫中有嬰兒車；北宋蘇漢臣《冬日嬰戲圖》中，出現了逗貓棒；清代冷枚《百子圖》中，小孩在玩小陀螺；清代人畫小孩子放風箏的設備，也很「先進」。清代小孩坐的車也很有趣，而且不僅有小孩的車，還有「老人代步車」（見圖5-11、左頁圖5-12、第七十六頁圖5-13至5-15）。

▲圖5-11　北宋《冬日嬰戲圖》中，出現逗貓棒。

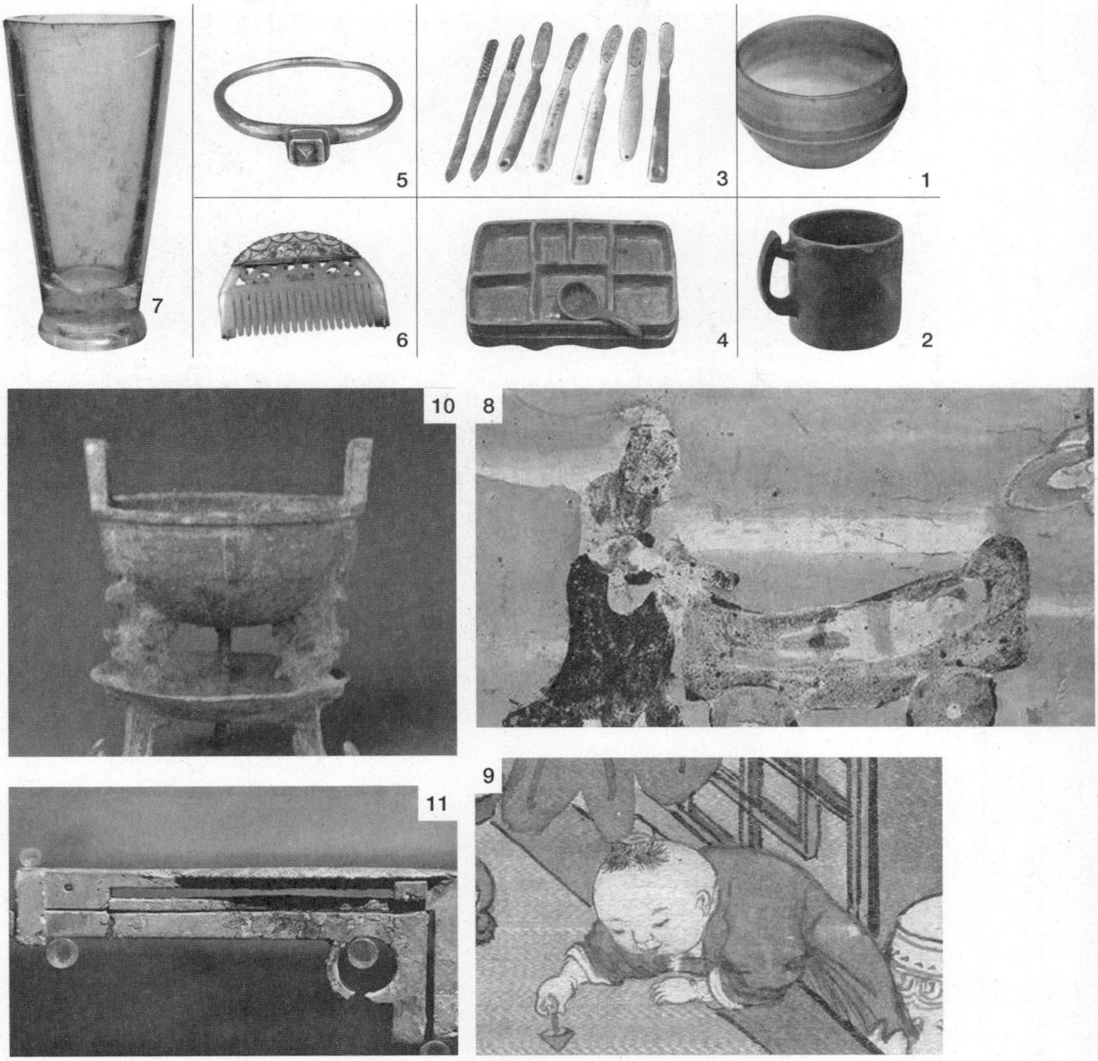

1. 西漢玻璃杯
2. 戰國執把黑陶杯
3. 內蒙古赤峰遼國墓葬出土的一堆牙刷
4. 越窯青瓷方格盒
5. 金剛指環
6. 唐代的金柄玉梳
7. 戰國水晶杯
8. 敦煌壁畫中的嬰兒車
9. 百子圖
10. 西周盤鼎
11. 王莽時期的青銅卡尺

▲ 圖5-12　古代器物圖。

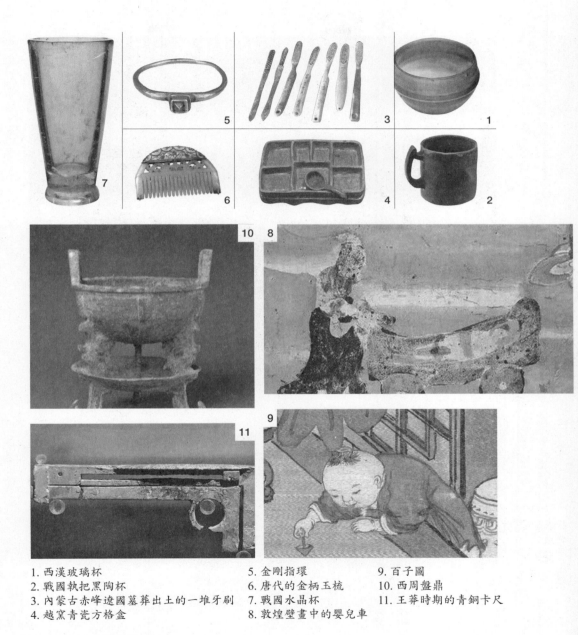

▲ 圖5-13　清代人畫小孩放風箏。

▲ 圖5-15　嬰兒車。

▲ 圖5-14　老人代步車。

再來看看男人的快樂，南宋馬遠《寒江獨釣圖》中描繪一根帶滑輪的漁竿；而在明代戴進《渭濱垂釣圖》中也有類似的漁竿。

這張圖裡釣魚的是姜太公，說好的不是為了釣魚呢？設備倒是很先進。

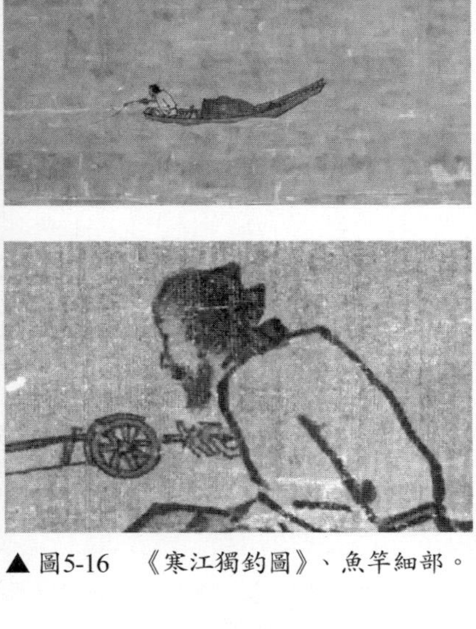

▲ 圖5-16　《寒江獨釣圖》、魚竿細部。

▲ 圖5-17　《渭濱垂釣圖》、魚竿細部。

接著來看女人的快樂。現在流行的背包，在古代也有，如敦煌壁畫；而女孩喜歡好看的帽子，在古代早就有了，例如唐麟德元年（西元六六四年）彩繪騎馬女俑的打扮。

▲圖5-19　唐麟德元年彩繪騎馬女俑的打扮。

▲圖5-18　敦煌壁畫與細部。

另外，房車、雙層巴士等，在南宋朱銳《溪山行旅圖》中也有描繪（圖5-20）。

古代還有不少會讓我們大吃一驚的器物或畫作，這種驚喜主要源於它們彷彿是從今日穿越到古代，為我們的文化增添不少樂趣。禪宗有一個比喻，叫「指月之喻」，你問我月亮在哪裡，我用手指給你，但你不要在我的手指上找月亮，你應該順著我手指的方向去看，月亮在天上。在這裡介紹的這些器物也是，我希望它們引起你的興趣，但不應該止步於此，傳統文化中還有更多精美絕倫的東西，值得我們關注。

▲ 圖5-20　《溪山行旅圖》（南宋，朱銳繪）。

06

替商紂王翻案，他其實沒有那麼壞

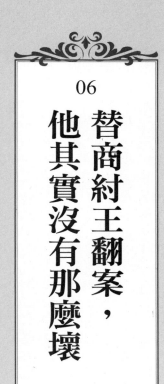

為商紂王翻案的文章不少，比方說《論語》就記載孔子的弟子子貢，說商紂王的不善，應該不如傳說的那樣嚴重吧，「紂之不善，不如是之甚也」。顧頡剛曾發表過一篇文章〈紂惡七十事的發生次第〉（《古史辨》第二冊），他發現殷紂王共有七十條罪狀，都是各朝各代陸續加上去的，比如說戰國時增加二十項、西漢增加二十一項、東晉增加十三項等。顯然這位商朝的末代帝王是被黑了，但這些抹黑資料又非空穴來風，大多是針對周武王伐紂時提出的罪狀，更進一步想像和演繹。

▲ 圖6-1　周武王像，南薰殿[15]藏。

商紂王的四大罪狀

最早在《尚書．牧誓》裡，周武王指出商紂王的罪責有：第一，什麼都聽女人的，「惟婦言是用」，在後世就演繹出狐狸精變成的「妲己」，她成了斷送殷商江山的推手；第二，不用貴戚舊臣，「昏棄厥遺王父母弟，不迪」，後世就想像出他殘害忠良之事，以及各種殘害的方法，如炮烙、挖心等；第三，祭祀不恭敬，「昏棄厥肆祀，弗答」，後世則演繹出對女媧不敬的小說（按：指明代小說《封神演義》）。此外，因為殷商人好喝酒，也就有了「酒池肉林」的想像。可以說，後世黑商紂王的所有資料，都源於這四點指責。

好色、好喝酒、殘害忠良，還對上天不恭敬，顯然按照後世的道德標準，這十足是個昏君的形象。可以看出，後世將紂王當作靶，壞事都安在他身上，完全是一種道德攻擊。世人多認為商紂王和後世所有昏庸帝王一樣，是因為道德敗壞才會亡國。

但事實真是這樣嗎？

史學家王國維在〈殷商制度論〉裡說，**商、周的改朝換代，看似是一家一姓的改變，實際上卻是文化制度上的大轉變**，這種轉變是後世帝王做夢也想不到的：「殷、周間之大變革，自其表言之，不過一姓一家之興亡與都邑之移轉；自其裡言之，則舊制度廢而新制度興，舊文化廢而新文

15 南薰殿，位於紫禁城外朝西路、武英殿西南，始建於明朝，為一獨立院落，內部收藏歷代帝后及賢臣圖像。

化興……其心術與規模，迥非後世帝王所能夢見也。」[16]**商紂王最初被認為「壞」，絕非如後世所言，是他個人道德上有缺陷，而是在文化上，商跟周王朝本來就有著巨大的區別**。在勝利者周人看來，這位商王帝辛的言行不符合他們的標準，於是他就有了周人給他取的名字「紂」。後世又根據帝王的道德標準，不斷添油加醋，才有了我們現在印象中的商紂王。

現在，就讓我們拂去後世的蒙塵，摒棄「成王敗寇」的觀念，從根源上來看看，這位商朝的末代皇帝究竟為何會被抹黑？看看最初周武王羅列他的罪狀，根據究竟是什麼？

紂王什麼都聽女人的？真實情況是：商朝女性地位很高

首先，前面提過的第一點，周武王指責商紂王聽女人的話，這實際上是因為**在商朝，女人享有很高的地位，她們不僅可以主持祭祀，還可以參政，甚至可以統率軍隊**。婦好墓的發現也證實這一點。婦好是商朝第二十三代王武丁的妻子，她曾多次率兵出征，如東南伐夷、西敗巴軍，立下赫赫戰功。

歷史學家晁福林在《先秦民俗史》指出，雖然殷商王多妻，但殷商很可能沒有像周人的正妻、妾之分。周人實行「媵妾制度」，貴族娶妻，往往會娶一個正妻，陪嫁幾個妾，而妾的地位不高，貴族死後她們往往會被殉葬，從這裡也可看出殷商與周人對待女性的不同。另外，據《禮記》記載，孔子見過一種八卦排序是坤卦在前、乾卦在後，與周文王的乾卦在前、坤卦在後不一樣，這可能也是殷商人對女性尊崇的表現（後世老子大談玄牝，崇尚坤，其思想可能受殷商文化的影響）。

商文化是農業與遊牧並重，從出土的資料來看，商人每次祭祀都要殺幾百頭牛，這也反映出商人畜牧業的發達。而在畜牧業上，男女分工差距並不大，再加上母系社會的餘波，女人的地位不差，她們的發言權也就可想而知。但是，周人則不同，周人常說是自己的祖先后稷改良農業生產，周人以農耕為主，顯現出男女體力上的差距，這大概就使得在周人的文化裡，男人的地位逐漸升高，而女人的地位則逐漸下降。**在商人的文化裡，女人參政很正常；但在周人的文化裡，則形成反對女人干政的觀念。**

所以，周武王指責商紂王聽女人的話，與後世指責帝王沉湎女色完全不同，說到底都是文化認知上的差別。但因為有了周武王這一條指責的歷史文獻存在，在周人「女色禍國」論的影響下，到了春秋時期，人們都認為商紂王就是受到妲己魅惑而亡國，《國語．晉語》說：「妲己有寵，於是乎與膠鬲比而亡殷。」一到了西漢劉向《列女傳》中，妲己已經被黑得體無完膚，炮烙之刑、酒池肉林、挖比干的心等，始作俑者都被認為是妲己：

> 妲己者，殷紂之妃也。嬖幸於紂。紂材力過人，手格猛獸，智足以拒諫，辯足以飾非，矜人臣以能，高天下以聲，以為人皆出己之下，好酒淫樂，不離妲己，妲己之所譽貴之，妲己之所憎誅之。作新淫之聲、北鄙之舞、靡靡之樂，收珍物，積之於後宮，諛臣群女咸獲所欲，積糟為丘，流

16 王國維，〈殷周制度論〉，《王國維文集》（第四卷），中國文史出版社，一九九七年版，第四十二頁。

> 酒為池，懸肉為林，使人裸形相逐其閒，為長夜之飲，妲己好之。百姓怨望，諸侯有畔者，紂乃為炮烙之法，膏銅柱，加之炭，令有罪者行其上，輒墮炭中，妲己乃笑。比干諫曰：「不修先王之典法，而用婦言，禍至無日。」紂怒，以為妖言。妲己曰：「吾聞聖人之心有七竅。」於是剖心而觀之。囚箕子，微子去之。武王遂受命，興師伐紂，戰於牧野，紂師倒戈，紂乃登廩臺，衣寶玉衣而自殺。於是武王遂致天之罰，斬妲己頭，懸於小白旗，以為亡紂者是女也。書曰：「牝雞無晨，牝雞之晨，惟家之索。」詩云：「君子信盜，亂是用暴，匪其止共，維王之邛。」此之謂也。

《名山記》記載說狐狸是最淫之物，多稱自己的名字為阿紫：「狐者，先古之淫婦也，其名曰阿紫，化而為狐。故其怪多自稱阿紫。」東晉干寶據此在《搜神記》中，塑造一個專門勾引男人的女狐阿紫，從而使「狐狸精」成為後世淫婦的代名詞。駱賓王在討伐武則天的檄文中，用「狐媚偏能惑主」來指責武則天媚惑君主，可見世人對女狐的態度。後世不斷在妲己身上做文章，於是就有《封神演義》中狐狸精變成的妲己，形象更壞，她剖孕婦肚、造蠆盆（按：為一種酷刑，將罪人放入置有毒蛇、毒蟲的坑裡，任蛇蟲咬噬）等，已經到了慘無人道的地步。妲己被越描越黑，自然也等同於抹黑商紂王。

紂王不用舊臣？這其實是一場王權運動

再說第二點，對貴戚舊臣的排擠。王國維曾指出，**商王是諸侯之長，而非諸侯之君**。也就是說，**當時的諸侯和商王地位是一樣的，商王只是實力最強的諸侯**。《尚書．盤庚》記載，盤庚（按：商朝中期的君主）要遷都，但他必須努力說服大家才行。《尚書．洪範》提出「稽疑從眾」，可以看出君王個人專斷是行不通的。在商朝，無論是外還是內，其結構都是從氏族社會發展而來的貴族共政制度。

然而，到了商朝末年，戰爭越來越頻繁，想取得勝利，必須集中整個國家的力量。而在當時的戰爭中，占卜是重要的一環，打與不打都由占卜決定，因此集中國家力量，實際上就是控制占卜的權力。出土的甲骨文顯示，商末負責管理占卜的貞人名字很少在甲骨上出現，很可能是因為商王自己占卜造成的。而占卜機關的管理者，往往由各個邦族的首領或長老擔任，商王這種權力集中，必然會造成邦族之間的矛盾，於是就有了殺九侯、鄂侯，囚西伯之事。**王權不斷增大，必然會削弱其他貴族舊臣的權力**，也就有了排擠之說，這**實際上是一場從「共政」到「獨斷」的王權運動，是歷史發展使然**。

而周人則剛剛從氏族社會走出來，他們還保留著氏族共同議政的特徵，長老、舊臣因為掌握大量的知識經驗，在族內有崇高的地位，所以在周人看來，商王排斥貴戚舊臣是不可理喻的，這與周人的精神格格不入。《史記》裡記載周武王重新修復貴族舊臣共同議政制度之事：「周武王……令修行盤庚之政，殷民大說（悅）。」什麼是「盤庚之政」呢？《尚書．盤庚》說：「圖任舊人共政」，大概就是這一「共政」制度。但畢竟共政遭到破壞，於是到了周初，周人對殷商制度有所損益，發展出自己的一套體系。

商紂王的悲劇更像一場歷史的悲劇。氏族社會以奴隸作為人殉的遺風，隨著祖先不斷增多、祭祀越來越頻繁，造成奴隸的需求不斷加大，而為了掠奪奴隸，戰爭也就越來越頻繁；戰爭必然造成王權不斷加強，這又和氏族遺留下來的共政傳統產生衝突，形成王與其他部族首領、貴族舊臣的矛盾。

總之，商紂王排斥貴戚舊臣，與後世帝王因忠言逆耳而濫殺無辜不同，這實際上是**加強王權的運動，和從氏族社會脫胎而來的共政制度，兩者之間的衝突，是商與周文化發展、認知上的差異**。而後世不察，就在這條基礎上，塑造出殘害忠良的商紂王形象，說他挖了比干的心，還發明臭名昭著的炮烙之刑。挖比干的心純屬杜撰，而炮烙之刑乃是夏桀的發明，都是針對不用貴族舊臣的想像發揮，但這只不過是在軍事活動中，王權不斷加強的結果。

紂王祭祀不恭敬？商人覺得祖先就能保佑自己，不靠天帝

再來看第三點，祭祀不恭敬。郭沫若說這是周人的誹謗造謠，因為商人祭祀實際上極其頻繁。祭祀頻繁不假，但說他祭祀不恭敬，其實也並非誹謗，這依舊是文化認知上的差異。

商人是多神崇拜，如祖先崇拜、各種自然神崇拜，以及對「帝」的崇拜等，其中最主要的是祖先崇拜。商王朝歷史悠久，又足夠強大，歷史上出現很多英雄，**商人有很強的部族自豪感，他們認為這些先人足夠保護自己，因此帝的地位就顯得不那麼重要，他只是和祖先神處在並列的位置**。晁福林《先秦民俗史》指出，帝可以降下災禍，也可以保佑，但與商人的祖先神比較，其能力比較小，甚至還不如河岳之神靈。商人只向帝問問題，像是問會不會下雨，卻不用祭品祭祀他，商人崇

拜的中心是祖先神。

周人則不同，對周人來說昊天上帝的地位，已經超越祖先神。周人歷史上一直自稱「小邦周」，足見其弱小。此外，周人為了能聯合其他邦族，就必須克服自己部族祖先崇拜的局限性，因此更具有包容性、顯得更為強大的天帝崇拜信仰就被提高了。「天」的觀念是周人獨有的意識，從周初開始，天逐漸取代帝成為至神，而自己的祖先則陪在天帝左右。**周人敬祖先，更敬天；而商人敬祖先，相對的，對帝沒有更高的崇拜，在周人眼裡恐怕就成了「弗敬天」**。所以，周武王指責商紂王祭祀不恭敬，與後世指責君王狂妄自大不同，這實則是商、周祭祀偏重不同，所造成的文化認知差別。而後世卻以此條為基礎，演繹出《封神演義》中對女媧不尊重的商紂王。

商人凡事都要占卜祭祀，所以常常飲酒

最後，再來談談喝酒的問題。周武王在伐紂的時候，並沒有提商人酗酒的事，大概是因為他了解殷商的文化傳統。

殷商人時常飲酒，這和他們的大量祭祀有關，而絕不是單純如後世昏君那般紙醉金迷。商人極度迷信鬼神，在殷商人的眼裡，

▲圖6-2　商代鳥形爵。爵是古代祭祀和宴請賓客時必備的酒器，殷商貴族特別重視三足爵。

鬼神比活人更有威力，活人解決不了的疑難和禍福，諸如人的生死病疾、天的陰晴冷暖、戰爭的勝敗、田獵的吉凶等，都要通過占卜請示祖先，祈求祖先給予啟示和保佑。於是，**商人一年中幾乎有三百六十天都在祭祀，而祭祀最主要的環節就是喝酒**。

周文化與此不同，《禮記・表記》說商人「率民以事神，先鬼而後禮」，說周人「事鬼敬神而遠之」，《尚書・酒誥》記載周公命康叔執行禁酒令的訓言，其中提到禁酒最主要的原因，第一點就是太浪費糧食了。我們前文提到，周以農業起家，深知種糧的不易，看到商那樣大量飲酒、殺牛，肯定心疼，真是不知稼穡之艱難！因此，周人對商人好喝酒的指責，實際上也是文化認知上的差異。後世為了黑商紂王，就在此條罪狀上做文章。《韓非子》說商紂王沒日沒夜的喝酒，連日子都忘了：「紂為長夜之飲，歡以失日。」《史記》說商紂王「以酒為池，縣（懸）肉為林」，一水池子的酒，到處都掛滿了肉。這些都是對商人喝酒祭祀活動的扭曲。

後世黑商紂王的故事，都可以追溯到商末周初提及的這幾條罪狀，但周武王的指責，體現的是商、周文化的不同。在商人看來很正常的事情，因為文化不同，周人不能理解，所以將其定為罪過，而後世又把周人樹立的靶不斷誇大。子貢跟孔子說：「紂之不

▲圖6-3　《採薇圖》（南宋，李唐繪）。以殷末伯夷、叔齊「不食周粟」的故事為主題，現藏於北京故宮博物院。

善，不如是之甚也。」商紂王可能沒有傳說的那麼壞，他還有一句話：「是以君子惡居下流，天下之惡皆歸焉。」**一個人千萬別被別人貼上壞人的標籤，否則全天下的壞事都是他幹的。**

當然，史書中也有為商紂王說好話。《史記》中說他天資聰穎，聞見甚敏，材力過人，能夠徒手與野獸格鬥；《帝王世紀》說他力大無窮，能倒著拉九頭牛：「能倒曳九牛，撫梁易柱。」但這些好話，顯然還是塑造出一個靠著蠻力而驕橫自大的帝王。

如果商紂王真的特別特別壞，賢人伯夷、叔齊為何會出來幫助他阻擋周武王，為何在國滅後不食周粟，採薇而食，最後餓死在首陽山，以身殉國？商紂王的軍隊為何會那麼為他賣命，仗打得血流漂杵？

郭沫若說：「殷辛（商紂王）之功邁周武，殷辛之罪有莫須。殷辛之名當恢復，殷辛之冤當解除。」[17]他也認為商紂王是受了莫須有的冤枉。從商、周文化的衝突中，可以明白後世抹黑他的根源在哪裡，他最初為什麼會被抹黑。而出土的文物，也逐漸讓我們認識他的功績：他對外開疆拓土，奠定後世大一統的王朝格局；他對內改革，加強王權，到了周初，王終於不再是諸侯之長，而成了諸侯之君，君臣之分已定。這位商朝末代帝王對後世的實際影響，恐怕是後人不曾想過的。

17 郭沫若，〈豫秦晉紀游二十九首〉，《光明日報》，一九五九年。

07

周厲王暴虐？他只是不想成為被控制的傀儡

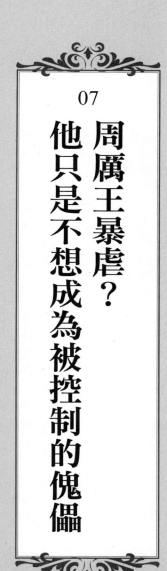

周初王室與貴族政治秩序的建立，最主要的一項政策就是「分封制」。分封制給予貴族們極大的權力，王說某個地方屬於你，你就可以帶著兵去占領，在那裡合法自治，成為一方之主。當然，對於某個地盤來說，你是老大，但對於整個天下來說，你還是要聽王的，「普天之下，莫非王土，率土之濱，莫非王臣」，過一段時間你就要回到王那裡述職（按：指諸侯向天子報告職務），王還要派巡查大臣到你的地盤監管。

西周的「封建」與西方社會的「封建」有所不同，**西歐的國王與領主有契約，是雙向的約束，但西周諸侯要完全服從王室**。而且，**西歐的國王沒有自己的軍隊，要靠封建領主服兵役**，而兵役還是有期限的，**但是西周的王有自己的常備軍**。

周初實行「分封制」，主要是分封自己的親戚，《左傳·昭公二十八年》說周初封建兄弟之國有十五人，姬姓之國四十人（周王室姓姬，文王是姬昌、武王是姬發、周公是姬旦）。西周的宗法制，將各諸侯納入姬姓宗法制度下，而王為姬姓貴族的大宗，周王就是同姓諸侯的宗主。諸侯不僅是周王的臣子，也和周王是一家人，周王就是整個家的家主，即便從家的層面來說，他們也必須聽周王的。

從另一個方面來說，**分封也是對貴族們的安撫或妥協**。這些人幫你打天下，你一定得給點好處。周王室只有透過合理的分割內部權益，才能夠穩定這些親戚。周王室對身邊的貴族，用賞賜土地等方式激勵；而畿外諸侯，那些離得遠、去外地任職的，除了在都城附近保有土地外，還可以憑藉王室的信任，在周王都四方建立一個個小國家，以藩屏保衛王室，如晉國、魯國等，至於能建立多大的地盤，就看自己的本事了。這是周王室和貴族最大的利益共用，周王室需要依靠貴族們開疆拓土，周王室的安寧和政策的執行都必須得到貴族們支援，而貴族得到周王室的封賞，並依靠周王室的名義和保護領取自己的「戰利品」，兩者因此保有最大的共生性，也就形成貴族團結在周王室之下，而與王室共政的局面。

西周的分封制，隱藏著讓周王室衰弱的弊病

周初的裂土分封，雖然達到藩屏周室的目的，但同時也留有隱患，尤其是隨著時間的推移，矛盾更加凸顯。

第一，從地域上來看，周天子的中央政權，被局限在豐、鎬一帶（按：豐京和鎬京，周朝的都城，在今陝西省西安市），這是周初的政治格局及周邊環境決定的；到了西周中後期，王室在客觀上就處在弱勢的地位。第二，從血緣關係上來看，經過百年的發展後，貴族們與周王室的血緣關係必然是不斷疏遠，貴族們對這種宗統血緣關係當然是強烈否定。第三，在政治上來看，王雖然處於權力的中心，有決斷權，但他的意見只有在取得大家的支持時才有效力，而分封及老舊貴族世襲官職，帶來的則是貴族集團勢力的不斷膨脹。

第四，在經濟上來看，周王室透過對貴族賞賜土地換忠誠的做法，無疑是自殺，因為土地資源畢竟有限，賞賜出去的土地越多，周王室的經濟受損也就越嚴重。「周公簋」、「殷簋」等青銅器的銘文上，記載周王朝到了康昭時期（按：康王、昭王分別為西周第三、第四位天子），土地就不夠用，王畿之地都開始被賞賜出去。第五，從軍事上來看，無論是貴族們的私人武裝，還是隸屬

於諸侯們鎮守疆土的將士，他們最初的設置都是為了拱衛王室，但實際上卻又為貴族及諸侯們，保留將來可以與王室相抗衡的軍事力量。此外，就王師而言，成王、周公為了加強統治，又實行了國、野制度（按：一種為區分統治階級與被統治階級而設立的制度。國是政治中心，居住於此的貴族與為貴族服務的人，稱為「國人」；國以外的地區是野，居住於此的為從事農業生產的平民，則稱「野人」），國也是重要的兵員來源，在軍事上，國人又保留原始民主遺留下來的軍事民主大會制度，客觀上也是對王權的制衡力量。

周王室衰落、貴族力量崛起，從西周中期就開始了。經過近一百年的發展，在西周中期，貴族與周王室的權力秩序有了許多新變。

土地不再靠賞賜獲得，貴族就不再依賴王室

宗法上，一方面貴族與王室的關係疏遠，時間越往後，血緣關係就越遠，第二代、第三代諸侯貴族，遠沒有第一代諸侯與王室的關係那麼親密；另一方面，隨著時間的推移，貴族家族逐漸壯大、崛起。

而在經濟上，《禮記・王制》說「田裡不鬻」，普天之下的土地都是王的，貴族們不能私下交易；但到了西周中期，裘衛諸器（按：西周中期貴族裘衛所作的四件青銅器）銘文顯示，「王土」已經成為貴族們可以互相交易的私人財產，其中「衛盉」的銘文記載，貴族矩伯為了獲得朝覲用的玉璋，不得不出售土地。不僅是一般土地，「九年衛鼎」銘文記載矩伯為了從裘衛那裡領取一

套服飾和車馬器，要給裘衛一處叫林里的地方，其中還包括矩伯部下顏的一塊林地，由此可見林地也成了貴族的私產。土地可以交易，這意味著貴族最主要的經濟來源——土地，不只是靠著周王賞賜才能得到，貴族們也可以用自己的方式獲得土地，表示貴族們對周王室的依賴性逐漸減弱。我想得到土地，不需要你周天子，從別人那裡也能得到，我為什麼還要臣服於你？周王室用賞賜土地的經濟措施團結貴族，一方面導致自己擁有的土地不斷減少，另一方面又失去部分土地的所有權。

在軍事上，周王室的軍隊不斷喪敗。《竹書紀年》記載周昭王喪師於漢水一帶：「（昭王）十六年，伐楚，涉漢，遇大兕。」、「十九年，祭公、辛伯從王伐楚，天大曀，雉兔皆震，喪六師於漢。王陟。」周王室的軍隊在昭王南征的時候，遭受很大的損失，連昭王自己也不明不白的死在江上，從此周王室的軍事實力開始衰落。到了西周後期，周王室的常備軍已經不如貴族的軍事力量。從禹鼎、多友鼎等青銅器銘文中可見，貴族的軍事力量開始成為維護王朝穩定的主導力量了。

周厲王的改革：專利與專言

對於日益坐大的老舊貴族，在西周後期，周厲王發起一場加強王權的改革運動。**周王室想不被架空、不成為貴族們控制的傀儡，只能削弱貴族們的利益**，而已經坐大的貴族們，怎麼肯坐以待斃？**於是就有了貴族口**

▲圖7-1　西周，多友鼎。多友鼎腹內壁後方鑄有22行銘文，共計279個字，現藏於陝西歷史博物館。

中「暴虐」的周厲王，對他們來說，周厲王強行損害他們的利益，當然是暴虐。《史記．周本紀》說：「夷王崩，子厲王胡立。厲王即位三十年，好利，近榮夷公……王行暴虐侈傲，國人謗王……王怒，得衛巫，使監謗者，以告，則殺之。」厲王與貴族們的衝突，主要集中在兩個方面：一是在經濟上，用榮夷公為自己爭奪利益；一是在政治上，用衛巫控制國人的言論。

為了挽救天子的權威，周厲王在貴族之中挑選自己的代理人榮夷公，和其他貴族爭奪利益，這就是貴族們指責周厲王的「專利」行為。實際上，這只不過是周王室在面臨日益崩潰的經濟局面時，為維護王朝的利益而做的一次變革。考古學家李峰在《西周的滅亡——中國早期國家的地理和政治危機》一書中提到，西周早期的青銅器銘文，稱王室賞賜貴族的土地為「土」；而中晚期青銅器銘文中，賞賜變成了「田」。「田」要比「土」小得多，這表明周王室的土地已經不足，周王再繼續賞賜，必然導致經濟、國力的衰退。維持貴族的忠誠需要花費，抵禦外族的入侵也需要花費，這大概就是厲王不得不專利的原因。

《國語．周語下》中記載了東周時期周靈王的太子晉追溯歷史的一段話：「厲始革典，十四王矣。」從太子晉的敘述中可以看到，厲王這次革典的影響，一直到春秋時期。從長遠來看，厲王這次變革應該是成功了。這項改革被周厲王之後的周王室當成一項正確的政策，推行將近三百年，後來有許多效仿者，只不過第一個這樣做的周厲王被罵得最慘。

周厲王的「專利」是什麼呢？根據學者們的研究，**主要是山澤之利**。封建制度下，土地被封給諸侯，土地上的山川湖海也隨之被諸侯貴族們占有，而周厲王想把山川湖海歸王室所有。當時家國一體，周厲王就是想**把山川的礦產、湖海中的鹽，經營權收回國家。後來，漢武帝打匈奴沒錢**

了，實行的就是這種鹽鐵專賣制度。

對於周厲王的專利行為，歷史學者李玉潔在〈評周厲王革典〉一文中說：「把山林川澤的採擇開發收歸周王室所有，剝奪或者取消宗法貴族占有山林川澤的部分特權，這種改革，是國家發展過程中的前進現象。」[18]她肯定厲王的這次經濟改革，認為這是王室為了維護國家穩定，迫不得已與貴族集團進行的一種較量。

貴族們大罵周厲王專利，說他占有山川等公共資源，不與大家分享；但事實上，最初行專利之事的就是貪婪的貴族們。隨著時間推移，貴族們因為世襲越來越強大，他們的子弟也越來越多，對地盤、金錢等的需求也越來越大，於是他們就開墾荒地，並且在山林、川澤等方面與周王室爭利。這些地方，本來貴族可以開採，周王室也可以，但他們聯合起來對抗周王室，只允許貴族開採，於是導致周王室財源枯竭。實際上，是他們搶奪周王室的財產在先，周王室專利、阻止貴族們開採自然資源，只不過是為了維護整個國家的利益，而向他們反擊。

周王室任用聽信自己的近臣榮夷公，與其他世族大家對抗；但已經坐大的貴族們利用民眾的聲音，對抗周王室的權威。現在《詩經》中留存有關周厲王的幾首詩，都是貴族們罵周厲王的，例如〈民勞〉中，貴族反覆說「民亦勞止」，老百姓受不了啦！《國語》中也記載貴族說：「民不堪命矣。」一說是人民無法忍受，實際上是貴族們自己不能忍受。他們又糊弄老百姓，說周厲王多麼暴

18 李玉潔，〈評周厲王革典〉，《河南大學學報》，哲學社會科學版，一九八六年第一期。

虐無道，大家起來反抗他啊！面對這種大眾輿論，**周厲王由專利而「專言」，想控制言論，於是找衛巫來監視人們**：「國人謗王……王怒，得衛巫，使監謗者。」（《國語》）。

周厲王專言有他迫不得已之處。當時，周王室財政困難，外敵還經常入侵。想阻擋外敵入侵，戰爭難免。但戰爭是要花錢的，錢就得從貴族與國人身上出，所以他們肯定不願意打仗。根據國民議政的傳統，國人的意見有很大的影響力，周厲王使用強制手段，以取締國人議政的傳統，排除原始遺留下來的國人軍事民主，干預國家政治，其目的就在於加強王權，是為了能集中力量對抗外敵。

強硬的軍事態度，也讓厲王獲得暴虐之名

厲王時期的戰爭詩不多，傳世文獻中有關他的戰功也鮮有記載，但從出土的青銅器中可以發現，為了挽救周王室的危機，周厲王實際上曾採取一系列軍事措施，打擊南淮夷與狁的入侵。「師史簋」銘文上記載一場周厲王時期的戰爭，「師」應該是官職，屬於王官，這表明厲王即位不久，就開始命令王室的直屬部隊進行戰鬥：「唯王五年九月既生霸，壬午，王曰：『師史，令汝羞追於齊……敬無敗績。』史敢揚王休，用作寶簋，子子孫孫永寶用。」

從出土的青銅器銘文中，我們還看到周厲王親征的例子，「無㠱簋」銘文記載，無㠱在周厲王十三年跟隨周厲王征伐南夷：「惟十又三年正月初吉，壬寅。王征南夷，王錫㠱無馬四匹。無㠱拜首，曰：敢對揚天子魯休令。五用作朕皇祖季尊簋，無萬年子子孫孫永寶用。」

除了無㠱，跟隨厲王征戰的，出土青銅銘文中記載還有翏生，「翏生盨」記載征伐南淮夷，這次征伐戰果不小：「王征南淮夷，伐角、津，伐桐、遹，翏生從。執訊折首，俘戎器，俘金。用作旅盨，用對烈。翏生眔大娟其百男百女千孫，其萬年眉壽永寶用。」厲王南征，主要是為了掠奪戰利品，以解決周王室面臨的經濟困境。

周厲王不斷發動戰爭，這種強硬的軍事態度，對周邊環境確實也起到威懾作用，如「噩侯馭方鼎」記載，在某次征戰回來的路上，一個部族首領噩侯馭方主動向周厲王示好：「王南征，伐角、遹，唯還自征，才（在）坏。噩侯馭方納醴於王，乃祼之。馭方侑王。王休宴，乃射，馭方王射。馭方休闌。王宴，咸飲。王親賜馭方玉五瑴、馬四匹、矢五束。馭方拜手首，敢對揚天子丕顯休，用作尊鼎，其萬年子孫永寶用。」

《史記．楚世家》說當時楚國稱王，因為畏懼周厲王，主動把「王」的名號去掉：「及周厲王之時，暴虐，熊渠畏其伐楚，亦去其王。」這些周邊部族都畏懼厲王的暴虐，實則是厲王在軍事上實行強硬的手段所致。「晉侯穌編鐘」記載周厲王親自到前線指揮貴族軍隊，部署戰鬥方案，周厲王一到，夷狄就嚇跑了：「王至。淖淖烈烈夷出奔。」

已經坐大的貴族們，自然不能容忍周厲王如此「胡鬧」。西周建國以來，周王室一直以自己的慷慨賞賜來籠絡貴族。而到了周厲王，他任用榮夷公專利，觸及眾多貴族的利益，貴族們第一次感受到這樣「不公」的變革，於是打著不符合王道的幌子勸諫周厲王：「你不能這麼做，先王都沒有這麼做，你要是這麼做，會失去貴族階層支持。」李玉潔評價周厲王的政策：「打擊了大貴族的政治經濟利益，剝奪了下層貴族和平民賴以生存的山林川澤之利，故周厲王被大貴族和平民聯合的國人暴動推翻了。」

王室的專利傷害貴族利益，但更大的受害者是國人，於是他們聯合起來，貴族們假惺惺的以民本思想在法理上與王權抗衡，又以情緒煽動民眾實際行動，於是就有所謂的「國人暴動」。現在出土的資料顯示，參與暴動的不僅有國人，還有貴族官員和軍隊。

《荀子．成相》云：「孰（即虢）公長父之難，厲王流於彘。」周厲王在軍事上依靠的重臣虢公長父，在暴動之前就被其他貴族排擠，使周厲王失去其軍事上的支持。這次暴動可以說是貴族們有意識的策劃。周厲王最後帶著一支軍隊逃走了，他的軍隊沒能打得過貴族們混在國人中的軍隊。金文顯示，周厲王時期，周王室的軍隊戰鬥力已經降到貴族實力之下，「禹鼎」記載周厲王派八師、六師征伐馭方都失敗，最後還是由貴族武公，命手下禹帶領自己的私人軍隊逮捕馭方。「多友鼎」記載武公另一個手下多友的軍功，狁已經伐至京師，王命武公出擊，武公的手下多友以公車打敗敵軍，還追回被敵人抓去的俘虜。此外，在「多友鼎」中，我們還看到，在西周後期，君臣體系已經出現隔絕關係。多友要獻捷於武公，武公再獻捷於王，王賞賜武公，武公再賞賜多友。貴族有了自己的私臣，而且是不受王直接領導的私臣。

周王室衰微，從《詩經》就可知

武公等強大的貴族力量日益增強，而周王室一天天貧弱。為了挽救王朝危機，周厲王採取一系列王權重構的措施，但可能操之過急，招來普遍不安和批評。

《國語》記載，最後周厲王被趕到「彘」這個地方。最終，貴族力量在與民眾的合作下，戰勝了王權。李峰在《西周的滅亡——中國早期國家的地理和政治危機》中，評價周厲王被驅逐的事實：「最好的解釋應該是，當時周王權與一些有影響力的宗族之間的一場主要爭鬥，在這些宗族的逼迫下，周厲王失去了自己的權力。」

想像一下，如果這次王權改革是周厲王勝利，王權加強了，諸侯貴族勢力的崛起，恐怕還要延遲幾百年。周厲王的失敗導致貴族們繼續膨脹，之後即位的周宣王，為緩和與貴族們的關係，又更進一步向貴族們妥協，連詩人們都看出周王室不行了，貴族們已經成為時代的主角。

讀《詩經》會發現，當年周王室強大時，詩人歌頌的都是周王室；而到了周宣王，詩人們歌頌的都是貴族。歷史學者郭偉川說：「《詩經》所載宣王時的詩作，屢見對大臣或侯國軍閥之誦詩，亦可見周室之威儀盡失，已淪落到何等地步。」[19] 到了周幽王時期，西周終被貴族們與戎狄聯合所滅，之後二王並立，周平王東遷，時代進入了春秋，春秋五霸興起，周王室就越來越沒有存在感了。

西元前八四一年，是中國有確切紀年的開始。這一年，貴族們面對與周厲王的改革之爭，在勸說無效的情況下，策劃一場國人暴動，且最終勝利了。貴族們的權力進一步增強，王權則被削弱，歷史從此被改寫。歷史都是勝利者書寫的，所以《詩經》中保留下來幾篇與周厲王有關的詩

19 郭偉川，《兩周史論》，北京圖書館出版社，二〇〇六年版，第一九二頁。

篇，如〈民勞〉、〈板〉、〈蕩〉等都是罵他的。要不是有出土的青銅銘文，我們可能永遠也不會知道，原來這位貴族口中「暴虐」的周厲王，不過是為了維護王權，而進行一場打擊貴族集團的改革。這個沒有人歌頌、被逼得自己做青銅器歌頌自己的周厲王，其實也曾戰功赫赫。

▲圖7-2　周厲王製作宗周鐘，上面銘文紀載他親自征討東夷、南夷，並降服26個部族之事。

08

周幽王可能不是用「烽火」戲諸侯

西元前七七六年，第一屆奧林匹克運動會在古希臘舉行。而五年後，西元前七七一年，中國的周幽王就舉辦了長跑比賽，開跑的信號就是點烽火。結果玩得太過頭，導致西周滅亡，中國進入春秋時代。

提及褒姒，我們最熟悉的故事大概就是「周幽王烽火戲諸侯」了，這個故事出自司馬遷的《史記．周本紀》。周幽王為了博褒姒一笑，屢次點燃用於警戒外敵的烽火，諸侯們急忙來勤王，到了才發現上當受騙，而褒姒看到他們灰頭土臉的樣子，終於笑了。後來，戎狄真的攻過來，周幽王舉烽火而兵不至，因而兵敗被殺，西周滅亡。

褒姒不好笑，幽王欲其笑萬方，故不笑。幽王為烽燧大鼓，有寇至則舉烽火。諸侯悉至，至而無寇，褒姒乃大笑。幽王說之，為數舉烽火。其後不信，諸侯益亦不至。

然而，**現在沒有任何證據可以證明先秦已經存在「烽火」這種警報系統**（錢穆《國史大綱》），根據文獻紀載以及考古分析，**這一系統大概是戰國以後才出現的**。李峰在《西周的滅亡——中國早期國家的地理和政治危機》一書中指出，在司馬遷之前的文獻中，只有《呂氏春秋》記載周幽王戲諸侯的故事。《呂氏春秋．疑似》曰：

周宅豐、鎬，近戎人，與諸侯約：為高葆禱於王路，置鼓其上，遠近相聞。即戎寇至，傳鼓相告，諸侯之兵皆至救天子。戎寇當至，幽王擊鼓，諸侯之兵皆至，褒姒大說，喜之。幽王欲褒姒之笑也，因數擊鼓，諸侯之兵數至而無寇。至於後戎寇真至，幽王擊鼓，諸侯兵不至。幽王之身，乃死於麗山之下，為天下笑。此夫以無寇失真寇者也。賢者有小惡以致大惡。褒姒之敗，乃令幽王好小說以致大滅。故形骸相離，三公九卿出走，此褒姒之所用死，而平王所以東徙也，秦襄、晉文之所以勞王勞而賜地也。

▲圖8-1　褒姒（清，周培春繪）。

在《呂氏春秋》中，記載的是「周幽王擊鼓戲諸侯」；而到了司馬遷筆下，其大概根據戰國以後出現的烽火系統，而最終將其變成「周幽王烽火戲諸侯」。《呂氏春秋》中這個故事的真實性也不能確定，畢竟《呂氏春秋》成書時，距離幽王去世已經五百多年，就好比現代人去回憶一件明朝發生的事。

神祕的褒姒，可能源自傳說故事

周幽王為博褒姒一笑而滅國的傳說，充滿傳奇色彩；而關於褒姒的來歷，更是充滿神祕色彩。可以說，傳奇故事的形成，很可能就是受到早期神祕傳說的影響。司馬遷《史記》中就承襲《國語．鄭語》記載的一個神祕傳說。

周幽王八年，史伯對鄭桓公講了個神話故事：夏朝時，天空突然出現兩條龍，祂們在天上盤旋，留下一灘水之後飛走了。夏朝的巫師說要用盒子把水裝起來並封印，告誡說這個盒子不能打開。否則必有大禍。盒子從夏朝傳到商朝，又從商朝傳到周朝，一直沒有人敢打開。到了周厲王時，周厲王剛愎自用，堅持打開盒子。他剛打開，水就流了一地，接著變成一隻黑色大烏龜，這隻烏龜迅速向後院跑去，人們就跟在後面追。後院恰好有個小宮女，大烏龜向小宮女衝過去，一下子就不見了。

過了幾年，周厲王死了，他的兒子周宣王即位。有一天，那個小宮女突然發現自己懷孕，不久後生下孩子。宮女很害怕，就把孩子偷偷扔到宮外。當時，在國都流傳著一個童謠，說「檿弧箕服，實亡周國」，預言有個賣桑木製弓箭的人，就是滅亡周國的人。預言傳到周宣王耳中，周宣王很生氣，就下令抓賣桑木弓的人，要把他們殺掉。這時正好有對老夫妻來京城做生意，嚇得拔腿就跑。他們在路邊忽然聽見小孩子的哭聲，兩人走過去一看，發現是個棄嬰，就是那個宮女拋棄的孩子。老夫妻得了孩子很高興，又繼續往前逃，逃到了褒國。後來，褒國人得罪周朝，這時候周朝國君已經是周宣王的兒子周幽王。褒國人怕被周朝滅掉，就想把被小宮女扔掉的那個女孩獻給周幽王，以求贖罪。因為這個女孩是褒國獻出的，褒是夏的後代，姒姓，所以叫她褒姒。

史伯講這個故事的時候，是幽王八年，彼時褒姒正受寵，離幽王戰死、西周滅亡還有三年。史伯是想以這個神話來說明，西周的滅亡乃是「天命」。

女性常常背鍋，褒姒不是唯一一個

在西周初期和中期的詩篇中，也有將女子與天命相聯繫的內容。傳說周人的女祖先，一不小心踩上一個大腳印，然後就懷孕，生下周人的男祖先后稷。《詩・大雅・生民》曰：「厥初生民，時維姜嫄。生民如何？克禋克祀，以弗無子。履帝武敏歆，攸介攸止，載震載夙。載生載育，時維后稷。」**同樣是無夫而生子，周人女始祖姜嫄被神化，踩大腳印而生育，是天命，女性成為得天命的現實反映；西周末期的褒姒則被妖化，出身不明，是天命來斷絕周王朝，女性成為周家喪失天命的反映。**

周家開國時，也有一位姓姒的女子，《大雅・思齊》第一章曰：「大姒嗣徽音，則百斯男。」周文王的妻子就是太姒，即周武王的母親。詩人讚美太姒，因為她生下偉大的周武王。姒姓是夏部落的姓氏，詩人讚美姬姓的周王室與姒姓的聯姻，因為他們的結合，為周帶來天下之主。而到了西周後期，詩人卻破口大罵：「赫赫宗周，褒姒滅之。」西周的滅亡，同樣與一個夏的後裔有關，也就是褒姒。在西周初、中期的詩篇中，出現的女子往往都是安天下的象徵；但到了西周末年，詩篇中再次出現女子，則成為詩人眼中惹得天下大亂的禍源。

褒姒是如何讓天下大亂的呢？本來，幽王已立申侯女為后，申后之子宜臼為太子。可是幽王後來寵信褒姒，廢申后之後，立褒姒為后，生下伯服。幽王因為寵信褒姒，想廢掉原來的太子宜臼，宜臼出奔中國、投靠外祖父。周宣王時期，王室與申伯締結婚姻，其時周王室已經衰弱，欲借中國的政治軍事實力輔佐周王室。周幽王廢申後，逼走太子，顯然忘記周王室岌岌可危的處境。當時中國強盛，周幽王逼走宜臼，必然導致與申國的決裂。《竹書紀年》記載，宜臼奔申國後，被申侯、許文公等人擁立為王：「平王奔申，申侯、魯侯、許文公立平王於申。」周幽王又帶兵攻打申國，中國則聯合戎人，一起打敗了周幽王，同時也殺死伯服，西周滅亡。

人們往往將西周滅亡的罪責推到褒姒身上，這可能與褒姒擾亂宗法及長期干政有關，但其中體現的也是**周朝「女色禍國論」**的傳統，**這思想影響後世幾千年，成為男權社會詆毀及壓制女子的重要理論基礎**。例如唐代元稹的《鶯鶯傳》中，張生對崔鶯鶯「始亂終棄」，他說他拋棄崔鶯鶯的理由，是這女子長得太好看，自己恐怕鎮不住，當年商紂王寵信妲己、周幽王寵信褒姒，因而滅國，至今仍被天下人所嘲笑，所以他不能走他們的老路，不能因為一個美女耽誤自己的前程：「大凡天之所命尤物也，不妖其身，必妖於人。使崔氏子遇合富貴，乘寵嬌，不為雲、為雨，則為蛟、為螭，吾不知其所變化矣。昔殷之辛，周之幽，據百萬之國，其勢甚厚。然而一女子敗之。潰其眾，屠其身，至今為天下僇笑。予之德不足以勝妖孽，是用忍情。」張生先提出女子禍國的歷史根據，再引出自己的不得已，發表「忍情」說。人們不但沒有批判他的薄情，反而表揚他為「善補過者」，足見這一思想在當時有廣泛的群眾基礎。而追根究柢，這種觀念早在先秦時期就已經有了。在封建男權社會，缺少話語權的女性沒有能力為自己辯解，只能成為背鍋俠。

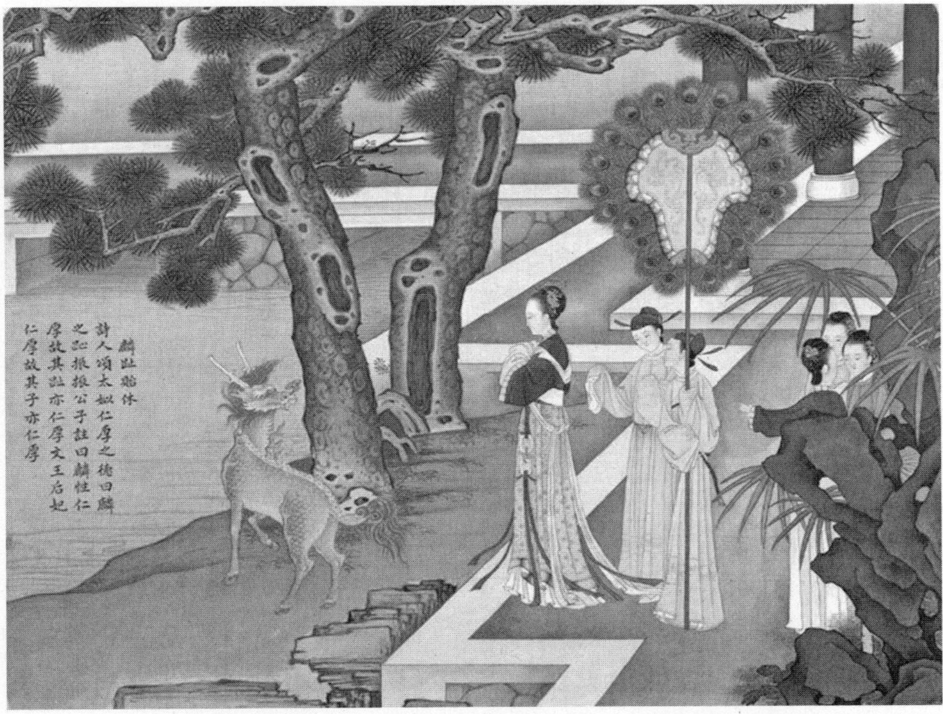

▲圖8-2　《歷朝賢后故事圖》，太姒（清，焦秉貞繪）。此套圖冊取材自歷代有良好德性的皇后、太后。現藏於北京故宮博物院。

第二部

歷史不只能塑造形象，還能改變長相

09

老子怎麼從人，變成神格的太上老君

司馬遷在介紹老子時，提到了三個人：老聃、老萊子、太史儋。也就是說，《史記．老子韓非列傳》中有三位「老子」。究竟誰才是真正的老子？司馬遷的說法模稜兩可。

他首先介紹的是老聃，是楚國苦縣厲鄉曲仁里人，姓李，名耳，做過周朝掌管藏書室的史官，孔子曾向他學習：「老子者，楚苦縣厲鄉曲仁里人也，姓李氏，名耳，字伯陽，謚曰聃，周守藏室之史也。」

說完老聃，司馬遷又提到一個叫做老萊子的人。他說這個人也是楚國人，著書十五篇，都是談論道家，與孔子同時，司馬遷可能覺得這個老萊子或許是老子：「或曰：老萊子亦楚人也，著書十五篇，言道家之用，與孔子同時云。」

接著司馬遷又說，孔子死後一百二十九年，有個周太史儋，有人說他就是老子，也有人說不是，世上沒有人知道哪種說法正確：「自孔子死之後百二十九年，而史記周太史儋見秦獻公曰：『始秦與周合，合五百歲而離，離七十歲而霸王者出焉。』或曰儋即老子，或曰非也，世莫知其然否。老子，隱君子也。」

到底誰才是真正的老子？

究竟誰才配得上傳說中的「老子」稱號？司馬遷自己都糊塗了。好在現代有出土文物，出土的楚簡提到「仲尼學乎老聃」，也就是說孔子求學的那位老子叫「老聃」，所以一般認為，道家的開創者老子，就是這位老聃，他大約生活在春秋末期，年紀略長於孔子，是史官出身，孔子曾向他問過禮。

老子做過周朝圖書館的管理員，《史記》記載老子看到周王室逐漸衰敗，打算隱退：「居周久之，見周之衰，乃遂去。」古史辨派認為，「見周之衰」並不是泛指周王室的衰落，很可能是實指發生在老子生活時代的王子朝稱兵作亂一事，這場叛亂持續了十八年之久，最後以王子朝兵敗，帶走周典籍奔楚作結。老子作為圖書館的管理員，書都被人搬走了，「官守師傅之道廢」，最後也只能離周歸隱。

《史記》說老子到了函谷關，關令尹喜對他說：「您就要隱居了，隱居前再為我們寫一本書吧！」於是，老子就撰寫了五千言，闡述道德的本意，這本書後來就被稱為《老子》或《道德經》。

今本《老子》分上、下兩篇，《道經》在前，《德經》在後，分為八十一章。而現代出土了好幾種不同版本的《老子》，例如一九七三年長沙馬王堆三號漢墓，出土帛書《老子》甲乙本，編次為《德經》在前、《道經》在後；一九九三年在湖北省荊門市的郭店楚墓，出土一批戰國的竹簡，後來被學界稱為「郭店簡」，其中就有《老子》（甲、乙、丙）三篇，不分道經和德經；二〇〇九年初，北京大學搶救一

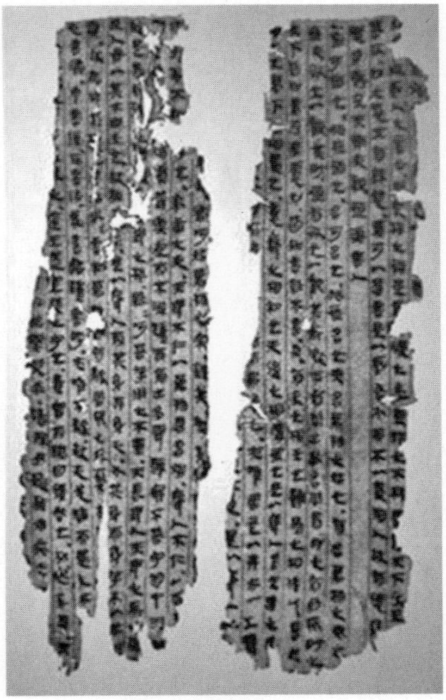

▲圖9-1　長沙馬王堆漢墓中，出土的帛書《老子》。

批流失海外的西漢竹書，有《老子上經》和《老子下經》的篇題，分別對應今本《德經》和《道經》。由此可見，原本《老子》很可能就是《德經》在前、《道經》在後，而且不分章。

一些論者根據今本《道德經》，認為老子是一個激烈的反禮鬥士。但隨著帛本和簡本的出土，證明事實絕非如此。例如今本第十九章：「絕聖棄智，民利百倍；絕仁棄義，民復孝慈；絕巧棄利，盜賊無有。」出土簡本則為：「絕智棄辯，民利百倍；絕巧棄利，盜賊亡有；絕偽棄詐，民復孝慈。」並無絕聖、絕仁棄義等激烈的言論。另外又如今本《老子》第十八章：「大道廢，有仁義；智慧出，有大偽；六親不和，有孝慈；國家昏亂，有忠臣。」出土簡本記為：「故大道廢，安有仁義？六親不和，安有孝慈？邦家昏□，安有正臣？」這兩個版本的意思，可以說完全相反。現在所見的《道德經》版本，是經後人整理和修改過的。

《論語．述而》記載：「子曰：述而不作，信而好古，竊比於我老彭。」根據出土的帛本《老子》和簡本《老子》，現代學者考證認為，老聃其實就是這裡所說的老彭，孔子說他和老彭一樣是「述而不作」，因此**《老子》最初應該只是老聃的口述**。他的繼承者將其記錄下來，並加入闡釋補充，**老萊子和太史儋很可能就是《老子》流傳成書過程中，對其加以闡釋、加工、補充和整理的人**。伏俊璉等現代學者認為，老聃、老萊子、太史儋三人，可能在不同歷史時期都對《老子》一書做出不同的貢獻：「《老子》最初由老聃口述大義，其弟子整理成最早的傳本。老萊子和太史儋是《老子》流傳成書過程中的闡釋、加工、補充和整理者，三人在不同歷史時期都對《老子》一書做出過不同的貢獻。老聃口述的格言詩式的《老子》作為『經』在社會上流傳，且以口傳為主，沒有完全定型，因而不太完整，但思想已大致確定。老萊子在《老子》流傳成書過程中起過重要的闡釋、整理作用。太史儋是《老子》流傳成書過程中最重要的闡釋者，他整理、加工《老子》，並將其分為上下篇。」[20]也就是說，《老子》的成書可能不是一個人完成的，甚至連最初的內容，都未必是老子親自寫定，正如《論語》不是孔子私人的著述一樣。

老子從人變成神，是道家與儒家、佛教抗衡的結果

作為儒家與道家的開創者，孔子與老子不一樣的是，孔子後來成為聖人，而老子則演變為神人。在整個春秋時代，老子是人，沒有任何神性。戰國以後，神仙方術漸漸被附會到黃老身上，因為老子的思想玄之又玄，老子本人也開始變得神祕。時代越往後，老子就變得越撲朔迷離，到了東漢，就成為人們信仰的神人。《後漢書．楚王英傳》曰：「（英）晚節更喜黃老，學為浮屠齋戒祭祀。」東漢末年，官方還為老子建立祠堂，《後漢書．桓帝紀》記載：「（延熹）八年春正月，遣中常侍左悺之苦縣，祠老子」、「十一月，使中常侍管霸之苦縣，祠老子。」

東晉葛洪的《神仙傳》總結早期人們對老子各類神異情形的描述，例如出生神異：一說他母親看到一顆大流星就懷孕；也有一說他母親懷胎七十二年才生下他，而且老子一出生頭髮就是白的，所以被稱為「老子」。而老子為何姓李也有神話傳說，因為他母親在李樹下生他，並且他生而

20 伏俊璉、王曉鵑，〈老子的作者及其成書時代〉，《求是學刊》，二〇〇八年第二期。

能言，指著李子樹為姓，於是姓李。此外，《神仙傳．老子篇》還記載老子可以用符使人長生，這些大概都是從東漢以來就有的傳說。

東漢末年，張道陵創立道教。為了吸引教眾，他不斷宣揚自己的神異，又說自己的神異是從老子那裡得來，於是就把老子奉為教主。

張道陵為什麼會選擇老子呢？第一，已經神化的老子，有助於道教與當時同樣被當作神的「佛」，以及其他神仙方術相抗衡。第二，民間流傳說老子西出函谷關，化身而為佛陀，說明佛教亦為道家的分支；而史書上又說儒家的創始人孔子曾經向老子學習過，又高了儒家一層，於是道教選老子，有助於道教在三教的鬥爭中，取得一個有利的位置。第三，漢代獨尊儒術之後，儒家思想成為主流，而道教要想立身，就必須尋找一個能與之抗衡的體系，《道德經》就為道教的創立提供理論支援。傳說張道陵寫《老子想爾注》，這本書是對《道德經》的注解，而張道陵以自己的闡釋，把哲學著作《道德經》改造成宗教經

▲ 圖9-2　山東東平漢墓壁畫《孔子見老子》。

典，尤其是使「道」人格化，他解釋成為「吾」、「我」，這就把道變成了人格神。

《老子想爾注》文中又曰：「一散形為氣，聚形為太上老君。」「一」即是道，其散形則為氣，凝聚成形就是「太上老君」，「太上老君」的稱呼在此第一次出現。一直以來，神化的老子常常被看作道的化身，而張道陵說道又是太上老君，於是老子就成了太上老君。

「太上」是什麼意思呢？《老子》云：「有物混成，先天地生。寂兮寥兮，獨立不改，周行而不殆，可以為天地母。吾不知其名，字之曰道，強為之名曰大。」「大」是對道的形容，張道陵把道人格化，大也隨之變成另一個形容詞：太上。太上是至高無上的意思，《老子》云：「太上，不知有之；其次，親而譽之。」《左傳》說：「太上有立德，其次有立功。」《禮記》記載：「太上貴德，其次務施報。」《淮南子》第一篇「原道訓」就是講太上之道。

總之，張道陵尊老子為道教的教主，而且最早把老子尊稱為太上老君。到了南北朝，道教雖然分裂為各個派別，但基本都認可太上老君指的就是老子。當然，老子後來還有一些其他的名號，唐代段成式《酉陽雜俎》總結說：「老君又曰九大上皇洞真第一君、大千法王、九靈老子、太上真人、天老玄中法師、上清太極真人、上景君等號。」但太上老君作為老子的代稱，具有最普遍的社會認可度。

除了普通教徒尊稱老子，統治階層也對老子極為推崇。如唐代皇帝以老子李耳為始祖，於是建太清宮專奉老子，太上老君被封為太清境洞神教主。到了宋朝，宋真宗加封老子為「太上老君混元上德皇帝」。《續資治通鑑》記載，「教主道君皇帝」宋徽宗自稱曾夢到被太上老君召見，他更是對太上老君信奉有加。

除了老子從歷史人物變成道教教主，道教從創立以來，還吸收諸多歷史人物進入體系，例如四大天師張道陵、葛玄、薩守堅、許旌陽，他們在歷史上都確有其人。此外，關羽、岳飛、姜太公等，也都是道教中的重要神仙。

▲ 圖9-3　太上老君像（清，周培春繪）。

▲ 圖9-4　唐代老君石雕像。

10 孔子不斷被神化，樣貌卻不斷被醜化

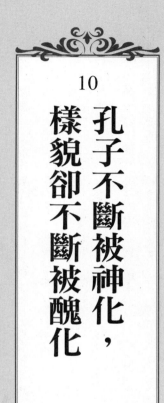

史料中記載了孔子的生活軌跡：他生於春秋末年，少年時代一直生活在魯國，三歲喪父，十七歲失去母親，大約十八歲後在宋，二十歲前回魯，三十歲左右創辦私學，三十四歲問學於老子，三十五歲至三十七歲在齊國，三十七歲至五十歲一直在魯國，五十一歲做官，五十五歲至六十八歲周遊列國，後返魯。孔子的一生，他自己總結說：「吾十有五而志於學，三十而立，四十而不惑，五十而知天命，六十而耳順，七十而從心所欲不逾矩。」

春秋末期，學在官府被打破，文獻流散到社會上，孔子掌握一大批文獻，從而開創私人教學模式，有教無類，弟子眾多。他曾帶著自己的主張周遊列國，但處處碰壁，晚年回到家鄉整理詩、書、禮、樂等文獻。

孔子六十九歲時，獨子孔鯉去世。七十一歲時，得意門生顏回病卒，孔子極度悲傷，說：「天喪予！天喪予！」這一年孔子正在修《春秋》，有人在魯國西部捕獲一隻稱作「麟」的怪獸，後來聽說麒麟死了，孔子就停筆不寫，他感覺自己的大限也快到了。七十二歲時，孔子突然得知大弟子子路在衛死於國難，哀痛不已。次年，孔子拄著拐杖在院子裡，子貢去看他，孔子老淚縱橫：「我聽說夏人死了要葬在東街，周人死了要葬在西街，殷商之人死了要葬在兩個門柱之間，我昨晚夢到我坐在兩個門柱之間（孔子祖上是宋國人，是殷商後裔），大概我也快死了吧。」七天後，孔子就逝世了，享年七十三歲。儒家的另一位聖人孟子活到八十四歲。所以，民間有句諺語說：「七十三，八十四，閻王不叫自己去。」人們認為聖人都活不過這兩個坎，普通人更沒辦法。

漢代改造儒學，讓孔子成為各代帝王認可的聖人

孔子活著時，就有人稱他為聖人。一位官員問孔子的弟子子貢：「夫子聖者與？何其多能也？」子貢馬上說，那當然了，老天爺就想讓我們老師當聖人：「固天縱之將聖，又多能也。」（《論語．子罕》）但是，孔子生前一直謙虛的說自己不是聖人。

孔子去世後，他的弟子們發起一場造聖運動。

孔子一死，先是出來很多人詆毀他，如《論語》裡面記載，當時的貴族叔孫武叔說「子貢賢於仲尼」，又記載「叔孫武叔毀仲尼」，陳子禽謂子貢曰：「子為恭也，仲尼豈賢於子乎？」當時，人們詆毀孔子的一種方式，就是捧孔子的學生子貢。子貢很有錢，也是著名的外交家，所以被世人看重，人們想藉此來打壓孔子的威望。

但子貢對那些詆毀自己老師的言論都予以回擊，認為自己的老師如天、如日月，是高不可及的。**正是因為子貢一直把自己的老師奉為聖人，從而大大提高孔子的地位，也使孔子的影響力逐步擴大**。到了孟子的時代，孔子基本已經被定型為聖人，孟子稱他為「聖之時者」，也就是最知道什麼時候該做什麼事情的人。

到了漢代，司馬遷寫《史記》也誇讚孔子是聖人，他還把孔子傳列入「世家」，評價孔子：「《詩》有之：『高山仰止，景行行止。』雖不能至，然心嚮往之。余讀孔氏書，想見其為人……天下君王至於賢人眾矣，當時則榮，沒則已焉。孔子布衣，傳十餘世，學者宗之。自天子王侯，中國言六藝者折中於夫子，可謂至聖矣！」獨尊儒術以後，孔子及儒學的影響力就更大，其中一個重

要原因，是先秦儒學在漢代時被改造了。

秦統一六國，焚書坑儒、以法家治國。經歷暴秦，又經過楚漢爭霸，西漢初年，戰爭終於結束，這時百姓們需要休養生息，而老子的清靜無為，恰好符合這個時代的需求，「黃老之術」成為官方推舉的治國思想。漢景帝的母親竇太后極為推崇《老子》，有次一個儒生來講學，批評了《老子》，竇太后很生氣，把這個儒生扔到豬圈裡，讓他和野豬打架。

西漢前期中央王朝推行無為思想，雖然對社會的恢復有一定功效，但也有一個弊端，那就是放縱地方勢力的增長，這使地方逐漸有挑戰中央的實力，最終在漢景帝時期，爆發了「七國之亂」。這次叛亂被平定後，統治階層意識到必須加強中央集權，因此需要尋找維護封建大一統的指導思想。這時，秦朝的滅亡已經證實單純依靠法家暴力不可取，七國之亂也驗證了黃老無為，面對現實往往無能為力，於是**封建統治者把儒家當成新的思想武器，用它來鞏固封建專制統治**。「三綱五常」就是漢儒總結出來的。

「三綱」，即「君為臣綱，父為子綱，夫為妻綱」，但其實孔子並沒有說過這樣的話。《論語・顏淵》有句孔子的話是：「君君、臣臣、父父、子子。」意思是做君的要像君，做臣的要像臣，做父親的要像父親，做兒子的要像兒子，是說在其位要謀其政；但這話到了董仲舒就變了味，成為「三綱」，臣要服從君的統治，子要服從父親的命令，妻子要唯丈夫命是從，後來宋儒也繼承這一說法。

總之，儒學經過後代學者、士大夫們的不斷改造與推崇，孔子漸漸成為維護封建統治的旗幟，所以歷代統治者幾乎都有褒封孔子，例如漢代追稱孔子為「褒成宣尼公」，宋真宗尊孔子為

▲圖10-1　孔子燕居圖。「燕居」指的是閒居在家、沒有當官的狀態，因此本圖即表現孔子身為一般平民的形象。

「玄聖文宣王」、「至聖文宣王」，明世宗嘉靖尊其為「至聖先師」，清世祖順治尊其為「大成至聖文宣先師」等，孔子成為各個世代官方認可的聖人。

孔子是聖人，所以被越畫越醜

我們經常見到孔子像，把孔子畫得醜醜的，例如露著兩顆大門牙的明代《孔子燕居圖》。

孔子不是聖人嗎？人們為什麼會這麼不尊重孔子呢？但事實上，這恰恰是對孔子的尊崇。這是當聖人的「副作用」。

古人思想中，認為「聖人異像」，聖人一定和普通人不一樣。早在先秦時期，《荀子．非相》中就體現這種思想，他說，古代的聖賢，像皋陶、周公旦、孫叔敖都奇醜無比。孔子更醜，他的臉就好像蒙上一個醜惡難看的驅邪鬼面具。

這邊要注意，荀子說孔子醜，並不是為了諷刺他，而是為了表明孔子雖然長得醜，但很有作為。長得好看的人反而沒有好作為，他舉例說桀、紂長得英俊、身手敏捷，結果卻亡國了，成為天下人的笑柄。

在東漢王充的《論衡．骨相》中也說，大聖賢都長得很奇特，例如傳說中堯的眉毛有八種顏色，禹的兩隻耳朵都各有三個洞，商湯的手臂上有兩個手肘等。還有更奇特的：傳說周文王有四個乳房；周武王不用抬頭，眼睛就可以看見頭頂上的太陽；孔子頭頂凹陷，像翻過來的屋頂等。

因此，**在聖人異像思想的影響下，漢代後隨著孔子地位不斷被提高，孔子被不斷的神聖化，**

▲ 圖10-3　孔子像，南薰殿藏。

▲ 圖10-2　孔子燕居圖，曲阜孔府藏。

▲圖10-4　戴著驅鬼面具的人，荀子描述的孔子可能長這樣。

人們也就對孔子的相貌更進一步的「醜化」，地位越高，相貌越醜。像是漢代緯書《孝經・鉤命決》說：「仲尼斗唇，舌理七重」、「海口、牛唇、虎掌、龜脊、輔喉、駢齒」。

到了宋代，則又形成「七陋」說：鼻陋，兩個鼻孔朝天；嘴陋，兩顆門牙是齙牙；眼陋，兩顆眼球突出；耳陋，兩隻大耳朵下垂。這樣的人顯然並不美觀。曲阜孔府所藏明代《孔子燕居圖》中的孔子，就體現出嘴陋、鼻陋等特徵。

到了明代，張岱《夜航船》根據前代的緯書與傳說，又提出四十九種「醜法」：

仲尼生而具四十九表：反首，窪面，月角，日準，河目，海口，牛唇，昌顏，均頤，輔喉，駢齒，龍形，龜脊，虎掌，駢脅，參膺，圩項，山臍，林胔，翼臂、窪頭，隆鼻，阜脥，堤眉，地足，谷竅，雷聲，澤腹，面如蒙倛，兩目方相也，手垂過膝，眉有十二彩，目有二十四理，立如鳳峙，坐如龍蹲，手握天文，足履度字，望之如僕，就之如升，修上趨下，末僂後耳，視若營四海，耳垂珠庭，其頸似堯，其顙似舜，其肩類子產，自腰以下不及禹三寸，胸有文曰「製作定世符」，身長九尺六寸，腰六十圍。

孔子也真是不容易，活著時靠山山倒、靠河河乾，四處奔波，沒人重用；死了之後，思想被別人曲解，身分被別人利用，甚至連長相都由不得自己。

11

孔子不是魯國人，祖先也不姓孔

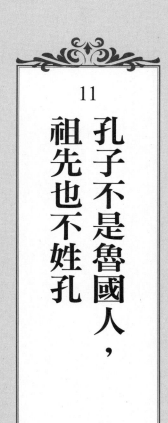

孔子其實不姓孔，而是姓子，孔氏。先秦時期，姓和氏是不同的，姓是一個部落的統稱，而氏只是其中的一個分支。子是殷商的國姓，也就是說，孔子是殷商人的後代，與商湯、商紂王是一家人。我們經常說孔子是魯國人，**實際上孔子祖上是宋國人，後來才移居到魯國**。

當年周武王滅商後，按照當時的禮儀與信仰，滅人國家但不滅人祭祀。殷商人的祖先，還要被其後人祭祀（別的部族祭祀不管用），周朝統治者認為若不祭祀，這些殷商人的祖先會搗亂，於是封商紂王的兒子武庚，在商人舊地河南安陽管理殷商遺民。後來武庚作亂被殺，商紂王的庶兄微子啟被封為宋公，管理殷商遺民，這就是宋國的創建者。微子去世後，傳給微仲衍、宋公稽、丁公申，四傳至湣公。宋湣公長子叫弗父何，本來他應該當國君，但他卻讓國於弟弟鮒祀，弗父何自己做了卿，孔子先祖就由天子變為諸侯，再變為公卿之家。

弗父何之曾孫叫正考父，據說《詩經》中的〈商頌〉就是他整理的，他也是卿，輔佐宋戴公、武公、宣公。正考父之子叫孔父嘉，子姓，名嘉，字孔父。孔子六祖孔父嘉曾任宋大司馬，也是卿，孔子會姓孔，就因為他名字中有個「孔」字有關，後人從其名字中摘出這個字作為氏。漢以後，氏就變為姓，姓與氏沒什麼區別了。孔父嘉在宋國的一場政變中被殺，其後第二代或第三代因為這件事，而從宋國移居到魯國，所以孔子才會在魯國出生。

國君送鯉魚，所以兒子取名叫「鯉」

到了魯國的孔子先祖們，又失去卿的地位。孔子的父親叫叔梁紇，子姓，孔氏，名紇，字叔

▲圖11-1　《孔子聖蹟圖》連環圖畫，第一張的禱尼山圖描繪孔子的母親在尼丘山禱告（明，仇英繪）。

梁，已經降到士這個階層。叔梁紇是個大力士，有戰功，但他有個遺憾是家裡沒有能主持祭祀的兒子。孔子可能有九個姐姐，和一個有殘疾的哥哥孟皮。孟是大，仲是二。仲尼的稱呼也可見孔子排行老二。叔梁紇到了晚年才生孔子，大約在他六十六歲時，娶了十五歲的顏徵在，不久後就有了孔子。大概因為年紀相差太大，不合禮法，所以《史記·孔子世家》說：「紇（叔梁紇）與顏氏女野合而生孔子。」

孔子三歲的時候，叔梁紇就去世了。孔子十七歲的時候，母親也去世了。當時魯國的政權被「三桓」，即魯桓公的後代，季孫、叔孫、孟孫控制著，其中勢力最大的是季孫氏。這一年，季孫氏要宴請士階層的人來吃飯，想看看有多少人還能為其所用。孔子聽到消息後，認為自己的父親是士，自己也應該是士，於是去參加宴會。結果到了門口，他被季氏的家臣陽虎攔住：「孔子要絰，季氏饗士，孔子與往。陽虎絀曰：『季氏饗士，非敢饗子也。』孔子由是退。」（《史記·孔子世家》）陽虎說季氏請的是士，而不是孔子，言下之意就是不承認孔子是士。士是貴族的最後一個階層，失去這個身分，在當時就很難再做官，年輕的孔子就這樣即將失去自己身為士的身分。

孔子十九歲結婚，二十歲左右生了一個兒子。孔子說自己「十五而志於學」、「學而時習之」，因為好學名氣漸漸大了，所以孔子生兒子，連魯國的君主魯昭公都知道了。魯昭公派人送來一條鯉魚給孔子，表示祝賀。禮不下庶人，**國君給孔子送禮，就意味著承認孔子的貴族身分，孔子靠著自己的好學，贏回士的身分**。這時，孔子還沒有給自己的孩子取名，見到國君送來鯉魚，於是就給自己的兒子取名為鯉：孔鯉，字伯魚。

王勃〈滕王閣序〉中說「他日趨庭，叨陪鯉對」，其中的「鯉」就是這位孔鯉。《論語》中

▲ 圖11-2　《孔子聖蹟圖》第七張的昭公賜鯉圖，描繪孔子兒子出生時的情景（明，仇英繪）。

記載有一個叫陳亢的人問孔鯉：「您父親有沒有教給您一些不一樣的東西？」孔鯉回答：「沒有。但有一次父親獨自站在堂上，我快步從庭裡走過。他問我：『學《詩》了嗎？』我說沒有，他說：『不學《詩》，無以言。』於是我回去學《詩》；有一天，父親又獨自站在堂上，我快步從庭裡走過，他問我：『學《禮》了嗎？』我說沒有，他說：『不學《禮》，無以立。』於是我回去學禮。」陳亢聽了很高興，他只問了一個問題，得到三方面的收穫：《詩》要學、《禮》要學，還知道君子不偏愛自己的兒子。從這段記載可以看出，孔子對自己唯一的兒子，教育方式並沒有什麼特別的地方。

孔鯉在孔子六十九歲時去世了，留下一個孩子，也就是孔子的孫子孔伋，字子思。《史記．孔子世家》記載：「孔子生鯉，字伯魚。伯魚生伋，字子思。」據說是孔伋作《中庸》，他的老師是曾子，他的再傳弟子就是孟子，所以有人將其與孟子合稱為「思孟學派」。沒有子思，可能就沒有孟子。孔伋的影響很大，明朝時他被奉為「述聖」。

《史記．孔子世家》記載至司馬遷時代之前的孔氏傳承：「子思生白，字子上，年四十七。子上生求，字子家，年四十五。子家生箕，字子京，年四十六。子京生穿，字子高，年五十一。子高生子慎，年五十七，嘗為魏相。子慎生鮒，年五十七，為陳王涉博士，死於陳下。鮒弟子襄，年五十七。嘗為孝惠皇帝博士，遷為長沙太守。長九尺六寸。子襄生忠，年五十七。忠生武，武生延年及安國。安國為今皇帝博士，至臨淮太守，蚤卒。安國生卬，卬生驩。」孔子後人有好幾次單傳，後來漸漸開枝散葉，後人越來越多，據說到現在已經有兩百萬的孔子後裔。

孔家有名的後代：老是譏諷曹操的孔融

孔子的後人中出了不少名人，例如第十一代孫西漢孔安國，是著名的經學家；第二十代孫中有我們熟悉的孔融。

孔融讓梨的故事大家耳熟能詳。而長大後的孔融，與曹操不合，經常出言譏諷他，像是曹操禁酒，但孔融頻頻反對。曹操進攻鄴城，袁紹家的婦人女子很多被擄掠，曹操的兒子曹丕私自娶了袁紹之子袁熙的妻子甄氏，孔融就諷刺曹操，寫信給曹操：武王伐紂，把妲己賞賜給周公。曹操看不懂，問他真有此事？孔融說，以現在的事來看，應該是有的。曹操這才明白他是在諷刺自己父子倆，但因為孔融名氣大，曹操也無可奈何。曹操被封吳平侯，封地離都城僅三百餘里，孔融就搬出

▲圖11-3　孔伋像，臺北故宮博物院藏。

▲圖11-4　孔融像（清人繪）。

《周禮》反對：「又嘗奏宜准古王畿之制，千里寰內，不以封建諸侯。」

曹操忍受不了總是冷嘲熱諷的孔融，最後把他殺了，而殺他的罪名居然是「不孝」，只因為孔融曾說過，父親對兒子沒有親情，他生兒子的本意，是為了發洩情欲；母親像瓶子，兒子像瓶子裡的東西，母親生兒子，就像從瓶子裡倒東西出來，東西出來後，兩者就沒什麼關係：「父之於子，當有何親？論其本意，實為情欲發耳。子之於母，亦復奚為？譬如寄物瓶中，出則離矣。」曹操當年頒布招賢令，與漢代以來「舉孝廉」用人標準完全不同，他說「進取之士，未必能有行」、「不仁不孝，而有治國用兵之術」的人，都能為自己所用。然而，當他想要殺對手時，不忠不孝又成為重要的藉口。魯迅在《魏晉風度及文章與藥及酒之關係》中說：「倘若曹操在世，我們可以問他，當初求才時就說不忠不孝也不要緊，為何又以不孝之名殺人呢？然而事實上縱使曹操再生，也沒人敢問他，我們倘若去問他，恐怕他把我們也給殺了！」

此外，還有孔子第三十二代孫，唐代的孔穎達，整理《五經正義》；第六十四代孫，清代的孔尚任，是著名的文學家，代表作是劇本《桃花扇》。

歷代統治者幾乎都有對孔子及孟子的褒封，例如漢代追稱孔子為「褒成宣尼公」，後世稱宣尼、尼父。到了宋朝，孔子被宋真宗趙恆尊為「玄聖文宣王」，後來又被他尊為「至聖文宣王」。明世宗嘉靖尊其為「至聖先師」，清世祖順治尊其為「大成至聖文宣先師」。不僅孔子受到追封，他的後代、曲阜孔氏家族也受歷代帝王的封賜，孔子的嫡系後代可以世襲衍聖公頭銜，明、清時期為正一品官階，列為文臣之首，居住在衍聖公府，也就是現今的孔府，帝王們以此表示自己尊孔。

而作為儒家重要繼承人的孟子，東漢趙岐首稱他為「亞聖」。因為孟子主張「民為貴、君為輕」等思想，一直受到統治者的忌憚。直至宋代，由於大儒們推崇孟子，宋神宗才封孟子為鄒國公，宋孝宗詔孟子為「亞聖」，並為四配（按：孔廟主祀孔子，配祀四位儒家先哲，即孟子、曾子、顏回、孔伋，稱為「四配」）之首。元文宗又加贈孟子為鄒國亞聖公，亞聖從此成為孟子的代名詞，從而使封建皇帝對孟子的封賜達到極頂。明景泰年間，孟子的第五十六代孫孟希文，被授予世襲翰林院五經博士，從此以後孟子後裔也開始授世職。

孔孟後代的名字，為什麼都有相同的字？

我們常常看到姓孔或姓孟的人，名字裡都有一個相同的字，這是孔、孟後人的標誌。這種現象是從孔門第五十六代開始，五十六代用「希」、五十七代用「言」。明朝初年，朱元璋曾賜孔氏八個輩字：「公、彥、承、弘、聞、貞、尚、胤」（按：後世為避清雍正〔名胤禛〕、乾隆〔名弘曆〕諱，改弘為「宏」、胤為「衍」），供第五十八代到第六十五代起名用。同一輩的孔氏後代要用相同的字，孔府還頒布《孔氏行輩告示》：「凡我族人，俱當遵照後開行輩，取名訓字。」

到了明末，崇禎帝又賜「興毓傳繼廣，昭憲慶繁祥」，供孔氏第六十六代到第七十五代起名用。到了清朝同治年間，字不夠用，朝廷又賜字「令德維垂佑，欽紹念顯揚」十個行輩字，供第七十六代至第八十五代起名。清末政局動盪不安之際，孔子七十六代孫孔令貽未雨綢繆，在上次行輩字還沒用完的情況下，預先將孔氏家族行輩再續二十個字：「建道敦安定，懋修肇彝常。裕文煥景瑞，永錫世緒昌。」規定第八十六代至第一百零五代的輩分排序，上報政府批准，並頒布全國。

孟氏家族的輩分排序，也是在明朝初期即仿照孔家，這是因為孔府與孟府間不僅有良好的友誼關係，而且還存在著密切的婚姻關係。又因為孔子的後人歷代世襲衍聖公，具有極高的地位，因而孟氏家族譜牒修成後，要報孔府衍聖公備案。在孔府的影響下，孟氏從第五十八代「希」字輩開始，與孔氏使用相同的輩分排字，兩個家族的行輩完全一致。效仿孔氏家族的，還有曾子的後人曾氏家族，以及顏回的後人顏氏家族。

現在，孔氏後人的字主要用到崇禎賜給的「昭憲慶繁祥」和同治年間的「令德維垂佑」，例如孔慶東（按：現為北京大學教授）、孔祥熙（按：曾任國民政府時期行政院院長）、孔令輝（按：中國男子桌球運動員）等。

12

春秋末年群雄爭霸，都是為了一個美女

先秦史書和《詩經》中，有不少作品會涉及同一女子，有的是褒揚，有的則是有意貶低。

齊國有個美女叫文姜，她本是齊襄公同父異母的妹妹，兩人從小玩到大，感情深厚。後來，文姜嫁給魯國的國君魯桓公，而齊襄公卻一直對她念念不忘。有一年，魯桓公要去齊國會見齊襄公，文姜也要跟著，魯桓公雖不明就裡，但也同意了。

大臣們大多知道文姜和齊襄公有曖昧關係，於是極力阻止，大臣申繻諫說，女人成了家、男人有了老婆，就不能冒犯對方，這就是禮，要是違反這一點，離倒楣就不遠了：「女有家，男有室，無相瀆也，謂之有禮，易此，必敗。」申說這話是在暗示魯桓公，他們有姦情。《左傳》未記載桓公的反應，《史記》中說魯桓公不聽，於是帶著老婆去齊國：「公不聽，遂如齊。」

結果，文姜一到齊國就出軌了，與哥哥齊襄公私通。紙終究包不住火，魯桓公得知此事後怒責文姜，文姜將魯桓公的責罵告訴齊襄公。不久，齊襄公宴請魯桓公，將魯桓公灌醉後，讓大力士公子彭生抱魯桓公上車，公子彭生一用力就折斷魯桓公的肋骨，最後魯桓公死在車中。在《詩經》中，〈南山〉就是諷刺齊襄公這段不正當婚外情。

齊國後來又有個美女叫哀姜，《列女傳》說她是齊侯之女，但這個「齊侯」究竟是誰，則語焉不詳，目前比較認可的是齊襄公或齊桓公。哀姜嫁給魯桓公的兒子魯莊公，魯莊公有個弟弟叫慶父。哀姜見到慶父後，和慶父開始私通。魯莊公去世後，魯閔公即位，哀姜想立慶父為國君，於是和慶父合謀殺了魯閔公。但群眾不服，輿論上一片罵聲，哀姜逃到邾國，最終被齊桓公引渡回國後殺了。

一般人都認為國君的女兒不愁嫁，可是這兩個齊國的女兒卻擾亂國家。當年，齊僖公想把自己女兒嫁給鄭國的太子忽時，把太子忽嚇壞了，他急忙推辭，說每個人都有自己的配偶，齊國是個大國，不是我的配偶：「人各有耦，齊大，非吾耦也。」我們鄭國小，配不上您啊！饒了我吧！後來，北戎部落入侵齊國，齊國向鄭國求援，太子忽率領鄭國軍隊，幫助齊國打敗北戎。齊僖公又提起這件事，太子忽寧可得罪齊國的國君，也堅決推辭這門婚事。

先秦史書和《詩經》都提到的禍亂女子，除了文姜之外，還有褒姒。褒姒這個惹得天下大亂的女子，開啟春秋時代。

史書中從未出場，但引發蝴蝶效應的美女是誰？

而另一個女子同樣惹得天下大亂，先秦史書和《詩經》中，都有談及她，她則昭示春秋末期的到來。《詩經．陳風．株林》曰：「胡為乎株林？從夏南。匪適株林，從夏南！駕我乘馬，說於株野。乘我乘駒，朝食於株。」這首詩背後隱藏著一名奇女子。株林是夏姬的住地，這首詩是在諷刺陳靈公及其臣子與夏姬私通。

夏姬是鄭國人，是鄭穆公的女兒，長得極為漂亮，但因此招來許多禍患，《左傳》說：「子靈之妻殺三夫，一君，一子，而亡一國、兩卿矣。」她剋死三任丈夫，因為她，死了一個國君、一個兒子，一個國家滅亡，兩個大臣逃亡。《列女傳》說她「三為王后，七為夫人。公侯爭之，莫不迷惑失意」。她四、五十歲之後，追求者還源源不斷，無數高級貴族為了她爭風吃醋，甚至天下格局也為之改變。

這個如此有魅力的女子，她的故事究竟為何？

夏姬在鄭國時，與庶兄公子蠻私通。不到三年，公子蠻去世，夏姬就遠嫁陳國的官員夏御叔，這也是為什麼她被稱為夏姬。《詩經・陳風・株林》中提到的夏南，是夏姬與夏御叔的兒子，叫夏徵舒，字子南。夏姬生下孩子不久，夏御叔就去世了（出土文物清華簡又說夏姬為夏徵舒之妻，可備一說），夏姬恢復單身。

《左傳・宣公九年》記載陳靈公與大臣儀行父、孔寧經常藉機與夏姬廝混，《詩經・陳風・株林》就是對陳靈公及大臣們與夏姬廝混的諷刺。「胡為乎株林」，他們為什麼到株林？「從夏南兮？」是去找夏南嗎？他們打著去找夏南的幌子，然而大家都知道他們是去做什麼。「朝食於株」，在夏姬家吃早飯，古人認為這裡的食，有性的暗示，暗示他們實際是到株林夏姬家淫亂。

夏南一天天長大，身材偉岸，善於騎射，陳靈公讓其承襲父親的官職，掌管兵馬。夏南在家中款待陳靈公、孔寧與儀行父，結果三人喝醉後醜態百出，互相開玩笑。陳靈公說夏南長得像儀行父，儀行父說夏南長得也像陳靈公，三人哈哈大笑。已經知道他們那些破事的夏南再也忍不了，衝動之下就把陳靈公殺了，兩個大臣則趁亂逃跑，一直跑到楚國。「陳靈公與孔寧、儀行父飲酒於夏氏。公謂行父曰：『徵舒似女。』對曰：『亦似君。』徵舒病之。公出，自其廄射而殺之。」

弒君之後的夏南，自立為陳侯。孔寧、儀行父到了楚國，遊說楚莊王，說夏南弒君無道，要求楚國出兵幫助他們。於是，楚莊王帶兵滅陳國、殺了夏南，同時也逮住夏姬。楚莊王見到夏姬，也不由得為其美色迷惑，想據為己有。楚國的貴族申公巫臣，則用講道理的方式阻止：「君召諸侯，以討罪也。今納夏姬，貪其色也。貪色為淫，淫為大罰。《周書》曰：『明德慎罰。』文王所以造周也。明德，務崇之之謂也；慎罰，務去之之謂也。若興諸侯，以取大罰，非慎之也。君其圖之！」你是來討伐夏南弒君之罪的，要是你娶了夏姬，別人還會以為你打陳國就是為女色，你要愛惜你的羽毛，珍惜你的名聲啊！楚莊王被申公巫臣道德綁架，只能放棄娶夏姬這件事。

楚莊王之弟子反也想得到夏姬，申公巫臣又大費周章的勸子反放棄：「是不祥人也！是夭子蠻，殺御叔，弒靈侯，戮夏南，出孔、儀，喪陳國，何不祥如是？人生實難，其有不獲死乎？天下多美婦人，何必是？」因為她，一個國家滅亡，一個君主去世、兩個大夫流亡，娶之不祥，天下美女有很多，為什麼非要娶她呢？你仔細想想，娶她多危險啊！子反認為有道理，就放棄這個念頭。

最後，楚莊王把夏姬嫁給楚國的另一個貴族連尹襄老。結果嫁過去不久，晉楚邲之戰爆發，楚國雖然戰勝，但也付出慘重的代價，先鋒連尹襄老戰死沙場，他的屍體被停放在楚國的盟國鄭國。而他的兒子黑要連父親屍體都沒來得及收拾，就返回去追求夏姬。

事實上，申公巫臣也早盯上夏姬，他幫夏姬出主意，讓她以替連尹襄老收屍為由，回自己的母國鄭國。申公巫臣則自己受王命出使齊國，他藉此機會取道鄭國，並帶夏姬一起去齊國，後來又轉道到晉國，從此在晉國做官。夏姬終歸申公巫臣。

子反得知後快氣死了，就聯合子重滅掉申公巫臣留在楚國的整個家族，並瓜分他的家產：「殺巫臣之族子閻、子蕩及清尹弗忌及襄老之子黑要，而分其室。」申公巫臣得知後痛心疾首，發誓要報仇，於是勸說晉國君主，聯合吳國一起對付楚國。他派自己的兒子狐庸出使吳國，讓他們帶著先進的戰車與戰術，教吳國人如何打仗、如何對付楚國：「與其射御，教吳乘車，教之戰陣，教之叛楚。」從此，吳國不斷侵擾楚國各地，僅僅一年時間，負責楚國軍事任務的子反、子重七次疲於奔命，到處救火，但到處都是求救之聲，讓他們疲於應對。原來屬於楚國的蠻夷小國，幾乎都被吳國占領，吳國實力大增，成為楚國勁敵：「吳始伐楚，伐巢、伐徐。子重奔命。馬陵之會，吳入州來。子重自鄭奔命。子重、子反於是乎一歲七奔命。蠻夷屬於楚者，吳盡取之，是以始大，通吳於上國。」

當年一個晉國就夠讓楚國頭疼，現在又崛起了一個吳國，楚國再也無力爭霸。後來，楚國又發生逼走伍子胥之事，伍子胥到吳國，帶領吳國的軍隊直接打到楚國都城，還鞭屍楚王的屍體。接下來，楚國靠著秦國的勢力，漸漸收復失地；而為了對抗吳國，楚國也在吳國的旁邊扶持一個國家，這就是越國。

春秋後期，吳越爭霸。先是越國致吳國君主闔閭去世，吳王夫差報仇，接著是臥薪嚐膽的越王勾踐復國報仇。從《左傳》的記載來看，這件事的根源似乎與夏姬有關。**夏姬這個女子，在《左傳》中始終沒有正面出場，但她就如同一隻蝴蝶，拍動翅膀，後來竟引起一股颶風，擾亂整個天下。**這樣的記載，很可能是史官為了合理解釋春秋末期吳越爭霸如何興起，就把這個責任追溯到一個女子身上。

沒有聲音的女性，只能任歷史定罪

但是，到這時候，夏姬的故事還沒有完。據說夏姬嫁給申公巫臣之後，生了一個女兒，這個女兒嫁給了晉國的羊舌肸（按：音同「希」）。一開始，這門婚事遭到羊舌肸母親羊舍姬的抵制，她認為夏姬這個女人不好，娶她的女兒會大禍臨頭。羊舌肸害怕，打算放棄，但晉國君主偏要他娶夏姬的女兒。後來，夏姬的女兒與羊舌肸生了一個兒子，叫羊舌食我，羊舌肸的母親去看這個孫子，說他哭起來像豺狼，狼子野心，將來肯定會為這個家族帶來禍患：「是豺狼之聲也。狼子野心，非是，莫喪羊舌氏矣。」羊舌食我後來果然帶來災難，導致這個家族被滅族。

羊舌氏的開基祖先是晉獻公的侄孫，是晉文公的堂侄，他們是公族，是可以與當時其他世代掌握晉國重要職位的世家大族，像是韓氏、趙氏、魏氏、智氏、范氏、中行氏等相抗衡的一個家族。晉景公、晉悼公扶持這個公族勢力，就是想平衡眾卿勢力，羊舌氏與晉國君主有血緣關係，對晉國君主有重要的保護作用。他們被滅，也就為後來晉國君主勢單力孤、國家最終被三家瓜分埋下伏筆。不過，羊舌食我被滅後，羊舍後人逃到陝西華陰，改為「楊」姓，也就是「弘農楊氏」。西漢楊敞（司馬遷的女婿）、東漢楊震（「天知、神知，我知、你知」就是他說的）、三國楊修、隋

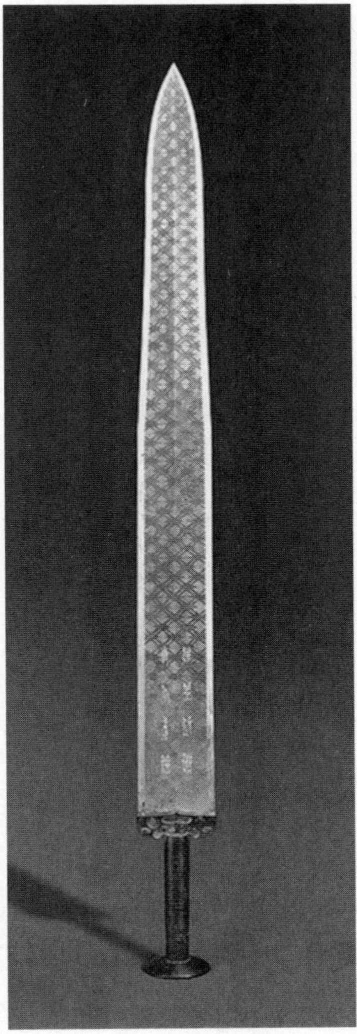

▲圖12-1　越王勾踐劍。

文帝楊堅、唐代楊玉環、宋代楊萬里等人，據說都是夏姬外孫的後代。

到了漢代，劉向《列女傳》特意為夏姬立傳，他評價說：「夏姬好美，滅國破陳。走二大夫，殺子之身。殆誤楚莊，敗亂巫臣。子反悔懼，申公族分。」夏姬的故事與褒姒相似，都是女色禍國論之一，魯迅曾指出：「歷史上亡國敗家的原因，每每歸咎女子，糊糊塗塗的代擔全體的罪惡，已經三千多年了。」夏姬的一生沒有任何記載，但陳、楚、晉、鄭、吳、越等國所有的壞事好像都與她有關。在男尊女卑的社會，沒有話語權的女子只能任歷史定罪，而成為背鍋俠。

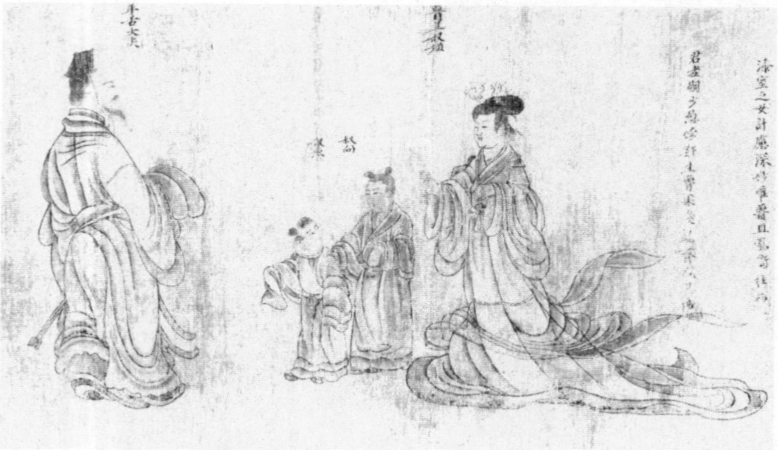

▲ 圖12-2　晉羊叔姬[21]（晉，顧愷之繪）。

21 羊舌肸娶了夏姬的女兒，後人稱她為「羊叔姬」。

13

古代女子，其實很會吐槽男人

在古代，女子到了一定年齡就要出嫁。周代的貴族娶親，發明陪嫁制度，娶一個女子，要九個女子陪嫁。這是為了方便與各個諸侯政治聯姻，如魯國君主娶齊國女子，宋國、陳國等就要跟著分別陪嫁女子，這幾個國家就有親戚關係，在這種情形下，女子們則多半成為政治的犧牲品。

後世封建的婚姻關係中，帝王佳麗三千，一般男子也往往會一妻多妾（古代並不是一夫多妻制，而是一妻多妾，妻子只能有一個），女子在婚姻中的地位可想而知。在我們的印象中，往往都是男子掌握婚姻的主導權。但其實，在春秋時期有個國家，他們的風俗是大女兒可以不出嫁，甚至可以招贅，女子掌握婚姻主導權。

在齊國，長女不出嫁，甚至可以招男人入贅

《戰國策》中有這樣一個故事：有一年，齊國使者來到趙國參見趙太后。趙太后是個很厲害的女子，她見到使者後說：「歲亦無恙耶？民亦無恙耶？王亦無恙耶？」（今年的收成好嗎？老百姓好嗎？齊王好嗎？）使者聽了很不高興，回答道：「我奉齊王的使命來問候您，現在您不先問齊王是否安康，反而先問收成和百姓，豈不是把賤的放前面、尊貴的放後面嗎？」趙太后說：「不然，苟無歲，何以有民？苟無民，何以有君？」她說不是這樣，假如沒有收成，哪裡有百姓？假如沒有百姓，哪裡有國君？趙太后先問收成，再問百姓，最後才問齊王，這顯然是以民為本。

接著，趙太后又問齊國的幾個大賢人為什麼沒有得到重用，其中就提到一個大齡單身女性。趙太后說：「北宮之女嬰兒子無恙耶？徹其環瑱，至老不嫁，以養父母。是皆率民而出於孝情者

也，胡為至今不朝也？」（北宮氏的女兒嬰兒子平安無事嗎？她摘掉耳環等裝飾品，到老不嫁，奉養父母，這是帶領百姓盡孝心的人，為什麼到今天還不讓她上朝呢？）趙太后顯然是在指責齊國不尊重賢孝之人，認為嬰兒子為了照顧父母不出嫁，是多麼孝順的表現，國家應該獎勵她。

事實上，趙太后談到嬰兒子到老不嫁，是齊國風俗使然。據說，齊國和魯國剛封國的時候，魯國用了三年時間才完成初步的穩定，而齊國卻只用五個月。魯國用的時間長，是因為魯國的國君堅持用周禮治理魯國，改變魯國當地的習俗；而齊國用的時間短，是因為齊國的封君簡化周的制度，並依照當地風俗來治理封國，於是齊國保留很多原始的風俗，其中一個就是家中的大女兒可以不嫁人。《漢書．地理志》說，**齊國的長女不嫁人，要在家中主持祭祀，是家庭中的掌權者和主持**：「於是令國中民家長女不得嫁，名曰『巫兒』，為家主祠，嫁者不利其家，民至今以為俗。」這可能是母權社會的遺跡。當然，**不嫁不等於不娶，在齊國，婚姻的主動權可能是反過來，操縱在女方的手中**。

《詩經．齊風》中有一首叫〈著〉的詩：

俟我於著乎而。充耳以素乎而，尚之以瓊華乎而。
俟我於庭乎而。充耳以青乎而，尚之以瓊瑩乎而。
俟我於堂乎而。充耳以黃乎而，尚之以瓊英乎而。

「俟我於著乎而」意思是在屏風前等我，「俟我於庭乎而」意思是在庭院裡等我，「俟我於堂乎而」意思是在廳堂上等我，可以理解是男子來迎娶女子，女子眼中的男子一步步向自己走來。但也可以這樣理解：在齊國由女子主導的婚姻習俗中，男子是入贅到女方家的。這首詩是新娘看著新郎，一步步由「著」到「庭」到「堂」。男女地位顛倒是有可能的。

《詩經》已告訴我們：遠離渣男，及時止損

在我們印象中，古代是男權社會，女子是被壓迫的對象，是沒有話語權的。但實際上，在古代也有不少女子占主導地位、吐槽男子的作品，或女子對男子反擊的故事。

《詩經》中的〈氓〉，就是一個女孩對男孩的大膽吐槽。「氓之蚩蚩」，剛開始時，這個男孩子偽裝得很好，蚩蚩，忠厚貌。這個看似老實的男孩子來做什麼？「抱布貿絲」，來找這個女孩子買蠶絲。「匪來貿絲，來即我謀」，男孩子追女孩子自古就是有套路的，找個藉口搭訕，一起看電影、吃頓飯，其實都是在創造接近女孩的機會。女生對此也心知肚明，但表面上還要假裝不知道你的小心機。男生追女生的時候，往往是女方占主導地位，可是一旦追到手，男生就開始得意了，仗著女生喜歡上自己，就開始不講理。

詩裡這個男孩子就是這樣，他想和這個女孩結婚，卻偏偏不想走正規途徑，也就是不找媒人。在古代，媒人是對女孩的重要保護，是婚姻合法的一種象徵。但這個男孩子就是不想走合法程序，還埋怨女生一直拖。女孩子解釋說：「匪我愆期，子無良媒。」

女孩墜入愛河之後，往往就會不斷妥協，她一看男孩子生氣了，馬上妥協說：「將子無怒，

秋以為期。」好吧，沒有媒人就沒有媒人，我們秋天就結婚。結果這一妥協，換來的就是一場悲劇。「以爾車來，以我賄遷」，男方弄來一輛車，把她的嫁妝拉走；而這批嫁妝後來都被這個男孩子揮霍：「自我徂爾，三歲食貧。」這個男生不僅騙色，還騙財。女子嫁過去之後，這個男生對她很不好，女子「三歲為婦，靡室勞矣，夙興夜寐，靡有朝矣」。結果這個男孩子不僅「二三其德」，還「言既遂矣，至於暴矣」。還好她最後及時脫身。這個女孩透過自己的遭遇，警告其他女孩，遠離渣男，及時止損。

《左傳》中有個故事，記載一個女子如何反擊性騷擾。楚文王的夫人息媯（按：音同「規」）目如秋水、臉似桃花，長得非常漂亮，人稱「桃花夫人」。楚文王去世後，令尹子元獨攬大權，他看上這位美貌的息夫人，於是想要撩她、引誘她。子元先是在她的宮旁蓋一間房舍，繼而時常在那裡跳一種稱作「萬舞」的舞蹈。

學者聞一多在《神話與詩》曾提到「萬舞與婦人有特殊關係」，「萬」字甲骨文的形狀像一個蠍子。有學者提出，萬舞其實最初源於模仿蠍子交配，男女共跳，因此舞姿有誘惑性、挑逗性。它之所以後來有軍事舞的意義，也是源於它的本義。息夫人看到後，反擊說：「先君讓人跳這個舞蹈，是用來演習戰備。現在令尹不用於仇敵，而在一個寡婦旁邊跳，不是很過分嗎？」子元聽到後羞愧難當，覺得一個女子考慮的都是國家大事，而自己卻忘了做人臣的本分，於是出兵去攻打鄭國。這年秋天，楚國內鬥，子元就被申公斗班殺掉了。

這些妻子的吐槽，讓丈夫無話可說

在古代，夫妻之間，妻子據理力爭反擊的故事也很多。《世說新語》記載，王戎的老婆經常以「卿」稱呼他，意思相當於「親愛的」。王戎聽到後很不開心，古代禮法等級森嚴，他認為這樣的稱呼不合禮儀，就指責老婆對自己不尊敬。結果他妻子反駁：「親卿愛卿，是以卿卿，我不卿卿，誰當卿卿？」我親近你、愛戀你，所以才稱呼你為「卿」，我不叫你「卿」，誰還能叫你「卿」呢？「卿卿我我」這個成語就源於此。王戎聽了之後，也沒辦法反駁，只能隨老婆的意思。

《世說新語》還記載另一個故事：許允的妻子是阮家大小姐，雖然出身不錯，但長得不好看。新婚之夜，兩人拜完天地後，許允實在不想進洞房去見她。經過其他人勸說，許允終於進了洞房。然而，他見到新娘後，就立即想往外走。新娘急忙上前拉住他的衣襟。許允閉著眼睛說：「婦有四德，卿有其幾？」書上說，女人須具備婦德、婦言、婦容、婦功這四種品德，妳又有其中幾樣呢？這個新娘雖然其貌不揚，但實際上很有才華，對答說：「新婦所乏唯容爾，然士有百行，君有幾？」我欠缺的只有美貌，然而讀書人應該有各種好品行，夫君又有幾種呢？許允說：「全都具備。」新娘接著說：「夫百行以德為首，君好色不好德，何謂皆備？」（在各種好品行中，德行居首位，夫君你好色不好德，怎麼能說全都具備呢？）許允聽完，面有愧色。

在《笑林廣記》中，有個笑話也很有意思。某個男子有個很厲害的妻子，讀了很多書。這個丈夫想再娶一個小妾，於是說：「於傳有之，齊人有一妻一妾。」他對妻子說：書上說「齊國人有一妻一妾」，所以我想納妾。妻曰：「若爾，則我更納一夫。」妻子說，你要是敢納妾，我就敢一

▲圖13-1　《千秋絕豔圖》（明，仇英繪）。長度六公尺多的畫布上，描繪近70位古代有名的女子，例如班昭、王昭君、卓文君、趙飛燕、謝道韞、楊貴妃、李清照等。

妻多夫。丈夫問：「你有書上的依據嗎？過去有過這樣的事嗎？」妻答曰：「河南程氏兩夫。」書上說，河南某個叫程氏的婦女有兩個丈夫。夫大笑，沒有辦法難倒妻子。

這個故事裡涉及兩個典故。「齊人有一妻一妾」出自《孟子》，「齊人有一妻一妾而處室者」，是說齊國有個人和一妻一妾共同生活。丈夫每次外出，都說自己是吃飽喝足才回家。妻子問跟他一起吃飯的都是什麼人，他說都是一些有錢有地位的人，後來發現自己的丈夫其實是去墳墓撿祭品吃。而「河南程氏兩夫」出自《大學》序，實際上指的是河南的程顥、程頤，即程朱理學的二程，夫是夫子的意思，是對長者的敬稱。妻子很聰明，用了「夫」字的另外一個意思。古代女子都稱某氏，這裡把程氏當成一個女人，兩夫從兩個夫子變成兩個丈夫。

另外，《笑林廣記》中還有一個故事，也是說某個男人有個厲害的妻子，這個男人每次想要納妾，妻子就說：「我們家窮，哪有錢買妾？如果我們有錢，就隨便你。」於是，丈夫從別人那裡借了錢，告其妻曰：「金在，請納妾。」妻子就把錢裝進自己的袖子中，說：「我現在情願做小的，這些錢就算是買我的吧。」

在古典小說中，女子反擊的故事就更多了，例如〈杜十娘怒沉百寶箱〉中，李甲把杜十娘賣給孫富之後，杜十娘憤怒的痛斥李甲；《紅樓夢》中，賈璉偷娶尤二姐之後，王熙鳳私下以許多方式報復，最終讓尤二姐自殺身亡。在戲曲的舞臺上，更有不少男人被女人打趴的故事，例如薛丁山就打不過樊梨花（按：出自清《說唐三傳》），楊宗保也打不過穆桂英（按：出自明《楊家將演義》）等。

14

泓水之戰後，戰爭從此不講武德

在中國歷史上，有一段時期，戰爭是講「武德」（按：指習武之人在社會上應遵守的道德規範，或應具備的修養，例如正義、公平等）的。只不過，因為一場戰爭，這種戰場上的武德精神就漸漸沒落了，就是宋襄公與楚成王的「泓水之戰」。

齊桓公逝世後，齊國因君位繼承而引發內亂。次年，宋襄公出兵協助齊孝公取得君位。宋襄公因為扶持齊國君主，感覺自己有實力，開始自大起來。與此同時，南方的楚國漸漸強大，「漢陽諸姬，楚實盡之」，楚國接連不斷吞併一些姬姓小國家，以壯大自己。楚成王就想藉齊國中衰、中原無霸的機會，將自己的勢力滲入中原地區。而覺得自己很有實力的宋襄公，不顧宋國國力尚弱，想繼齊桓公之後當第二任霸主。兩種野心碰在一起，必然引起矛盾。

宋襄公要當霸主，於是以盟主身分約楚成王，以及陳國、蔡國、鄭國、許國、曹國的君王，在盂（今河南省睢縣西北）會盟，齊國和魯國藉故未到。宋襄公不顧自己大臣公子目夷的建議，輕車簡從赴會，以爭取與會諸侯的信任。結果在會場上，楚成王不講武德，帶領兵將搞偷襲。宋襄公打著「以德服人」的大旗，沒有軍事準備，因而被擒。

宋襄公被擒後，楚成王更是不講武德，押著宋襄公來到宋國都城外，要求宋軍投降，結果宋軍不為所動，堅守城池，楚軍數月未下。不久，在魯僖公的調停下，楚成王於同年冬釋放宋襄公。回國後，宋襄公不甘受楚之辱，亦未放棄爭霸之心，不顧大臣公子目夷和公孫固的勸說，於西元前六三八年（周襄王十四年）夏，聯合衛國、許國、滕國三國，進攻附楚的鄭國。楚成王為救鄭率軍攻宋。宋襄公遂由鄭撤回迎戰，於是就發生著名的泓水之戰。

《左傳》記載，在泓水之戰中，宋軍因兵力少而處於相對劣勢，但如果宋軍能憑恃占有泓水之險這一先機之利，採用半渡而擊，也就是當楚軍有一小部分人先渡河，但很多人還在河中間及河對岸時先發制人，是有可能打敗楚軍的。但宋襄公卻堅持武德，認為別人過河到一半就進攻，不道德，所以不允許軍隊這樣做。等楚軍都過了河，隊伍還沒有整理好，手下人又建議可以趁著楚軍現在還沒準備好而偷襲他們，宋襄公仍堅持道義，「不鼓不成列」，為了公平，不能趁對方沒準備好而進攻。等楚軍整理好了，兩軍交兵，戰爭的過程中宋襄公還堅持武德，要求手下人不要傷害對方的老人，「不重傷，不禽二毛」；但楚國卻不管這一套，無論老幼，志在消滅宋軍的有生力量，最終宋軍大敗，宋襄公自己也因大腿中箭，不久後傷重而亡。

對於宋襄公的做法，儒家稱其仁義，法家斥其愚蠢。抱持道德理想主義立場的人，往往褒揚宋襄公；而站在批判現實主義角度的人，則往往譴責他。**泓水之戰對春秋時期戰爭觀產生一個重要影響：戰爭從此更不講武德**。

在宋襄公之前，戰爭是講武德的。在戰場上，不殺害老人是古老的規則。《春秋穀梁傳．文公十一年》云：「古者不重創，不禽二毛。」《淮南子．氾論訓》云：「古之伐國，不殺黃口，不獲二毛，於古為義，於今為笑。」《司馬法．仁本》曰：「見其老幼，奉歸勿傷，雖遇壯者，不校勿敵，敵若傷之，醫藥歸之。」對於老弱士兵，確實如宋襄公所主張的，不能殺害他們。著名學者徐中舒先生談到宋襄公在泓水之戰中「不重傷，不禽二毛」、「不以阻隘」、「不鼓不成列」時指出：「大約這些是古代原始村社之間戰爭的公共規則，宋國保留古代禮制較多，江淮流域也是古代發展緩慢的地區。」宋襄公之前，在戰爭中，人們確實講武德，但時代在變化，當此之時，楚國已經不講武德了，而宋襄公卻還在堅持老理。

子曰：「晉文公譎而不正，齊桓公正而不譎。」譎是欺詐、玩弄手段的意思，而宋襄公正是處在從「正」到「譎」的時代。**泓水之戰**規模雖然不大，但在中國古代戰爭發展史上，卻具有一定的意義。它**標誌著商、周以來以「成列而鼓」為主要特色的「禮義之兵」將壽終正寢，新型態以「詭詐奇謀」為主導的作戰方式正在崛起**。春秋的戰爭已經進入新的時期，要求戰爭就是要取勝，為了勝利可以不顧以前的戰爭規則，可以無所不用其極，哪怕是詭詐之道。

▲圖14-1 《晉文公復國圖》（局部，南宋，李唐繪）。泓水之戰後，宋襄公禮遇正在流亡的重耳（晉文公）。

開啟「兵不厭詐」的時代

自泓水之戰後，詭詐的戰法原則，在軍事活動領域內普遍流行。班固在《漢書・藝文志・兵書略序》說：「自春秋至於戰國，出奇設伏，變詐之兵並作。」社會正需要一套新的兵法，以適應這個客觀情況的變化，《孫子兵法》應運而生，它明確提出「兵者，詭道也」、「令半濟而擊之，利」、「兵以詐立，以利動，以分合為變」等新時期的戰爭精髓要義，是孫子對戰爭本質的深刻理解，與先前的《司馬法》宣導的武德迥然不同，兩者之間確實存在一條不可逾越的時代鴻溝。

宋襄公希望自己像齊桓公、管仲那樣，透過仁義征伐達到「九合諸侯，一匡天下」的中原霸主地位。所以，他率領仁義之師、恪守上古軍禮，但敵方楚國並沒有遵守。這說明上古軍禮開始失去權威性。宋襄公的失敗，在於彼此的作戰理念不同。當時，「禮」在人們心目中占據重要地位，認為失禮必敗。但是，楚國不守軍禮並因此獲勝，成為後繼者能效仿的榜樣。從那以後，**戰爭的直接目的逐漸由先前的討伐不義、興師問罪、存亡繼絕等，轉變為戰勝對方，不論勝利是以何種方式取得，也不管戰爭性質的正義與否。**

遵守武德的情形，到戰國時已經不見了。《墨子・非攻》云：「今王公大人、天下之諸侯則不然，將必皆差論其爪牙之士，皆列其舟車之卒伍，於此為堅甲利兵，以往攻伐無罪之國，入其國家邊境，芟刈其禾稼，斬其樹木，墮其城郭，以湮其溝池，攘殺其牲牷，燔潰其祖廟，勁殺其萬民，覆其老弱，遷其重器，卒進而柱乎鬥。」城池、樹木、牲畜、萬民、老弱，都是戰爭中毀壞殺伐的對象。

到了孟子時，戰爭的場面已經演變成「殺人盈城」、「殺人盈野」。為了勝利，人們早已經拋棄「德」的大旗，只有孟子不斷的呼喊「仁義」，可惜沒有人聽得進去。商鞅與孟子同時，等商鞅變法後，秦國勢力逐漸增強，在戰爭中，就更是不講武德了。白起（按：秦國名將，一生攻城七十多座，殲滅近百萬敵軍）說：「我固當死，長平之戰，趙卒降者數十萬，我詐而盡坑之，是足以死。」靠著詐騙，坑殺已經投降的數十萬趙軍，哪還有半點武德可講！

15

如果古代有運動會，這些人都能拿金牌

現代人很關注身材，但其實古人也是如此。尤其是先秦時期，如果你胖了，可能就會有人來問你怎麼胖的。

《左傳》記載了一個故事：魯哀公從越國訪問回來，大夫季康子、孟武伯在五梧迎接。當時，郭重是魯哀公的親信，為魯哀公駕車，孟武伯一直對郭重被魯哀公器重不滿，但又抓不住他的把柄。魯哀公在五梧宴請大夫，孟武伯看了看郭重，一邊敬酒，一邊取笑：「武伯為祝，惡郭重，曰：『何肥也？』」他取笑郭重怎麼長得這麼胖啊？魯哀公聽了感到很厭惡，便代替郭重答道：「食言多矣，能無肥乎？」（這個人吃自己的話吃得多了，能不肥胖嗎？）

食言，《爾雅》釋：「食，言之偽也……言而不行，如食之消盡，後終不行，前言為偽，故通稱偽言為食言。」意思是說的假話像吃的食物一樣，吃下去就沒了，不談實踐與行動。這句話其實是反過來諷刺孟武伯慣於說話不算數，平時孟武伯就經常食言。眾目睽睽之下，魯哀公綿裡藏針的回擊，大家會心一笑，都知道是在說孟武伯。孟武伯因此被羞得面紅耳赤，說不出話來，本想讓胖子郭重難堪，沒想到最後小丑卻是自己。

子夏：我胖，是因為戰勝自己的思慮

而在《韓非子》中，也有個與胖有關的故事：開學了，孔子的學生們都回來。子夏見到曾子，曾子問子夏：「子夏見曾子，曾子曰：『何肥也？』」子夏說，因為戰勝，所以胖了。曾子問這是什麼意思？子夏說：「吾入見先王之義則榮之，出見富貴之樂又榮之，兩者戰於胸中，未知勝負，故臞。今先王之義勝，故肥。」（我在家學習，了解古代的聖明君王，就愛上這些聖明君王的大道理，可是一出門，看到榮華富貴的場景，又被這種歡樂所吸引，所以這兩個念頭經常在腦子裡鬥爭，因此就瘦了；而現在，我腦袋裡先王的仁義道德勝了，沒有紛爭煩惱之後，我就胖了。）這是一個戰勝自己而「自肥」的故事。

有時候，胖與思慮或吃得多少無關，而是體質問題。東漢王充《論衡》記載，陳平當年家境貧困，沒什麼吃的，結果他還是很胖，大家都覺得很奇怪，陳平到底是吃了什麼才變得這麼胖？但有時候，胖沒什麼不好，陳平正是靠著自己胖胖的形象，獲得劉邦的信任，成為西漢的開國宰相。

春秋運動會，派誰出賽？

現代人為了保持好身材，經常運動；春秋時期的人也在乎身材，有各種運動方式。而且在春秋時期，某

▲圖15-1　孔子弟子圖（子貢與子夏，宋人繪）。

些特殊歷史事件中，還出現不少特殊的運動高手，如果讓他們參加運動會，絕對能拿好名次。

例如長跑項目，可以派出南宮長萬。他是春秋時期宋國人，力大無比。但有一次，宋國與魯國交兵，南宮長萬不小心被俘，最終是宋國求情，他才被送回來。沒想到，宋國的國君氣量狹小，從此不再敬他，還經常拿他當過俘虜這件事開玩笑。國君說：「始吾敬子，今子，魯囚也，吾弗敬子矣。」（原來我敬畏你，如今，你做過魯國的俘虜，所以我便不再敬你了。）

後來，南宮長萬一氣之下殺死宋國國君。做了這等大逆不道之事，宋國國內的貴族、大臣們自然要誅殺他，南宮長萬只用了一天的時間，就從宋國逃到陳國。這一天足足跑了兩百六十多里（按：一里為〇．五公里），而且他還是推著車跑，車上坐著他年邁的老母親：「南宮萬奔陳，以乘車輦其母，一日而至。」可見其氣力之大、速度之快。

帆船項目，男子可以派出奡（按：音同「奧」），女子可以派出蔡姬。《論語》記載：「羿善射，奡盪舟。」后羿善於射箭，奡則力大無比，甚至能在陸地上行舟。蔡姬是蔡國的一個小女孩，嫁給齊桓公時，齊桓公年紀已經很大了。蔡姬很頑皮，有一次她和齊桓公在園子裡坐船遊覽，蔡姬故意搖動遊船，讓齊桓公搖來晃去。齊桓公大概不諳水性，很害怕，臉色都變了，叫她別搖。蔡姬不聽，用盡力氣繼續搖。齊桓公很生氣，就把她送回蔡國，但並沒有斷絕婚姻關係，蔡國人卻讓蔡姬改嫁了：「齊侯與蔡姬乘舟於囿，蕩公。公懼變色，禁之，不可。公怒，歸之，未之絕也。蔡人嫁之。」

三級跳遠項目，可以派出魏武子。晉文公重耳還沒有做國君之前，曾流亡到曹國，曹國國君對他無禮，但曹國的大臣僖負羈對他很好，私下送食物給他，並把一塊璧玉放在食物下面。重耳接受食物，把璧玉還給僖負羈。後來，重耳當上晉國國君，在一次與曹國的戰爭中占領曹國，他下令軍隊不得侵犯僖負羈及其家人，以報答當初僖負羈的款待。

然而，晉文公身邊的大臣魏武子這時不幹了，自視功高的他憤憤不平：「難道我的功勞，還不如僖負羈的一碗飯嗎？」於是他就和另一個晉國大臣顛頡，放火燒掉僖負羈的家。放火時，魏武子不小心傷到自己的胸。晉文公重耳知道有人敢違抗軍令，大怒，想殺死魏武子，但又愛惜他的才能，就派人去慰問，同時觀察病情，如果傷勢很重，就準備殺了他。魏武子知道使者的來意，勉強起床，捆緊胸膛出來見使者，在使者面前故意向上跳了三百多次，又向前跳了三百多次，「距躍三百，曲踴三百」，表現出身體很強健的樣子。晉文公覺得他還可以繼續打仗，就赦免他，而殺了他的共犯顛頡，以儆效尤。

鐵餅項目，可以派出高固。齊晉鞌（按：音同「安」）之戰前，兩軍對壘，齊國大將高固徒步闖入晉軍，舉起大石頭砸向敵人，「桀石以投人」，砸死、砸傷好多人。而他回到齊軍，鼓舞自己的士兵說：「欲勇者，賈余餘勇。」（你們有誰想要勇氣，可以來買我多餘的勇氣！）

射箭項目，可以派出養由基。養由基是楚國著名的神射手，成語「百發百中」、「百步穿楊」最初說的就是他。晉楚鄢陵大戰中，楚國國君被晉國大將射中眼睛。楚王連忙召喚養由基，給他兩支箭，讓他射殺剛才射自己眼睛的人。養由基只用一支箭，就射中對方的脖子，接著他拿剩下的一支箭向楚王覆命，養由基從此名聲大振。

舉重項目，可以派出叔梁紇。叔梁紇是孔子的父親，是魯國有名的大力士。有一年，晉國帶領包含魯國在內的聯軍，進攻偪陽，聯軍包圍這個地方，卻一直攻不進去。有一次，聯軍趁偪陽人打開城門時發起進攻，但偪陽國內城的人卻突然把閘門放下。這時候，叔梁紇雙手撐住門，把已經攻入城裡的將士放出來，爭取部隊撤出的時間：「縣門發，郰人紇抉之，以出門者。」孟獻子稱讚：「《詩》所謂『有力如虎』者也。」

據說，孔子也是個大力士。《列子．說符》：「孔子之勁能拓國門之關，而不肯以力聞。」孔子的力量能徒手打開城門，但他卻並不想因為力氣大而被眾人知曉。想像一下，孔子要是參加一項運動，會參加什麼呢？《論語》裡記載達巷黨這個地方的人說，孔子真偉大啊！他學問淵博，因此不能以某一方面的專長來稱讚他：「大哉孔子！博學而無所成名。」孔子聽說這件事，就問他的學生：「吾何執？執御乎？執射乎？吾執御矣。」（我要專長於哪個方面呢？駕車？還是射箭呢？我還是駕車吧！）如果當時有賽車比賽，孔子應該可以拿個好名次。

射箭和駕車，學不好容易丟性命

春秋時期，射和御是最重要的兩項運動。這兩項都是「六藝」（禮、樂、射、御、書、數）的內容，是貴族們的必修課。射和御不僅可以鍛鍊身體，更是禮儀之需，也是戰爭之需。學得好，可以保命；學得不好，就容易丟了性命。

《左傳．昭公二十一年》就記載一次「射」的比試：宋國發生內亂，戰場上叛賊華豹遇到公子城，公子城本不想跟他打，準備回去。華豹卻叫他的名字。公子城聽到自己被點名，很生氣，就掉轉車頭準備跟他打。兩人對著射箭，華豹是個快手，沒等公子城舉起弓箭，就先放了一箭，險些射中公子城。公子城才剛要舉起弓箭，華豹再放了一箭，又險些打中。公子城不高興，說：「你這個人太卑鄙了，不讓我還手！」華豹於是放下弓箭說：「你來呀！」公子城舉起弓箭，一擊斃命，射死了華豹。

春秋時期，也有一場「御」的比試：春秋時期的打仗，有點像現在的體育競賽，例如晉楚城濮之戰，楚國大將子玉在戰前寫給晉文公的戰書說：「請與君之士戲，君馮軾而觀之，得臣與寓目焉。」（請讓我們的軍隊，和君王您的將士們玩一場遊戲，君王您可以在車上觀看，我也陪同君王一起觀看。）而這場戰役最終的結果，是晉文公贏了。

晉、楚兩國打仗，楚國軍隊失敗好幾次，但晉國軍隊也有逃跑的時候。例如晉楚邲之戰，晉國就吃了敗仗。晉國將士們開始逃亡，有人戰車陷在坑裡無法前進，後面追的楚國人就教他們：「你們把車前的橫木抽出來就好了。」晉國人抽出車前橫木，果然又能繼續跑。楚國人跟在後面繼續追，可是跑沒多久，晉國人的馬又盤旋不能前進，楚國人又教晉國人：「你們拔掉大旗、扔掉車轅頭上的橫木，就能繼續跑了，那些東西都沒用，都是裝飾品。」晉軍轉過頭來對楚軍說：「吾不如大國之數奔也。」楚國人，還是你們逃跑有經驗啊！

楚國資優生教晉國吊車尾學生如何「御」，晉國卻嘲笑對方，你擅長這個科目，是因為你錯得多，錯題做多就有經驗了。

16

只為主人效命、為知己者死的刺客們

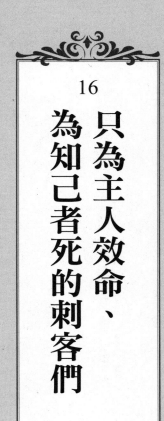

俠客與刺客不同，司馬遷作《史記》，分列「遊俠」與「刺客」兩傳以示區別。俠是路見不平，拔刀相助，是為「振人不贍」、「趨人之急」、「溫良泛愛，振窮周急」，不依附任何人或政治集團，獨來獨往，替天行道，仗義行俠。而另一方面，**刺客往往是被一定勢力或集團所豢養，因此他們只為自己的主人效命，受人驅使，唯命是從，「為知己者死」、「為知己者用」**。

叔叔不願當國君，引發姪子的殺機

司馬遷《史記》中，記載了「四大刺客」。

第一位，專諸，春秋時期吳國人，為吳國公子光（即後來的吳王闔閭）所雇，用來刺殺王位競爭對手吳王僚。公子光與僚的矛盾，還要從其父輩說起。公子光的爺爺有四個兒子，大兒子諸樊（公子光的父親）、二兒子余祭、三兒子夷昧和四兒子季札。

其中，季札最為人所知，最賢能。有一次他出使其他諸侯國，路過徐國，徐國國君看他帶著一把寶劍，很喜歡，但又不好直接開口要；季札知道他的意思，但因為使命在身，劍是自己身分的象徵，出使不能沒有它，就沒有送給徐國的國君。後來，季札完成使命，再次經過徐國，徐國國君卻已經去世了。於是，他解下寶劍，掛在徐國君主墓前的樹上，對其他人說：「雖然徐國國君已經去世，但當初我離開的時候，心裡已經默許把這寶劍給他，只是當時因為使命在身，不能立即給他，如今就把這寶劍贈送給他，完成我的諾言。」

季札如此賢能，公子光的爺爺當年就想把吳國王位傳給他，結果季札不同意，他認為：大哥是嫡長子，要嫡長子繼承才符合禮儀。於是，公子光的父親諸樊繼承王位。但諸樊也覺得自己的弟弟有才，想把王位傳給季札，於是每天禱告，希望自己快點死，好把王位傳給弟弟季札。不久之後他去世了，人們讓季札來當吳王，季札不受，他說自己還有二哥，比自己年長，應該讓二哥來當，於是二哥余祭當了吳王。

余祭也覺得季札應該當吳王，季札肯定比自己強，於是他也每天禱告，希望自己快點死，好把位置傳給季札。結果沒過多久，他也去世了。季札還是不當吳王，要讓自己的三哥夷昧（僚的父親）當，夷昧沒辦法，只得繼承王位。但他覺得要是弟弟季札當吳王，肯定比自己治理得更好，他為了能讓弟弟季札早日當吳王，和哥哥們一樣每天禱告，希望自己快點去世。果然，不久後他病重，而季札為了不當君主，跑到很遠的地方躲起來；夷昧找不到季札，只能把吳王的位置傳給自己的兒子僚。

這時，公子光不高興了，心想：「我父親當年是老大，現在四叔不當吳王，這個位置應該輪到我坐才對啊！」於是，公子光就想辦法要除掉僚。公子光召開宴會，宴請吳王僚，僚帶著衛隊赴宴。專諸把匕首藏在魚腹中，假裝為吳王僚獻菜之際，突然撕開魚腹，拿出匕首刺向僚，僚當場斃命，專諸也當場被侍衛剁成肉泥。

後來，吳王闔閭登上王位後，吳王僚的兒子慶忌逃往衛國，招兵買馬，伺機為父報仇。闔閭為除去這個心頭大患，找到另一個刺客要離，兩人定下苦肉計，要離先自斷手臂，逃往衛國投靠慶忌。要離走後，闔閭還依計殺掉要離的妻子，慶忌得知後，視要離為心腹，沒想到某天夜裡，要離卻趁機將他刺死。要離回國後，沒有要賞賜，他說自己殺慶忌是為了讓吳國百姓能過上安穩的日子，不是為了榮華富貴。他可能覺得對不起親人，最後自刎於金殿。

刺客的精神：士為知己者死

第二位，豫讓，春秋戰國間晉國人。他深受智伯的恩情，所以當趙、韓、魏共滅智氏後，他為報答當年的知遇之恩，前去行刺趙襄子。他說了一段著名的話：「嗟乎！士為知己者死，女為悅己者容。今智伯知我，我必為報仇而死，以報智伯，則吾魂魄不愧矣。」為了能成功，他用漆塗身，吞炭讓自己變啞，使自己面目全非，連妻子都不認得自己。但是他屢次行動都沒有成功，連趙襄子都被他屢敗屢刺的精神感動，最後豫讓實在沒辦法，希望趙襄子能把衣服給自己，接著他拔劍擊斬其衣，以示為主復仇，然後伏劍自殺。他死之後，很多人都被他這種忠於主人的精神感動，為他流淚。

第三位，聶政，戰國中期人，韓國刺客。受韓國貴族嚴仲子雇傭，刺殺本國首相俠累。聶政很孝順，他母親還活著時，即便嚴仲子登門送來很多黃金，他也沒有答應此事；母親去世後，他才啟程去完成嚴仲子請託之事。聶政說自己之所以要這樣做，並不是因為嚴仲子的錢財，當年嚴仲子給錢，他並沒有要，而是感激嚴仲子身為貴族，卻能不遠千里來看他一個布衣之人，這是對他最大的尊重與肯定，所以他要報答嚴仲子：「且前日要政，政徒以老母；老母今以天年終，政將為知己者用。」聶政隻身一人從首相府門外殺進大廳，殺了數十人，最後刺死俠累。侍衛將他包圍，他為了不連累已出嫁的姐姐聶榮，不讓別人認出自己，先把自己的眼睛挖出，接著把自己的臉劃成一堆肉泥，最後自殺。而聶榮也不顧個人生死，到弟弟的屍體旁放聲大哭，最後哭死在一旁。

而第四位，荊軻，戰國末年人，燕國刺客。我們常聽到「風蕭蕭兮易水寒，壯士一去兮不復還」、「圖窮匕見」，荊軻刺秦王的故事可以說人人皆知。

可以看出在戰國時期，豢養刺客是非常普遍的事。而唐代有一段時期，養刺客之風也很興盛，

▲ 圖16-1　豫讓刺殺趙襄子。

兩《唐書》記載許多藩臣節帥蓄養刺客，以謀殺對手的事件，例如元和十年時，宰相武元衡即死於藩鎮所遣刺客之手，朝野之間暗養死士的風氣，甚至讓朝廷惶恐不安。

我能取你床頭的寶盒，就能取你的腦袋

這種培養刺客的風氣，也反映在文學作品中，唐傳奇中就出現不少女刺客。例如《聶隱娘》，故事講女刺客聶隱娘奉魏博節度使之命，暗殺陳許節度使劉昌裔，卻被劉昌裔的道術折服，反而做他的保鏢。之後，她為了保護劉昌裔，勇鬥精精兒，智鬥妙手空空兒，讓這兩位刺客都沒有得手。這個故事非常有傳奇性，侯孝賢電影《刺客聶隱娘》就是根據這個故事改編。

唐代還有一部傳奇《紅線傳》，講的是紅線一舉懾服妄圖興兵作亂的藩鎮節度使，使人民免於戰爭之苦的故事。紅線是潞州節度使薛嵩的婢女，因為她擅長樂律，通曉經史，薛嵩就派她掌管書寫文書的工作。但實際上，她身懷絕技。

薛嵩與魏博節度使田承嗣是親家，但田承嗣野心勃勃，他以患有熱毒風為由，選拔三千名勇士，並用豐厚的俸祿供養他們，打算趁機造反，奪取薛嵩的領地。薛嵩得到消息後寢食難安，紅線看出他的心思，主動請纓，願意去一探究竟。薛嵩不知道紅線會異術，對她不放心，怕她失敗反而會招來禍患。但紅線憑藉自己的異術，在田承嗣府邸來去自如，視其豢養的勇士如無物。她趁著田承嗣睡覺時，把他床頭的寶盒偷出來，以示警告：「但取床頭金合為信耳。」這個行為的意思是：我能取你床頭的寶盒，就能取你的腦袋。田承嗣被這個刺客嚇壞了，再也不敢有什麼非分之想。

小說中寫薛嵩見到紅線盜來金盒之後大喜，馬上派人送一封信給田承嗣：「昨夜有客從魏中來，云：自元帥頭邊獲一金合，不敢留駐，謹卻封納。」（昨天有人送給我一個寶盒，應該是你的，我不敢留，所以送回來給你。）

田承嗣收到之後，驚懼絕倒，不僅回贈薛嵩大量禮物，還解釋說我豢養那些人是為了防盜，沒有別的意思，現在已經全部解散了：「所置紀綱僕號為外宅男者，本防宅盜，亦非異圖。今並脫其甲裳，放歸田畝矣。」紅線完成自己的使命後，選擇離開，從此隱遁。

司馬遷《史記》裡面的男性刺客，如專諸、聶政等，**對其技藝的描述沒有過於誇張**，**作者著重表現的是他們的人品**，有的不畏強權、有的重視名譽、有的知恩圖報、有的置生死於度外，其中又寄託司馬遷本人的精神。司馬遷因為李陵事件而受宮刑，但他咬碎鋼牙不鬆口，事後再談起李陵事件，當年怎麼說，現在還是怎麼說，這種剛烈精神正與這些刺客們相通。

而在文學作品中，**女刺客則武藝高強**，**而且帶有玄幻色彩**。當然，這些女刺客同樣寄託作者的某種思想，她們巾幗不讓鬚眉，不慕虛名，功成身退。中國古代男人最喜歡用這種方式自嘲，他們自己做不到的事，就換一種方式來表現，讓男子誠服或拜倒在女子的石榴裙下，又讓女子喊著他們想要的口號隱遁或離開。

17

焚書坑儒，秦始皇暴君形象從何而來？

秦始皇，一個充滿爭議的歷史人物，幾千年來人們對他的歷史評價呈兩極分化，有人說他是暴君，也有人說他是千古一帝。你對秦始皇真的了解嗎？關於他的傳說，有哪些是誤讀或誤解？關於他，有哪些謎團因為出土文物的出現而解開，而還有哪些謎團至今尚未破解呢？

秦始皇不姓嬴，應該叫趙政

首先，我們來看誤解，秦始皇的姓氏。電視劇《羋月傳》中，羋月的丈夫秦惠文王嬴駟，實際應該叫趙駟。秦始皇也不叫嬴政，而應該叫趙政，至少在早期時是這個名字。

姓氏的起源及演變很複雜，簡單來說，先有的是姓，大約在母系社會時期；後起的是氏，大約在父系社會時期。一個人是由母親所生，生下來只知其母不知其父，所以加一個「女」字旁。可見，「姓」與人的出生有關，中國許多古姓也都是女字旁，如姬、姚、姜、嬴等。養育後代是哺乳動物的天性，人類在母系社會時期，就知道近親結合生出的孩子不健康，為了避免這種情況，就有了姓，為的是同姓不婚，於是一個部落取一個姓，比方說這個部落是李家、那個部落是張家等。

而進入父系社會後，李家人口眾多，內部又有等級差別，就需要更進一步區分，於是李家的老大、老二、老三開始分家，取不同的名字作為氏，老大氏、老二氏、老三氏。嬴就是姓，底下分出好多氏。《史記．秦本紀》曰：「秦之先為嬴姓。其後分封，以國為姓，有徐氏、郯氏、莒氏、終黎氏、運奄氏、菟裘氏、將梁氏、黃氏、江氏、修魚氏、白冥氏、蜚廉氏、秦氏。然秦以其先造父封趙城，為趙氏。」趙氏是嬴姓的部落之一，最早是秦人與趙人的先祖造父（傳說他為周穆王養馬、御馬有功）封地在趙城，因此以該城邑名字為氏。

秦國與趙國實際上同族，而且是同一小部落，都是嬴姓趙氏。**先秦時期，往往是女子稱姓，男子稱氏，所以當時稱呼身為男子的秦始皇為趙政**。《史記・楚世家》：「十六年，秦莊襄王卒，秦王趙政立。」也是稱呼其為趙政。現代出土文物北大漢簡《趙正書》，也證明秦始皇當時叫趙正：「昔者，秦王趙正出遊天下。」

嬴政是很晚才出現的稱呼，大概要到西漢中期以後，這是因為秦、漢以後，姓與氏混合起來，有的姓即氏，有的氏即姓，姓氏合二為一，《通志・氏族略》曰：「秦滅六國，子孫該為民庶，或以國為姓，或以姓為氏，或以氏為氏，姓氏之失，由此始……茲姓與氏渾為一者也。」在這種混亂的觀念下，人們不再區別姓（稱呼女子）和氏（稱呼男子），因此就出現趙政與嬴政兩種稱呼並存的情形。近代以來，嬴政的稱呼才逐漸成為主流。

▲圖17-1　秦始皇像，明《三才圖會》。

孟姜女哭倒長城，跟秦始皇沒關係

關於秦始皇有一個傳說，也是誤解，那就是**孟姜女哭倒秦始皇的長城**。據說，孟姜女的丈夫修長城累死，被砌在長城城牆裡。孟姜女送冬衣給丈夫，知道實情後大哭，一下子哭倒長城，累累白骨出現在眼前。她透過滴血認屍，找到自己丈夫的屍骨。最後，孟姜女投海而死。但實際上，**這個故事最初跟秦始皇沒有任何關係**。

根據顧頡剛等學者的研究，孟姜女的故事源於《左傳》中杞梁妻子的歷史記載，最初女主角沒有名字，也沒說她哭倒長城，只是說她的丈夫杞梁是齊國的將士，在一場戰爭中戰死了。齊國的君主在路上遇到杞梁妻子，想在路上弔唁杞梁，卻被杞梁妻子拒絕，認為這樣不合禮法。齊國的君主無奈，只能到杞梁家裡去弔唁。到了漢代劉向《列女傳》中，出現杞梁妻子哭倒城牆的故事，但哭倒的可能是齊國的長城，因為文中說她「遂赴淄水而死」，淄水是齊國境內的一條水系。

而到了唐代，就出現杞梁妻子哭倒秦始皇長城的完整故事了。《琱玉集》記載曰：「杞良，秦始皇時北築長城，避苦逃走，因入孟超後園樹上。超女仲姿浴於池中，仰見杞良而喚之，問曰：君是何人？因何在此？對曰：吾姓杞名良，是燕人也。但以從役而築長城，不堪辛苦，遂逃於此。仲姿曰：請為君妻。良曰：娘子生於長者，處在深宮，容貌豔麗，焉為役人之匹！仲姿曰：女人之體不得再見丈夫，君勿辭也。遂以狀陳父，而父許之。夫婦禮畢，良往作所，主典怒其逃走，乃打煞之，並築城內。超不知死，遣僕欲往代之。聞良已死並築城中，仲姿既知，悲哽而往，向城啼哭。其城當面一時崩倒，死人白骨交橫，莫知孰是。仲姿乃刺指血滴白骨，云：若是杞良骨者，血可流入。即瀝血，果至良骸，血徑流入，便將歸葬之也。」

在這個故事中，男主角依然是杞梁（杞良），但女主角有了名字，叫仲姿。在古代，仲是排行第二，而孟也是古代排行用字，宋、元以後，孟姜女名字的出現大概就是對照仲姿這個名字而來。杞梁則因為諧音，而變成萬喜良或范喜良。

焚書坑儒，到底焚什麼書？為什麼坑儒？

關於秦始皇，除了有歷史上的誤解，還有誤讀，「焚書坑儒」事件就是一例。**焚書，實際上並不是把所有的書都燒掉，燒的主要是列國的史書，以及儒家的詩、書和百家之言**。焚書事件的起因，是一場辯論——究竟是封建制好，還是郡縣制好？博士儒生淳于越來自齊地，他認為姜姓的齊就是因為分封自己族人比較少，後來沒有依靠，因此被田氏所取代，所以他看好分封制。他引經據典，說自古就有封建制，封建制比郡縣制好，而且要合法，只有效法古人以封建子弟作為屏障，執政才能長久：「臣聞殷周之王千餘歲，封子弟功臣，自為枝輔。今陛下有海內，而子弟為匹夫，卒有田常、六卿之臣，無輔拂，何以相救哉？事不師古而能長久者，非所聞也。今青臣又面諛以重陛下之過，非忠臣。」

李斯卻對此予以駁斥：古今不同，制度亦當不同，這是自然而然的事：「五帝不相復，三代不相襲，各以治，非其相反，時變異也。」李斯建議，為了防止讀書人以古薄今讀死書，反對國家政策，最好把詩、書及百家之言燒了。秦始皇在全國已經推行郡縣制八年多，郡縣制方便秦始皇一人獨裁統治，與其個人集權思想不謀而合。如果是封建制，皇權就會受到封君制約，於是秦始皇聽從李斯的意見，開始燒書。

除了詩、書以及百家之言，一起燒掉的還有六國的史書。秦與六國為敵，六國史書中肯定有不少罵秦國的。「非博士官所職，天下敢有藏詩、書、百家語者，悉詣守、尉雜燒之。有敢偶語詩書者棄市。以古非今者族。吏見知不舉者與同罪。」**醫學、藥書、卜筮和種樹等書籍不在燒書範圍內，即便是要燒的書，秦始皇在「國家圖書館」裡都留存副本**。後來，劉邦先攻進咸陽，蕭何搬一批書籍出來：「沛公至咸陽，諸將皆爭走金帛財物之府分之，何獨先入收秦丞相、

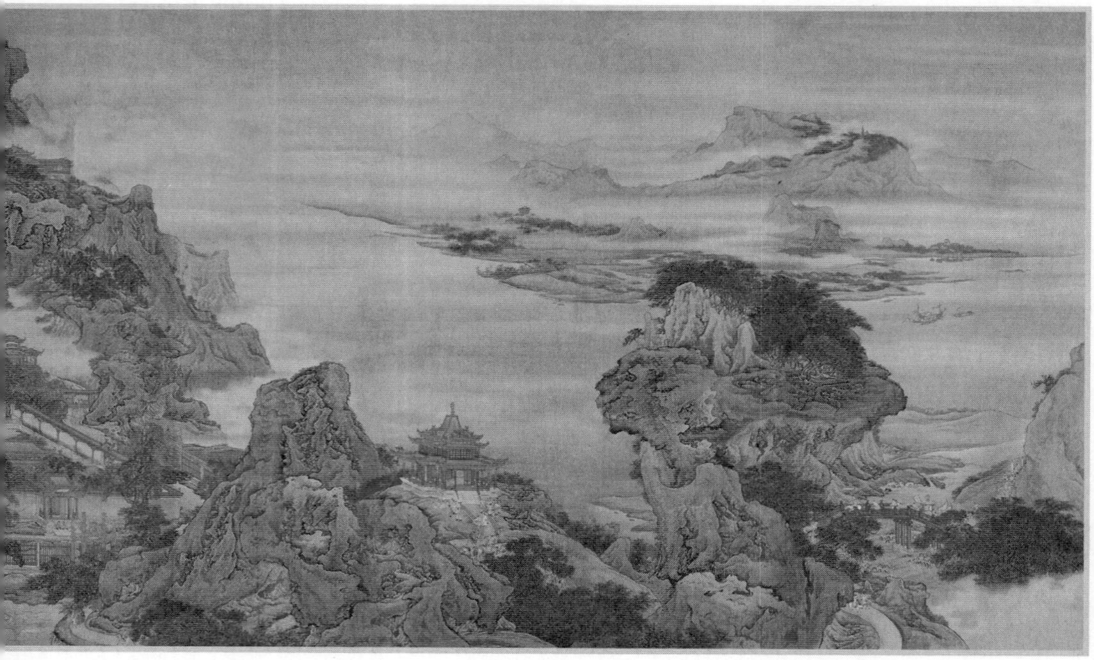

御史律令圖書藏之。」再後來，項羽來了，他放火燒掉咸陽城，秦朝國家圖書館所有的書都被他燒掉、付之一炬。

當然，儒家文化並沒有因此斷絕，有些書的內容被人們背下來，在漢初時重新寫定。還有一些書，是當年秦始皇搜書時，有人沒有上交，而把它們藏起來，例如《尚書》雖在被燒的書籍之列，但有個叫伏生的人把它藏在牆裡。漢朝時只找到了二十八篇，丟失很多。後來民間有人說發現一篇《泰誓》，也是《尚書》中的一篇；到了晉朝，有人說找到了五十多篇，其中包括之前發現的二十九篇，人們一直懷疑其真假。至清朝時終於證實，只有那二十九篇是真的，其

▲ 圖17-2　阿房宮圖（清，袁耀繪）。阿房宮始建於秦始皇35年（西元前212年），秦滅亡前後廢棄，相傳為項羽縱火焚毀。但在近代考古研究中，並未發現有火焚痕跡，阿房宮在被毀前也未建成。

他都是偽書。

再說「坑儒」，這跟焚書是兩回事。**坑儒事件**發生在焚書事件的第二年，**最初是由江湖騙子引起，是兩個方士，而非儒士**。秦始皇好神仙、求長生，派人到處去找長生不老藥，盧生、侯生兩個人拿了錢，沒找到仙藥，擔心受罰，就私下罵秦始皇發洩，說秦始皇剛愎自用、專任刑殺、迷戀權力，不配享有仙藥，罵完就逃跑了。秦始皇聞言大怒：「盧生等吾尊賜之甚厚，今乃誹謗我，以重吾不德也。」就將跟這兩個江湖術士有牽連的四百六十人坑殺，其中可能有部分讀書人，但大部分可能都是像盧生、侯生那樣，幫助秦始皇找長生不老藥的術士。

在漢代，記錄基本上都是秦始皇「坑術士」或「殺術士」，如《史記》、《潛夫論》、《漢書》等。術士與儒生有別，他們也讀儒家經典，但更加精通陰陽五行方術，並不是純儒。而到了魏晉南北朝，開始有「坑儒」之說，而且有新的坑儒故事，說秦始皇統一文字，怕讀書人不服，就在有溫泉的地方種瓜苗，冬天結果實，請七百多個讀書人來看，趁機把他們坑殺在驪山的瓜田裡，就變成秦始皇坑殺讀書人的故事。**唐以後，坑術士與坑儒的說法互相混淆，總之都說秦始皇殺了很多讀書人，焚燒詩書也變成焚燒所有書籍，兩者的範圍都擴大了**。

無論事實如何，人們一提到秦始皇，就會想到焚書坑儒，以及孟姜女哭倒長城的故事。秦始皇是暴君，焚書坑儒與修長城都是暴政。人們對焚書坑儒誇大指責，以及用孟姜女哭長城來附會演繹，都表達對暴政與暴君的譴責與抗議。

秦始皇想傳位給扶蘇，但詔書被篡改嗎？

關於秦始皇，還有一件事可能也有爭議。傳說秦始皇本想傳位給扶蘇，而不是胡亥，按照《史記》中的說法好像是這樣。秦始皇生前沒有立皇后，也沒有立太子，他病危時留下一封加蓋了皇帝符璽的詔書給扶蘇，讓其主持葬禮，結果還沒來得及給使者，他就死了，而趙高攔截這個詔書不發：「其年七月，始皇帝至沙丘，病甚，令趙高為書賜公子扶蘇曰：『以兵屬蒙恬，與喪會咸陽而葬。』書已封，未授使者，始皇崩……趙高因留所賜扶蘇璽書，而謂公子胡亥曰：『上崩，無詔封王諸子而獨賜長子書。長子至，即立為皇帝，而子無尺寸之地，為之奈何？』」

秦始皇去世後，趙高與李斯一起密謀篡改詔書，立胡亥為二世皇帝。這個傳言的興起，大概與秦末農民起義有關，扶蘇被看作具有仁德的公子，二世胡亥為暴君，於是，人們就打著為扶蘇報仇的旗號，說他才是真正的接班人。這個說法被司馬遷接受，因此《史記》說：「陳勝曰：『天下苦秦久矣。吾聞二世少子也，不當立，當立者乃公子扶蘇。扶蘇以數諫故，上使外將兵。今或聞無罪，二世殺之。百姓多聞其賢，未知其死也。項燕為楚將，數有功，愛士卒，楚人憐之。或以為死，或以為亡。今誠以吾眾詐自稱公子扶蘇、項燕，為天下唱，宜多應者。』」

而出土的西漢早期文獻《趙正書》中記載，**秦始皇指定的繼承人就是胡亥**：「丞相臣斯、御史臣去疾昧死頓首言曰：『今道遠而詔期群臣，恐大臣之有謀，請立子胡亥為代後。』王曰：『可。』」扶蘇因為反對燒書政策，與李斯不和，也觸怒秦始皇，秦始皇應該不是很喜歡他，就讓他去邊疆監督蒙恬（按：秦名將）修長城。據說，秦始皇有十二個兒子，他可能最喜歡胡亥，他最後一次出遊就只帶著胡亥。《趙正書》中所說把大位傳給胡亥，或許比《史記》中所載傳給扶蘇更接近真相。

有時，出土文獻能夠讓我們重新認識一些歷史問題，比如說上文提到的秦始皇王位繼承人的問題，又或是關於勞役遲到是否會被殺頭的問題。陳勝、吳廣起義的一個理由，就是因為大雨耽擱不能如期抵達目的地，而遲到就會被殺頭，與其到了之後被殺頭，不如當即揭竿而起，和他們拚了。但一九七五年出土的睡虎地秦簡上記載，秦朝的法律並非如此，上面寫著徵調勞役，遲到五天以內只是口頭警告，十天以內交罰款，上面還特意提到，如果遇到大雨或其它惡劣天氣而遲到，可以免受處罰。陳勝、吳廣對部屬們說「公等遇雨，皆已失期，失期當斬」大概是在騙他們，再加一句「王侯將相，寧有種乎」來煽動他們，但其實他們可能早有造反的念頭了。

總之，對秦始皇功過的評論充滿爭議，對他的誤讀或誤解頗多。此外，還有諸多謎團未曾解開，如徐福（按：秦時方士，秦始皇派遣他尋找海上仙山）真的是去日本了嗎？秦始皇陵被盜過嗎？裡面真的有用水銀鋪成的江河嗎？還有陪葬的兵馬俑，考古學家們分析八千名士兵的臉型、髮型及頭型，發現這八千士兵頭部特徵，與十個漢字非常相像，即日、甲、由、中、用、自、目、風、田和國，其中究竟有怎樣的寓意，又隱藏多少祕密，引人遐想。

18

武俠功夫的真實與想像

功夫，或說武術，是中國傳統文化中一個重要象徵。先秦典籍《韓非子》說：「儒以文亂法，俠以武犯禁。」可見功夫最早與「俠客」這一群體有莫大的關係。

關於俠的起源，說法不一。史學家章太炎認為儒家與俠有關，他在《檢論．儒俠》中主張「以儒兼俠」，儒家尚勇，孔子說「勇者不懼」，儒家又尚義，殺身以成仁，這些都是俠所認同的精神品質。

魯迅則認為俠與墨家關係緊密，他在《三閒集．流氓的變遷》中說：「孔子之徒為儒，墨子之徒為俠。」墨家以憂患救世為己任，俠與墨在思想觀念上非常接近，相比於儒家，墨家提勇的次數更多，而且其成員真正做出勇的行為，《淮南子》記載：「墨子服役者百八十人，皆可使赴火蹈刃，死不還踵。」另外，在行為方式上，兩者也有相似之處，墨家有很多擅長打仗、專事武力攻伐的專家，墨子本人就曾憑藉自己的軍事才能而「止楚攻宋」（按：墨子為阻止魯班協助楚王攻宋，以腰帶和木片等工具模擬攻守陣形，而魯班的所有進攻皆被墨子破解，最終讓楚王打消念頭）。還有學者認為俠起源於士階層，先秦的士學習六藝，既有禮、樂的文，也有射、御的武，俠是從他們中間脫離出來的。總之，俠的起源很複雜，但從一開始，中國武術就被賦予兩個方面的內涵，一是精神層面，一是技藝層面。

武術的精神：講求施恩不圖報、忠孝節義的「武德」

從精神層面的發展來看，先秦時期，會功夫的人講求言信行果，宣導敢於為解救別人而獻身，標榜施恩而不圖報等。到了漢代，以功夫為能事的人開始出現分化，一部分人依舊保持傳統的武俠精神，扶危濟貧，不計自身的得失，如《史記．遊俠列傳》中記錄的郭解、劇孟等；另一部分人則開始走向豪暴，仗著武藝而作惡，成為匪盜。

唐代，「義」被看作行武最為重要的精神品質。在唐代以前，習武之人要不是充當門客、依附於權貴，就是將武作為晉升的途徑。

而到了宋、明時期，習武之人仍以「忠孝節義」為主導精神，但有自己獨特的棲身場所——綠林和武林。綠林本是一個地名，西漢末年，王鳳等人聚集在綠林山中，對抗當時的王莽政權，後來「綠林」成為不與當時政府合作的群體代稱，綠林好漢就形成於宋代。吏治腐敗、異族入侵，一些行武之人嘯聚山林、湖泊，構成一個與壓迫力量相抗爭的江湖體系。而在民間，發展出抵抗異族入侵、維護社會治安的社會團體，他們遵守公共秩序，承認官府權威，形成武林階層。無論是亡命江湖的綠林，還是習武健身的武林，這一時期，「江湖義氣」成為習武之人最重要的觀念。中國是宗法制社會，一個人想生存下去，必須依靠宗族的保護。在大家庭裡面，維持人際關係依靠的除了血緣，就是忠孝等倫理觀念。**一旦一個人淪落江湖，失去大家族的保護，想要以某種手段或手藝生存，就必須建立新的自保機制，像是結拜、與人結成假的血親，或是遵循「義」的規則，與他人互相幫助。**

「非武不成俠」，武術有些是真實存在的，有些則是文人的想像。**武術反映的是人們對習武之人的期待，希望有超凡本領的人能出面主持正義、懲罰邪惡，**因此，武藝總是和武德緊密聯繫。

俠客的標準配備：劍

從技藝層面的發展來看，我們常說「十八般武藝」，這種說法最早見於宋人話本小說〈史弘肇龍虎君臣會〉，但沒有詳說究竟是哪十八種。到了《水滸傳》裡，才有明確的說法，即槍、戟、棍、鉞、叉、钂、鉤、槊、環、刀、劍、拐、斧、鞭、鐧、錘、棒、杵等。先秦時期，膂力（按：指體力、力氣）過於常人，或敏捷矯健的人，就是武藝高強之人，他們最主要的武藝之一是射箭。**秦、漢以後，劍術成為重要的武術，一些武功高手又被稱為「劍客」或「劍士」，劍就成為習武之人的標準配備之一**。《漢書・藝文志》有「劍道三十八篇」，這當是秦、漢時期流傳

▲圖18-1　水滸人物圖（清，任薰繪）。武松用雪花鑌鐵雙刀。

▲圖18-2　水滸人物圖（清，任薰繪）。金錢豹子湯隆用錘。

的劍法。

大詩人李白很可能也是一個劍客，《新唐書・李白傳》中說李白「喜縱橫術，擊劍，為任俠，輕財重施」。李白在〈俠客行〉中寫道：「十步殺一人，千里不留行。事了拂衣去，深藏身與名。」其〈贈從弟襄陽少府皓〉又曰：「結髮未識事，所交盡豪雄。卻秦不受賞，擊晉寧為功。託身白刃裡，殺人紅塵中。當朝揖高義，舉世稱英雄。」李白似乎真的殺過人，與李白有過交往的魏顥，在《李翰林集》序中也說李白「少任俠，手刃數人」。

除了李白，與其同時代的崔顥，其〈遊俠篇〉曰：「少年負膽氣，好勇復知機。仗劍出門去，孤城逢合圍。殺人遼水上，走馬漁陽歸。」大約到唐代，劍也成為文人們的標準配備。古代有「左琴右劍」的說法，象徵著一文一武。但和武將不同的是，**讀書人的佩劍並不是禦敵的兵器，而是一種象徵風雅的裝飾。在古人眼中，寶劍有君子之德，文人佩劍，意味著尊貴的身分和地位**。除此之外，由於封建政府一般都採取愚民政策，所以有文化的士人屬於少數，他們為了彰顯士族的尊嚴，無論多窮都要仗劍而行，其中包含著禮制和修身養德的含義。

不過，武俠小說中的功夫與現實中的功夫，其實並不相同。先秦兩漢就開始出現神奇的劍俠傳說，例如《吳越春秋》記載「越女試劍」的故事，越女以柔克剛，以竹梢為劍。後世小說中，高手能以木棍、竹竿、手杖等為劍，大約可追溯於此。

魏晉時期，志怪小說興起，功夫也被神祕化，唐傳奇更繼承這一點，其中充滿神奇的武功。例如《聶隱娘》，聶隱娘本是魏博大將聶鋒之女，十歲時被一女尼用法術偷走。女尼教她劍術。她學了四年，劍法已經出神入化，即便是白天在大街上殺人，別人也看不到她。第五年的時候，聶隱娘被女尼送回家，於是聶隱娘隨父親做了魏博節度使的手下。魏博主帥與陳許節度使劉昌裔不和，於是命聶隱娘去暗殺他，沒想到劉昌裔能掐會算，收買了聶隱娘。魏博主帥又派精精兒去殺二人，卻被聶隱娘殺死。

魏博主帥再派妙手空空兒前去刺殺，而妙手空空兒的劍術遠在聶隱娘之上，聶隱娘說他神祕莫測：「人莫能窺其用，鬼莫得躡其蹤。能從空虛而入冥，善無形而滅影。」敵人來勢洶洶，該如何是好？聶隱娘這次並沒有與對手直接硬碰硬，而是智鬥。空空兒有個性格缺陷，就是必須一次進攻就把對手幹掉，絕不出第二招，要是第一招失手就走人，表明任務失敗。聶隱娘就利用這一點，巧用玉石保護脖子。空空兒一擊不中就走了，主僕二人也就此安全。聶隱娘完成自己的使命後，就去雲遊四方。空空兒是個高手，後來古龍創作武俠小說，還想像出一套「妙手空空奪旗掌」。

到了清代，小說中的劍術更加離奇，「劍仙」出現了。袁枚《子不語》中記載「姚劍仙」的故事，留下一種說法：劍不出則已，一出就有了殺氣，必須斬殺一活物後才能收斂。而至近代，針對劍術想像和描述的武俠小說就更多了，如金庸作品中就有楊過的君子劍、小龍女的淑女劍、滅絕師太的倚天劍等。

內功、輕功、點穴，是武俠小說的想像渲染

中國傳統武術本沒有內功、外功之分，直到明末，黃宗羲、黃百家父子提出內家拳，才有內家拳和外家拳的區別。而在近代還珠樓主的《青城十九俠》中，首次提到「內功」，呼吸吐納之法

自此從非武術招式，變成足以超過外功、高深莫測的武功招式。接著，在金庸、梁羽生等人的武俠小說中，不斷豐富內功的想像：內功可以打通任督二脈，身輕如燕，例如《連城訣》中的狄雲打通任督二脈，踢死了血刀老祖；還可以練成金鐘罩，刀槍不入，像是梁羽生《女帝奇英傳》中的滅度神君會金鐘罩，李元會鐵布衫；更有甚者，可以將內功的氣發出去直接傷人，如金庸《天龍八部》中提到的「六脈神劍」、「無相神功」等。

此外，古人還想像出飛簷走壁的「輕功」。輕功很早就有，但對輕功最精細的描述，始於唐代的傳奇小說，《紅線傳》中的紅線女，一夜能往返七百里。後世小說往往取象於此，例如《水滸傳》中的神行太保。唐代裴鉶的《崑崙奴》中有一高手，能背著人飛出十幾重高牆。唐代文人的想像，造就不少輕功高超的俠客；而在後世小說中，輕功往往成為習武之人主要的技能之一。近代武俠作品中，最著名的輕功，大概就是金庸作品中的「凌波微步」。

至於拳腳功夫，有一些真實存在，也有些是文人創作出來的。在古代，拳腳主要拚的是神力、速度與技巧。神力上往往表現為鬥牛鬥虎，我們常說「力大如牛」，這是因為古代習武之人有鬥牛的傳統，而鬥虎更能表現神力，因此成為小說最喜歡描寫的內容。速度和技巧也是拳腳走向高超的要求，但是隨著元雜劇的興起，很多技巧為了適應在劇場觀看的需求，而失去實用價值，觀賞性成為打鬥藝術的主要追求，導致很多人錯認舞臺藝術為傳統武術。清代出現義和團運動之後，民間的練拳之風遭到朝廷的壓制，但「功夫」這一武術的別稱誕生了。此外，在近現代武俠小說中，各種拳法反而被神化，例如金庸作品中提到的「七傷拳」等。

暗器也是習武之人的兵器之一，所謂「明槍易躲，暗箭難防」，暗器的發展大概與箭有相通之處，只不過，箭用於遠距離攻擊，而飛鏢、飛刀等可以用於近距離內突然發射，出其不意，攻其不備。在武俠小說中，較早描寫暗器的是清代小說《施公案》，其中的黃天霸善於使用金鏢。受清代的小說影響，在近現代的武俠小說中，暗器也就成為習武之人常備的兵器之一，例如古龍作品中的「小李飛刀」、金庸作品中的「冰魄銀針」等。

除此之外，在中醫經絡穴道理論的啟示下，武俠小說中還出現一種神奇的武功，就是點穴。較早出現點穴功夫的是清代的《三俠五義》，越往後發展，點穴功夫越神奇。清末民初北方武俠小說作家鄭證因的《鷹爪王》提到「三十六手擒拿點穴術」，二〇〇六年播出的電視劇《武林外傳》中出現「葵花點穴手」，這些都是想像出來的武術招式。

總之，中國功夫經過武俠文學的渲染，而更深入民心。俠之大者，為國為民，武藝高強的大俠存在於每個人的夢中。人們希望出現奇蹟，希望俠能用壓倒性的優勢，最直接的方式主持正義，解人急難、除暴安良，這也是人們最簡單的願望。

第三部

紙上得來終覺假，絕知此事要躬行

19

項羽並非自刎於烏江

項羽坑殺二十萬投降的秦人士兵，到了咸陽，又放火燒掉秦的宮殿。他似乎對秦的一切都充滿恐懼與憤恨，甚至包括秦的制度。勝利後，他不想實行秦朝的郡縣制，而是想回到春秋戰國時期諸侯林立共治的局面。

一起討伐秦朝的人，除了劉邦之外，多是六國之後或貴族，他們自然也希望能復國，或當一方諸侯。但為了牽制這些人，項羽並不把他們分封到原來的位置，而是將原來的地盤分解，或者將對他威脅較大的人，分封到鳥不拉屎的地方。綜合各種考量，項羽分封了十八路諸侯，例如封劉邦為漢王，把當時偏僻的巴、蜀、漢中這些地盤給他；把原來秦國的關中分為三部分，給三個投降的秦國將領章邯、董翳、司馬欣；封原來魏國的君主魏王豹為西魏王，治所在河東，只是原來魏國的一部分；封原來的趙王歇為趙王，治所是代郡，而趙國的大部分地盤則給了跟自己關係不錯的前趙相張耳。

此外，項羽把原來的齊地

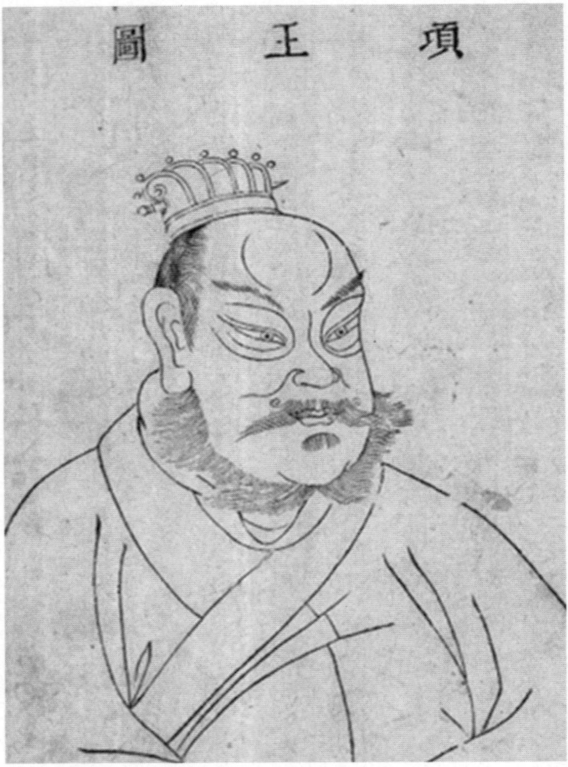

▲圖19-1　項羽像，明《三才圖會》。

三分，原來的齊王田市封為膠東王，地盤在原來齊國的東部，都城在即墨；封齊國的將領田都為齊王，地盤也是齊國的東部一部分，都城在臨淄；封齊國王室後代跟自己關係好的田安為濟北王，地盤是原齊國的北部。不知道是人太多分不了，還是項羽真的一心求公平，他把原來的楚地也分封出去，如分封自己的手下英布為九江王，治理九江郡；封吳芮為衡山王；封共敖為臨江王，都江陵。這些地盤都是原來楚國的一部分。

項羽為何不做「楚王」，而是「西楚霸王」？

楚國當年包含三部分：一部分是江東地區，《史記．貨殖列傳》認為包括東海、吳、廣陵等地，唐代張守節認為從彭城之東，歷經揚州到蘇州，稱為東楚，這原來是吳越的地盤，楚國滅越後，將之納入自己的版圖；一是兩湖地區，這是楚國最老的地區，《貨殖列傳》認為包括衡山、九江、江南、豫章、長沙等地，稱為南楚；以及江淮一帶，《貨殖列傳》認為包括沛、陳、汝南、南郡等，唐代張守節認為從徐州的沛縣，到湖北荊州一帶都稱為西楚，《辭海》說：「淮水以北，泗、沂水以西，當今豫中和豫東、皖北和江蘇西北部地區。」[22]項羽祖上就活躍在這一帶，這裡是他們家族的根據地，所以項羽將原來楚國的西楚（實際上還有東楚的一部分）歸自己。

[22]《辭海》，上海辭書出版社，二〇〇九年第六版，第二四四一頁。

項羽這個二十多歲的年輕人太理想化了，他天真的只想當一個類似春秋五霸的霸主，因此封自己為西楚霸王，定都彭城。《史記．項羽本紀》記載：「項王自立為西楚霸王，王九郡，都彭城。」《史記．高祖本紀》記：「正月，項羽自立為西楚霸王，王梁、楚地九郡，都彭城。」

這樣的分封制有很大的問題：**各諸侯王都有自己的地盤與軍隊，遲早有一天，他們會不聽項羽的話**。項羽本來可以坐擁天下，現在只擁有原來楚國的一部分，地盤大大縮小，他手下的將領，最能打的英布等人也被分封出去，又損失了大將。這種分封制，**可以說對其他人都有利，但對項羽來說則是弊大於利**。項羽太高風亮節，本來他可以做皇帝，偏偏他只想做一個眾諸侯名義上的領袖。結果，分封不到一年，各路諸侯就打起來，劉邦也帶領軍隊與項羽爭天下。項羽最後被劉邦等人逼得在烏江自刎。

然而，項羽最後在烏江自刎，歷史上真是如此嗎？有學者說，**項羽很可能並不是在烏江自刎，他在到達烏江之前就已經死了**。

項羽不在烏江畔自刎？他究竟死於何地？

最早提出這一觀點的是一名中

▲ 圖19-2　虞姬（清，周培春繪）。虞姬是項羽身邊的美人（並非妻子），身世不詳。史書中並未交代她的結局，文學作品則通常設定她為自殺殉情。

學語文教師計正山，一九八五年，他在《光明日報》上發表〈項羽究竟死於何地〉。這位老師生活在定遠，《史記》中提到的「東城」就在安徽定遠東南五十里處，他對這一帶很熟悉，於是根據歷史遺跡及文獻記載，推論項羽其實是死在自己的家鄉東城，而不是烏江。一九九九年，學者董書冰〈淺探項羽自刎之地〉也持相同的看法。二〇〇七年，史學家馮其庸在《中華文史論叢》發表〈項羽不死烏江考〉，他透過實地考察和文獻檢索，用將近三萬字的篇幅，列舉出大量證據，說明項羽並非自刎烏江，而是死在東城。

綜合各家說法，考諸文獻記載，我們重新梳理各家的證據。

先看《史記．項羽本紀》中記載，項羽最後的行軍路線：

> 項王軍壁垓下，兵少食盡，漢軍及諸侯兵圍之數重……於是項王乃上馬騎，麾下壯士騎從者八百餘人，直夜潰圍南出，馳走。平明，漢軍乃覺之，令騎將灌嬰以五千騎追之。項王渡淮，騎能屬者百餘人耳。項王至陰陵，迷失道，問一田父，田父紿曰「左」。左，乃陷大澤中。以故漢追及之。項王乃復引兵而東，至東城，乃有二十八騎。漢騎追者數千人。項王自度不得脫……於是項王乃欲東渡烏江。烏江亭長檥船待……乃令騎皆下馬步行，持短兵接戰。獨籍所殺漢軍數百人。項王身亦被十餘創。顧見漢騎司馬呂馬童，曰：「若非吾故人乎？」馬童面之，指王翳曰：「此項王也。」項王乃曰：「吾聞漢購我頭千金，邑萬戶，吾為若德。」乃自刎而死。

項羽被圍在垓下，帶領八百餘人突圍後向南，渡淮河，剩百餘人；到達陰陵，迷失道路，被人欺騙而不小心陷入大澤中，追兵趕到，項羽引兵向東，到達東城，還剩二十八騎。《項羽本紀》說，項羽最後到烏江自刎而死。然而，學者們指出，《史記·項羽本紀》論贊中卻又提到項羽是身死東城：「五年卒亡其國，身死東城。」東城距離烏江還有很遠的路程，項羽與烏江亭長的故事，很可能是民間傳說誤入部分歷史記載之中（按：傳說垓下之戰時，項羽逃到烏江，遇到烏江亭長，亭長勸他趕快渡江，以圖東山再起，而項羽以「無顏見江東父老」為由拒絕）。

當一個資訊產生之後，會有兩個後果：一是**它所有衍生的資訊之間，必然會存在合理的邏輯關係，如果更改其中一個資訊，其餘資訊間就會產生矛盾**。比方說，改變項羽在東城的結局，讓他跑到烏江，感慨一番無顏見江東父老，時間是否來得及就受到諸多學者的質疑。

根據《史記》記載，項羽從垓下突圍出來後，還有八百餘人，但到了東城激戰後，項羽身邊就只剩下二十八人了。此時，漢軍有數千人將其團團圍困，這時候項羽是做好必死的準備，「項王自度不得脫」，於是他便在這裡開始布陣，想決一死戰。但是，司馬遷的筆鋒突然一轉，項羽一下子就從東城跑到烏江岸邊，銜接上就顯得很突兀。

此外，東城與烏江亭相隔兩百六十里的路程，〈再析項羽不死於烏江〉一文指出，急行軍一天可走一百里，快馬一天可以走五百至六百里的路程，兩百六十里則要花費六至七小時。經過鏖戰，項羽等人的戰馬體力是否充足無法考證，但即使是正常的馬匹，完成這段路程也需要六個小時左右。從常理上推斷，項羽從東城突圍，再連續奔跑六個小時，到一百三十公里外的烏江岸邊，是不太可能發生的事。

資訊傳播的第二個後果是，**資訊一旦形成，就會和其他資訊、人物、事物聯繫，雖然改變其**

中一個，但可能在其他資訊中還保留著蛛絲馬跡。項羽在東城被殺，這在其他人的本紀及列傳中也留下線索，例如在《史記．高祖本紀》中，就記載灌嬰在東城殺了項羽：「漢五年……使騎將灌嬰追殺項羽東城，斬首八萬，遂略定楚地。」《漢書．高帝紀》也有記錄：「灌嬰追斬羽東城。」而在《漢書．灌嬰傳》也有相似的記載：「項籍敗垓下去也，嬰以御史大夫將車騎別追項籍至東城，破之。所將卒五人共斬項籍，皆賜爵列侯。」至於烏江的說法，只有《項羽本紀》提到：「於是項王乃欲東渡烏江，烏江亭長檥船待。」學者們認為「欲」字是表明意向，並非已經到達烏江。

當然，也有學者對他們的看法提出反駁。有人認為，烏江在當時也屬於東城的管轄地區，所以說項羽身死東城，只是一種籠統的說法。但又有學者反駁，說那時的烏江不屬於東城。也有學者說「身死東城」，不是在東城死亡，而是敗亡的意思。**對於項羽究竟死在哪裡的論爭，其實涉及這位英雄究竟是不能過江東，還是不肯過江東。他是不是有東山再起的意願，就關係到對項羽的歷史評價。**

拜讀這些論爭的文章，最大的啟發不是觀點本身，而是他們實地考察的問學方式。錢鍾書的《管錐編》提到寫作者的筆法，例如歐陽修〈醉翁亭記〉說：「環滁皆山也。」如果沒有去過滁州，讀這一句，會以為這裡是四面環山的盆地，但實際上滁州只有一點山，其餘都是平原，既不能「環滁」，更談不上「皆山」，真實情況是「環滁竟少山」；此外，李白〈夢遊天姥吟留別〉提到「天姥山」，李白說「天姥連天向天橫，勢拔五岳掩赤城」，清代的方苞去實地考察，當地人說天姥山只是一個小山，什麼都沒有，他到那裡一看，果然如此。

「紙上得來終覺淺，絕知此事要躬行。」或許，有時可以說是「紙上得來終覺假」。古人常曰：「文人筆舌不可信。」而對美人的描述更是被看作「書中三不可信」之一，一經文人筆舌，醜女也能被說成西施。文人筆下總是自帶美肌功能，對女人如此，英雄亦如是。所以，讀書重要，遊學也很重要，想理解古人和他們的故事，不只要讀萬卷書，或許還得行萬里路。

20 漢朝最大外患匈奴，後來去哪了？

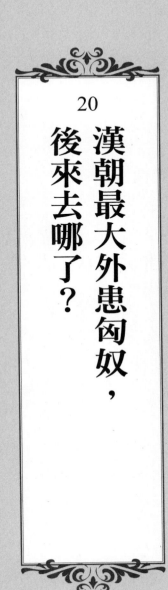

雖然在秦代以前，就有部分長城存在（按：春秋戰國時期，已有各國自築的長城），但長城形成一種影響力，顯然是到秦始皇以後。傳言秦始皇修築長城，和當時流傳的一個讖語有關係。《史記》中記載，秦始皇派人到處找仙人，求不死之藥。其中有個盧生回來交差，說他雖然沒有找到不死藥，但得到一本神奇的書，上面寫著「亡秦者胡也」，預言滅亡秦朝的是「胡」，而秦始皇以為「胡」指的是北方的胡人匈奴。

大概在西元前四世紀後期，匈奴就成為北方大漠對南方諸國的主要威脅。秦、趙諸國都曾經與匈奴發生軍事衝突，由於後者握有馬匹這一重要的戰略物資，所以中原諸國一直沒有什麼勝算，說匈奴是秦帝國的首要敵人，確實有道理。於是，秦始皇就派將軍蒙恬率兵三十萬，攻打北方的胡人，奪取黃河以南的土地，以絕亡秦之患，又修築萬里長城，以防胡人南侵：「乃使蒙恬將三十萬眾，北逐戎狄，收河南。築長城，因地形，用制險塞，起臨洮，至遼東，延袤萬餘里。」

秦始皇死後，李斯等人擁立秦始皇少子胡亥為帝，是為秦二世。秦二世暴虐無道，導致秦朝的滅亡，應驗「亡秦者胡」的預言。秦始皇怎麼也不會想到，原來「胡」指的並非「胡」族（匈奴），而是名字裡帶有「胡」字，他的兒子胡亥。

長城，如今已經成為古代建築中的代表之一，它展現出古人的勤勞與智慧。長城最初修建的目的，是為了抵禦北方的遊牧民族，尤其是匈奴。但後來，匈奴從中國的歷史中消失了，匈奴人去哪裡了？為了防禦他們而蓋的長城，真的有用嗎？

早在周朝，中原人就忙著跟北方民族打仗

中原與匈奴交手很早，在周厲王時，多友鼎上的銘文記載，匈奴的先民（王國維《鬼方昆夷玁狁〔按：音同「險允」〕考》，認為商朝時的鬼方、混夷、獯鬻，周朝時的玁狁，春秋時的戎、狄，戰國時的胡，都是後世所謂的匈奴）在當時被稱為玁狁，侵擾周王朝，王命武公出擊，武公的手下多友打敗敵軍，還追回被敵人抓去的俘虜。王賞賜武公，武公又賞賜多友，多友做了個鼎，把功勞記下來，希望子子孫孫能夠永遠享用。

在周宣王時期，玁狁也屢屢進犯周朝。歷史學家蒙文通在《周秦少數民族研究》一書中指出，宣王時期西北地方連年乾旱，因此北方玁狁內侵。《詩經・六月》歌頌尹吉甫抗擊玁狁入侵的功勞。

然而，周王朝對玁狁一直是防守的姿態，「薄伐玁狁，至於大原」，認為只

▲圖20-1　匈奴，明《三才圖會》。

要把敵人趕出自己的領土就可以了。周人農耕文明的養成，造就周人安土重遷、不事擴張的文化心理與觀念。正因為如此，往往養虎為患，最終，一個犬戎部族滅亡西周，逼迫周平王不得不東遷。

而東周也一直受到遊牧民族的威脅，「南夷與北狄交，中國不絕若線」，周圍的部族交替進攻中原諸侯，中原文化命懸一線。《論語》中記載一句孔子評價管仲的話：「微管仲，吾其披髮左衽矣。」春秋以後，北狄經常侵擾中原諸侯國，邢國和衛國差點兒滅亡了，多虧管仲輔佐齊桓公「存邢救衛」，才又幫助衛國復國。

到了秦朝，秦始皇統一天下，驅趕河套地區的匈奴（河套，就是黃河「几」字形包圍的地方），並且修築長城，建立與匈奴之間明顯的分界線。漢朝繼續修建長城，漢長城是歷史上最長的長城。在漢代，匈奴是王朝最主要的威脅。

漢朝：從花錢買和平，到出兵打匈奴

漢初，劉邦也想靠武力解決匈奴問題，沒想到打不過，劉邦被匈奴圍困於白登山，史稱「白登之圍」。後來，劉邦採用陳平的計謀，向冒頓單于的妻子行賄，才得以脫險。從此，漢朝改變對匈奴的政策，每年輸送歲幣（按：指朝廷每年向外族輸納的錢物），順便輸出中國禮節，以經濟和文化的手段滲透匈奴。另外，實行和親政策，匈奴王娶了漢家公主，生的兒子就是太子，將來當了匈奴王，就是大漢的番臣。

但在二十多年後，中行說一語驚醒夢中的匈奴人。中行說是西漢文帝時人，原為宮廷太監，後因陪送公主到匈奴和親，對漢王朝懷恨在心，轉而投靠匈奴，成為單于的重要謀臣。在中行說的鼓動下，老上單于在給文帝回書中口氣傲慢，對漢朝使臣也威逼利誘，動不動就索要錢物金銀，不給錢就威脅要發動兵馬、侵入大漢邊境。

賈誼《陳政事疏》曾說：「料匈奴之眾，不過漢一大縣。」匈奴的人口數量，頂多和漢朝一個大縣差不多。到漢武帝時，經過文景之治的財富積累，國家有了實力。漢武帝終於下定決心，讓衛青、霍去病帶領一縣之眾去打匈奴，《史記．匈奴列傳》裡說兩位將軍大規模出兵圍攻單于，殺死和俘虜八、九萬人，漢朝士卒也死了好幾萬，馬匹死了十多萬。匈奴人雖然被搞得疲憊而遠去，但漢朝也因為馬匹少，無法再去追擊。和親忍讓只能換來一時的和平，然而，漢武帝跟匈奴人拚命換來的，則是兩漢繁盛的文物，以及得以滋長的和平。

曾有人質疑長城的作用，還說長城是象徵閉關自守，但我們從漢代的長城可以看出，事實絕非如此。漢代出征，每每都是從長城出發，長城是很好的依靠，進可攻、退可守，修建長城是為了保護華夏文明。有了長城之後，也並非閉關自守，漢代絲綢之路的開拓，就是最好的證明。

漢武帝攻打匈奴，間接導致西羅馬帝國滅亡

漢武帝對匈奴的猛烈反擊，大傷匈奴元氣。到了東漢，匈奴分為兩部，南匈奴和北匈奴，南匈奴向漢投降，漸漸漢化，最終消失。東漢和帝時，又發動針對北匈奴的反擊戰。西元八十九年，竇憲、耿秉率領漢軍大敗北匈奴，一直追擊到燕然山。范仲淹〈漁家傲．秋思〉：「濁酒一杯家萬

里，燕然未勒歸無計。」用的就是竇憲打敗匈奴，到燕然山刻石紀功而還的典故。當時，班固任中護軍隨行，〈燕然山銘〉就是他在這時寫的。《後漢書》記載這是一次決定性的戰役，殺敵一萬三千人，二十餘萬人投降。〈燕然山銘〉雖然在史書上有記載，其刻石卻沒有找到，直到二〇一七年八月，內蒙古大學才發布消息，在蒙古國境內找到石刻文字。

西元九十一年，漢軍再次出擊北匈奴，在金微山（今阿爾泰山）大敗北單于，至此，東漢對北匈奴的戰爭取得全面勝利。**北匈奴被漢朝打敗後，就一路西遷到中亞和歐洲**。歷史學家弗雷德里克・特格特（Frederick J. Teggart）的《羅馬與中國：歷史事件相關性研究》（*Rome and China: A Study of Correlations in Historical Events*）一書認為，**這間接導致西羅馬帝國的滅亡**。長城就如同骨牌的起點，在歐亞大陸上引起一系列的變化。

匈奴雖然漸漸從中國大地上消失，但北方遊牧民族對中原農耕文明的威脅還在，於是在漢以後的朝代中，也多次修建長城。而**我們現在見到的長城，大部分是明代修建**。明朝萬曆年間，有一朝鮮使者見過長城之後，曾發出這樣的感慨：「長城三里一煙臺，一臺十名軍；五里一

▲圖20-2　蘇武牧羊（南宋，李迪繪）。蘇武是武帝時期派遣前往匈奴的使者，後被匈奴流放至北海牧羊，19年後才獲釋回漢。

小鋪，十里一大鋪，三十里一大寨。賊來則煙軍交臂瞭望，鋪卒各把弓家，中朝防戍之法，亦云周且宏矣。」可以看出，長城主要是防禦的軍事建築，修長城是為了保境安民。

在古代，長城確實能發揮重要的防禦作用，這主要跟它的建築形式，以及周圍環境有重要的關係。首先，它多建在高山或險要之處，易守難攻，而且其烽火臺白天用煙，晚上用火，能夠快速傳遞信號，其平臺道路又能迅速調集兵力，這就能應對機動性很強的遊牧民族。如果敵人集中從某一個突破口越過長城，其後背是危險的，因為很快會有援兵從其他長城的關隘直接增援。

其次，長城修建的位置正好是遊牧與農耕文明的分界線，如果長城被占領，意味著遊牧民族必須放棄其騎兵優勢，而採取和中原一樣的防禦措施，這不是他們的強項。對他們來說，占領長城沒有什麼用處，所以長城一帶地區，往往在受到侵擾之後，很快就又被中原王朝重新奪回來。

21

這些姓氏可能是同一個祖先，例如韓和何

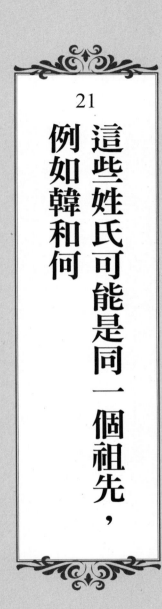

姓氏的起源及演變很複雜，簡單來說，先有姓，後有氏。人是由母親所生，只知其母不知其父，所以加一個女字旁。因此，「姓」與人的出生有關。班固《白虎通德論》說：「姓生也，人所稟天氣所以生者也。」中國的許多古姓也都是女字旁，如姬、姚、嬀、姒、姜、嬴、姞、妘等。當然，古人對早期這些姓的來歷還有其他推測，例如《左傳》中提到「因生以賜姓」的說法，像是舜生於嬀，其後代就被賜姓為嬀；姜族起源於姜水，故以姜為姓等。

養育後代是哺乳動物的天性，古人早就知道近親結合生出的孩子不健康，為了避免這種情況，就有了姓。於是每個部落取一個自己的姓。進入父系社會後，人口增加，內部又有等級差別，就需要進一步區分，於是老大、老二、老三開始分家，取不同的名字作為氏，老大氏、老二氏、老三氏。

舉例而言，春秋時期的魯國是姬姓，是老姬家，而這一家傳到魯桓公時，魯桓公有四個兒子，嫡長子魯莊公繼承魯國國君，而其他三個兒子慶父、叔牙、季友的後代，分別稱為孟孫氏、叔孫氏、季孫氏。由此可見，**姓是大族的統一稱呼，是根。而氏是姓的分支，是大部落中的小部落。**

《通志．氏族略》說夏、商、周時期，姓和氏有區別，男子稱氏，女子稱姓：「三代以前，姓氏分而為二，男子稱氏，女子稱姓。氏所以別貴賤，貴者有氏，賤者有名無氏。姓所以別婚姻，故有同姓異姓庶姓之別。」需要說明的是，周代的姓和氏，又往往有政治功能的考慮，例如周王室通過聯姻的方式，給予異姓貴族「尚父」、「伯舅」等稱號，將其納入姬姓宗法制體系。

此外，諸侯國之間會為了政治目的而近親聯姻。如春秋時的魯國與齊國，一個是姬姓，一個是姜姓。為了保持與齊國的關係，魯國女子常常嫁入齊國，而這些女子生的女兒又往往會被魯國下一代君主娶回來，雖然是異姓，但從血緣上來說相當於表兄妹，屬於近親通婚。

秦、漢以後，姓與氏統一，姓即氏，氏即姓，姓氏合二為一。《通志．氏族略》曰：「秦滅六國，子孫該為民庶，或以國為姓，或以姓為氏，或以氏為氏，姓氏之失，由此始……茲姓與氏渾為一者也。」**姓與氏的混用，可能導致原本是同一個家族的人，分為不同的姓**。當然，這種本是同宗卻不同姓氏的情況，不只是姓與氏的混用造成，還有一些特殊原因。

為了避諱，要改姓

有些是避諱而造成的同宗異姓。比方說師姓，古代掌管音樂的稱為「師」，春秋時期衛國有師涓，晉國有著名樂師師曠，到了西晉時，為了避諱司馬師（按：曹魏權臣，西晉奠基者之一）而改成「帥」姓，因此帥姓與師姓同宗；另一個例子，漢安帝的父親叫劉慶，為了避諱，「慶」姓就改為「賀」姓。同樣的，為避諱北宋皇帝趙恆，「恆」姓改為「常」姓；為避諱五代十國閩太祖王審知，「沈」姓改為「尤」姓。

有些則是同音造成的同宗異姓。比如「閆」和「閻」同宗，「丙」和「邴」同宗。又例如戰國時期，韓國滅亡後，韓國貴族後代有以韓為姓，而古代「韓」和「何」同音，所以姓何與姓韓的人，有一部分是同宗。其他例子還有：「勾」、「句」和「鉤」同宗；媯姓後代「爰」和「袁」同音同源；「裘」和「仇」同音，二姓同宗；「繆」和「穆」同音，二姓同宗；「花」和「華」到唐朝才有區分，二姓同宗；「籍」改為音近的「席」，二姓同宗；周王室姬姓旁支建立的虢國，被晉國假道伐虢（按：指晉國向虞國借路攻打虢國，晉滅虢後，回師途中也滅了虞國）後，後人改姓虢，「虢」和「郭」同音，二姓同宗；會稽望族的「稽」和「嵇」同音，二姓同宗；古代有雕國和善於雕刻的能工巧匠，以「雕」為姓，後改為「刁」，二姓同宗。

有封地要改姓，沒了封地也改姓

有些是封地的變化，而造成同宗異姓。例如楚國是芈姓，熊氏，楚武王封兒子瑕到屈邑去做首領，人們稱他為屈瑕，屈瑕的子孫也就以封地為姓，世代姓屈，屈原就是這一支的後代。楚國公子有一個被封在項地，後代姓項，西楚霸王項羽即是這一脈後代。楚國滅亡後，有楚姓，而因楚國又叫荊楚，所以有一部分貴族姓荊。

姜太公（按：姓姜，名尚，齊國始祖）先祖被封在呂地，所以他被稱為呂尚，他的後人有的姓呂、有的姓尚，而到了田氏代齊（按：指田氏篡奪姜姓成為齊國諸侯的事件）後，一部分族人改回姜姓，一部分為了紀念姜齊而姓齊，一部分繼續姓呂，還有一部分因姜太公後代有一個人叫公子高而改姓高。齊國建都營丘後，姜太公一部分後人改姓丘，這一支丘姓到了清雍正三年，為了避諱孔子仲丘而改為邱。

召公（按：周朝宗室）的後代為了表示他們有封地，改姓邵，又因召公被封在燕國，子孫有的就姓燕。

「阝」在右旁，古代寫成「邑」，代表有封地，所以一些失國的貴族為了避禍，常常把邑去掉再作為自己的姓氏。比如邾國後代因亡國失去封地而改姓朱，也有一部分因為邾國國號為鄒而改姓鄒；邾國傳到邾武公，字伯顏，被稱為顏公，一部分後人改姓顏。障國也是姜太公的後裔，後來被齊國所滅，後人改姓章。此外，還有邘國後人改姓于、鄅國後人改姓禹、鄫國後人改姓曾，都是同樣的意思。

齊國大夫祁盈被封在羊舌，後代以羊舌為姓，或者姓羊；周公的兒子在邢臺建邢國，因此有邢姓。丹朱（按：堯的長子）的後裔有一個叫累的人，因為幫助孔甲（按：夏朝第十四任君主）馴龍（鱷魚）有功，被封在劉，在今河北省唐縣，劉累後代一部分開始姓劉，一部分開始姓龍；後來，劉姓後裔遷到杜邑，改姓杜；時間往後推，又分為兩支，一支留在晉國改姓士，一部分到秦國改回劉。戰國末年，劉姓隨秦軍東進，其中一支定居沛縣，漢高祖劉邦就出自這一支。

百家姓為何是「趙」排第一？

有些是祖先的謚號造成同宗異姓。例如：楚平王謚號為景平，所以有一部分後人以景為姓；楚莊王後代支孫以莊為姓，到了東漢明帝劉莊時，就把莊改成意思相近的嚴姓；魯孝公之子姬展的孫子無駭，以祖父名字展為姓，死後謚號為惠，因食邑

▲圖21-1　18世紀《歷代帝王聖賢名臣大儒遺像》中的姜太公像。

在柳下，後人以柳為姓，展無駭之子就是著名的柳下惠。

還有官職造成的同宗異姓。例如：彭祖管錢，所以錢和彭是同宗；左史記言，右史記事，就有左姓和史姓；製造弓弩的官吏叫弓正，弓正也叫弓長，因此一部分人姓張，一部分則姓弓。

而關於姓氏的排名，我們最熟悉的**《百家姓》產生於宋朝**。「趙錢孫李」，宋朝「趙」姓是皇姓，所以排在第一，而「錢」是五代十國吳越國錢鏐的姓，「孫」是吳越王錢弘俶皇后的姓，「李」是當時吳越鄰國南唐的國姓，可見百家姓是按照政治地位排序，而非按照人口的多寡。**到了清代，統治者為拉攏讀書人，又把孔、孟排在前面**：「孔師闕党，孟席齊梁，高山瞻仰，鄒魯榮昌。」（按：出自康熙時期《御制百家姓》）以表示對傳統儒家文化的尊崇。

根據統計，中國僅單姓就將近七千個，每個姓氏背後都是歷史文化的累積，它們是我們文明傳承的重要載體。

▲圖21-2　百家姓長命鎖，清晚期文物。長命鎖為明、清時掛在兒童脖子的裝飾，時人認為能辟災去邪。

22

如果你在漢朝當官，判案不能只靠法律

如果你穿越到漢代做官，遇到以下這幾個案子，你會怎麼處理呢？

第一個案子：有個男子叫張三，他沒有孩子，偶然撿到棄嬰，便為他取名張四，並將他作為養子撫養。而張四長大後，某天殺了人，張三把張四藏起來。對於張三窩藏罪犯的行為，你會怎麼判決？

第二個案子：有個男子叫張三，他把自己的親生兒子送給李四，李四為這個兒子取名叫李五。李五長大後，張三有一次喝醉，見到了他，對他說：「你其實是我兒子。」結果，李五聽了很生氣，就打張三。張三認為李五是自己的兒子，居然敢打自己，於是告官，在以「孝」治天下的漢代（漢武帝的諡號，其實是漢孝武帝。甚至，漢朝每個皇帝諡號都帶一個孝字，如漢孝文帝、漢孝景帝等），打父母是很嚴重的罪行。就算是子女想要告父母，官府不僅可以不受理，甚至可以直接處罰子女，將他們殺了。這個案子，對於李五打張三的行為，你會怎麼判決？

第三個案子：有個男子叫張三，他有個朋友叫李四。有天兩人起了口角、打起來，李四一著急，拿起一把刀去砍張三。這時張三的兒子看見，抄起棍子去救父親，結果張三的兒子一不小心傷到父親，把他打暈了。兒子打父親，你該怎麼判決？

第四個案子：有個女子叫張三，她的丈夫李四坐船時不幸落水失蹤，無法找到屍體安葬。四個月後，父母安排讓張三改嫁。但是，當時通行的法律是如果丈夫死了沒有埋葬，妻子就不能改嫁。對於張三及其父母的行為，你該怎麼判？

動機良善就從輕量刑，動機邪惡就嚴厲懲罰

第一個案子，如果按照當時通行的法律，藏匿犯人要受重刑。第二個案子，如果按照當時通行的法律，兒子打父親，該判處死刑。第三個案子，也是兒子毆打父親，判死刑。第四個案子，按照當時通行的法律，丈夫沒有埋葬就改嫁，女子要判處死刑。

但是，在通行的法律之外，儒者**董仲舒提出一種判案的標準——「春秋決獄」，即按照儒家的經典及孔子的思想裁定案件**，特別是從《春秋》中尋找答案，而不是一刀切的按照法律來判。**從儒家的經義來看犯罪者的動機如何，如果動機是好的，一般來說就是從輕處理，甚至可以免罪；如果動機是邪惡的，即使未遂，也要受到嚴厲的懲罰：**「春秋之聽獄也，必本其事而原其志。志邪者不待成，首惡者罪特重，本直者其論輕。」（董仲舒《春秋繁露》）。

董仲舒去世之後，桓寬《鹽鐵論》中也繼承這一思想：「法者，緣人情而制，非設罪以陷人也，故《春秋》之治獄，論心定罪。志善而違於法者，免。志惡而合於法者，誅。」

所以，第一個案例，董仲舒認為張三與張四有父子之實，因為儒家經典《詩經》中說：「螟蛉有子，蜾蠃負之。」螟蛉的孩子被蜾蠃收養，就是蜾蠃的孩子。父子可以互相隱匿，應該無罪。

孔子支持父子互隱的行為，出自《論語》中一段對話。楚國的葉公對孔子說：「我的家鄉有一個直率坦白的人，他父親偷羊，他便告發父親。」孔子說：「我家鄉直率坦白的人，與你所說的不同，『父為子隱，子為父隱，直在其中矣』。」葉公所說的那個「直率坦白」的人，在孔子看來，算不上「直」，並不是真性情的流露。父母生養兒子，從本性上來說，兒子必然會袒護父母，

但如葉公的說法，兒子舉報父親，顯然這是親情受到權力的威懾，兒子是經過權衡利弊才做出的決定，並不是出於真性情。董仲舒繼承的，正是孔子主張的從本性、動機出發，判斷是非對錯的價值標準。

所以第二個案例，董仲舒認為張三沒有撫養自己兒子李五，兩個人不存在父子關係，張三拋棄李五時，就已經恩斷義絕。從李五的行為動機上來說，不能用維護父親利益的法律去處死李五：「甲能生乙，不能長育，以乞丙，於義已絕矣。雖杖甲，不應坐。」

第三個案例，董仲舒說，兒子的動機不是打父親，是去救父親，所以應該赦免：「臣愚以父子至親也，聞其鬥，莫不有怵悵之心。扶杖而救之，非所以欲詬父也。」

第四個案例，董仲舒說女子改嫁不是為了私利，應該赦免：「甲又尊者所嫁，無淫衍之心，非私為人妻也。明於決事，皆無罪名，不當坐。」這種斷案方式其實挺有人情味。

▲圖22-1　董仲舒像（清人繪）。

子為父報仇，怎麼判刑？

古代文獻記載中，還有一些與「春秋決獄」相關的案例。舉個例子，張三侮辱李四的父親，李四一怒之下殺了張三，由於《春秋》有子為父報仇的例子，所以這個案件中，李四殺人本當死罪，但因有情緣與《春秋》上的依據，最後皇帝寬恕他。

另外一個案例，有一女子張三，丈夫去世，剩下她帶著一個孩子。早先她父親被李四所殺，

▲圖22-2　商山四皓（元人繪）。商山四皓是秦末漢初四位德高望重的老人，漢高祖劉邦對他們極為尊敬。

李四嘲笑她，說她們家現在沒有男人了。後來，張三路遇李四，趁李四沒防備時殺死他，接著自首。因她的動機是為父報仇，有《春秋》的支持，官府最後也赦免她的死罪。

對於該不該為親人復仇，韓愈認為，不允許會傷孝子之心，但允許了又怕人們依照這條法律條文亂來，相殺報仇，沒完沒了：「蓋以為不許復仇，則傷孝子之心，而乖先王之訓；許復仇，則人將倚法專殺，無以禁止其端矣。」所以，這種情況沒辦法寫進法律條文內，「春秋決獄」主要就是用於法律之外的特殊情況。古代是宗法社會，家國一體，因此對家庭相關的判決，往往展現出特殊性。

而涉及孝道的，尤其是關於老人的，明確作為法律條文確定下來的也有不少，例如漢朝的法律規定，如果有官員民眾膽敢辱罵、毆打老人，損害其拐棍的，可以判處死刑；如果老人經營國家壟斷、不允許私人經營的酒業，也不受處罰；假如老人殺了人，如果不是首惡，也可以免於治罪等，體現出「尊老」的社會價值觀念。

所以，如果你穿越到古代當官員，依據法律條文判案是一回事，另外還要考慮道德人倫建構的社會關係。

23

一飯之恩都不忘，韓信真的想造反？

俗語說：「成也蕭何，敗也蕭何。」說的正是蕭何和韓信的關係。

韓信年輕時不得志，被人欺負，甚至承受胯下之辱：「淮陰屠中少年有侮信者，曰：『若雖長大，好帶刀劍，中情怯耳。』眾辱之曰：『信能死，刺我；不能死，出我袴下。』於是信孰視之，俛出袴下，蒲伏。一市人皆笑信，以為怯。」後來，韓信投靠項羽，沒有被重用，再改投靠劉邦。當時劉邦正被項羽排擠，自顧不暇，韓信到劉邦手下，也沒有能施展才華的機會。

這時，韓信結識蕭何，蕭何發現他確實是個人才，稱讚他「國士無雙」，多次向劉邦舉薦，劉邦卻仍無暇顧及。劉邦被項羽封為漢王後，率領部下到鳥不拉屎的地方任職，途中很多士兵、將領都受不了苦，認為跟著劉邦沒有什麼希望，就逃跑了。蕭何聽人說韓信也逃，來不及告知劉邦，就騎著快馬，連夜追趕。有人報告劉邦說蕭何跑了，劉邦很生氣。蕭何回來後，向劉邦說明情況，說自己不是逃跑，而是去追一個重要的人物，這個人就是韓信，這就是有名的「蕭何月下追韓信」。

劉邦終於理解韓信在蕭何心目中的地位，他決定相信蕭何的眼光，聽從蕭何的建議，封韓信為大將軍。

▲圖23-1　蕭何月下追韓信梅瓶。

從此，韓信開始大展才華，涉西河，虜魏王，引兵下井陘，背水一戰，誅成安君，徇趙，脅燕，定齊，南摧楚人之兵二十萬，四面楚歌逼迫項羽自殺，漢朝幾乎大半個天下都是韓信打下來。因為蕭何舉薦，韓信被封為齊王、楚王，從「常從人寄食飲」，而位極人臣。

要是沒有蕭何，就沒有韓信；要是沒有韓信，就沒有劉邦。然而韓信功高蓋主，劉邦一直對他有戒備之心。當時有個謀士看透二人的關係，就勸韓信造反：「你功勞大，對劉邦是個威脅。」但韓信沒有聽他的，不相信自己會因為功勞大而被殺。結果，正如那位謀士所預料，等天下漸漸平定，劉邦就開始找各種藉口來整治韓信。

劉邦第一次殺韓信，以失敗收場

打敗項羽一年後，劉邦就演了一齣戲。當時韓信當楚王，項羽死後，他的手下鍾離眛投靠韓信。劉邦用這個人作突破口，要韓信把鍾離眛交出來。他假裝遊雲夢澤，雲夢澤恰好位於楚國邊境，天子出遊，還到韓信的封地，韓信必須去迎接劉邦，於是，他只能帶著鍾離眛的頭顱去表示忠心。劉邦召見韓信，拿出一封信說有人告他謀反。韓信在這個情景下，說：「果若人言，『狡兔死，良狗烹；高鳥盡，良弓藏；敵國破，謀臣亡。』天下已定，我固當烹！」「果若人言」四個字表明兔死狗烹的勸誡話語，是韓信從別人那裡聽來。

從哪邊聽來的呢？在《史記．越王勾踐世家》中記載，越王勾踐打敗吳王夫差後，范蠡勸諫文種要他趕緊離開勾踐：「蜚（同『飛』）鳥盡，良弓藏；狡兔死，走狗烹。越王為人長頸鳥喙，可與共患難，不可與共樂。子何不去？」結果，文種還是被勾踐害死。是誰像范蠡一樣用這種話勸韓信呢？就是當初勸他造反的謀士，而事實也真的不幸被他言中了。「大夫種、范蠡存亡越，霸勾踐，立功成名而身死亡。野獸已盡而獵狗烹。」（《史記·淮陰侯列傳》）。

韓信直接說出了「兔死狗烹」這句話，劉邦就不好意思拿著一封子虛烏有的謀反信殺韓信，如果還這麼做，自己不就成了史書上所說「可與共患難，不可與共樂」，勾踐式的君主嗎？其他異姓王（也就是不姓劉的王）怎麼看？後世人們不知道怎麼在史書裡寫自己呢？於是，劉邦第一次殺韓信失敗了，因為沒有確切證據，就赦免韓信的罪，但同時削除韓信楚王的封號，改封他為淮陰侯，並把他帶到洛陽。范蠡數百年前說的一句話，沒能救文種，卻救了韓信一次。

▲圖23-2　韓信像，南薰殿藏。

▲圖23-3　18世紀《歷代帝王聖賢名臣大儒遺像》中的劉邦像。

借蕭何之手殺了韓信

劉邦當然不甘心，韓信就被劉邦軟禁在身邊。後來陳豨叛亂，劉邦御駕親征，韓信沒有跟從。《史記．淮陰侯列傳》中說，陳豨被任命為鉅鹿郡守，向韓信辭行，韓信跟他說了一大段肺腑之言：如果將來你被逼造反，我會配合你。

陳豨拜為鉅鹿守，辭於淮陰侯。淮陰侯挈其手，辟左右與之步於庭，仰天嘆曰：「子可與言乎？欲與子有言也。」豨曰：「唯將軍令之。」淮陰侯曰：「公之所居，天下精兵處也；而公，陛下之信幸臣也。人言公之畔，陛下必不信；再至，陛下乃疑矣；三至，必怒而自將。吾為公從中起，天下可圖也。」陳豨素知其能也，信之，曰：「謹奉教！」漢十年，陳豨果反。

《史記》說陳豨真的造反，韓信準備趁此機會裡應外合，於是假傳詔書，赦免京城的罪犯和奴隸，打算依靠他們去襲擊呂后和太子。當時，韓信的一位家臣得罪韓信，韓信把他囚禁起來，打算殺掉他。這位家臣的弟弟，向呂后告發韓信準備謀反的情況：

信乃謀與家臣夜詐詔赦諸官徒奴，欲發以襲呂后、太子。部署已定，待豨報。其舍人得罪於信，信囚，欲殺之。舍人弟上變，告信欲反狀於呂后。

呂后打算把韓信召來，又怕他人多勢眾不肯就範，於是找來蕭何幫忙出主意。蕭何找到韓信，讓韓信進宮，說劉邦已經凱旋，應該去祝賀。韓信對這位恩人深信不疑，結果他一進宮就被捉拿，連審都沒有審，迅速被呂后處死：「呂后使武士縛信，斬之長樂鐘室。」劉邦回來後，聽說韓信被處死，很開心，也不問謀反罪名是不是真的：「高祖已從豨軍來，至，見信死，且喜且憐之。」這次殺韓信終於成功，而且劉邦還借別人的手，蕭何成了最大的背鍋俠。沒有劉邦的支持，蕭何敢這麼做？至少我是不信的。

劉邦終於想了好辦法，免得自己落得壞名聲。當然他還是擔心的，他問呂后，韓信臨死前有沒有說什麼，是不是如上次那樣對他有所指責。呂后說，韓信只是抱怨沒有聽從謀士的建議，早一點造反。劉邦放心了，當了皇帝的劉邦跟當年打天下的時候不一樣，這時候作為天下的表率，作為以後會被寫入歷史的帝王，他是很在乎面子的。

韓信謀反，到底是真是假？

韓信真的要謀反嗎？古人多不相信，在我看來，也未必是真的。

首先，**韓信有自知之明**。韓信知道自己不能做帝王，他曾跟劉邦討論過這個問題。他說自己善

▲圖23-4　劉邦像（清人繪）。

於領兵，多多益善；而劉邦善於領將，這是天授，學不來的。韓信自知沒能力讓那麼多將領聽自己的，他多次向劉邦表示忠心，都體現出他沒有反叛的意圖。

其次，《史記》記載他和陳豨的約定，實際上模稜兩可，沒有確切的證據。魏艾在〈韓信之死略論〉一文中指出，司馬遷這段記載有問題。《史記》中除了這一篇，從來不見韓信與陳豨有交往，他們交往的信件與對話屬於高級機密，不可能是韓信自己暴露出來，陳豨也沒有機會提供，很可能就是當時有人編造；而且，司馬遷很可能當時就知道韓信是被冤枉：「司馬遷記敘韓、陳謀反時，只用了三百來字，而記敘韓信拒絕武涉和蒯通的策反建議時，卻用了一千八百多字的篇幅。這些詳略安排，是否可以認為是司馬遷別具匠心的設計、有意設計的疑案，意在讓後人竇破疑竇，為韓信昭雪？」[23]

第三，《史記》記載，傳言他召集囚徒造反，這個描述有點像山寨版的商紂王發驪山之徒，估計就是據此編造，所謂的告發人也來歷不明，不足為信，很可能是故意安排。

更為重要的一點是，**韓信是一個知道感恩的人**。他年輕時沒飯吃，河邊有一位洗衣服的老婦同情他，每天都會給他帶來飯食，等韓信榮華富貴、衣錦還鄉，就用千金來報答她。在天下未定的謀反最佳時期，謀士勸他謀反，他說自己有今日，得感恩劉邦，不能背叛，他不是見利忘義之人：「漢王遇我甚厚，載我以其車，衣我以其衣，食我以其食。吾聞之，乘人之車者載人之患，衣人之

23 魏艾，〈韓信之死略論〉，《西北民族大學學報》，哲學社會科學版，一九九〇年第二期。

衣者懷人之憂，食人之食者死人之事，吾豈可以向利倍義乎。」清代包彬在〈淮陰侯廟〉中說：「鳥盡良弓勢必藏，千秋青史費評章。區區一飯猶圖報，爭肯為臣負漢王？」**一飯之恩都不忘，怎麼可能背叛對他有更大恩情的劉邦呢？**

所以我推測，韓信之死是劉邦的陰謀。**坐定天下後，劉邦首先要消除的，就是對劉氏江山有威脅的異姓王，想消滅他們就得有藉口**。在韓信之前及之後，有不少類似他這樣的異姓王，被扣上謀反的罪名，如張敖、彭越、英布，甚至還有與劉邦一起長大的盧綰等。可見，除掉韓信是既定的路線，不管他是不是真的謀反，反正謀反這個大帽子一定要扣上。

民間傳說，替韓信申冤

《史記》中沒有交代韓信是怎麼被殺死的，只說他進了皇宮，呂后命令武士把他捆起來，在長樂宮的鐘室被殺掉。但在民間的傳說裡，就有比較詳細的說明。大概民間也覺得韓信是被冤枉，所以即便官方定了罪，民間傳說中還是站在韓信這一邊。

例如，有故事說當年漢高祖劉邦許諾韓信三不死：「見天不死，見地不死，見金屬兵器不死。」呂后和蕭何把韓信騙到宮中後，宮女們突然將韓信綁起來，懸在大鐘之下，鋪上地毯讓他離地，再用麻袋套住韓信，讓他不見天，然後用桃木棒（也有人說用竹子，總之不是用金屬兵器）把韓信活活打死。這就是對《史記》中「信入，呂后使武士縛信，斬之長樂鐘室」的演義，這個故事反映出殺韓信是有準備的，一般百姓以這種傳說表述，替韓信因謀反被殺死而發聲。

此外，**人們還想辦法讓韓信報仇**。在明代小說《喻世明言》第三十一卷有一篇「鬧陰司司馬貌斷獄」，韓信到地獄打官司：「一宗屈殺忠臣事，原告：韓信、彭越、英布。被告：劉邦、呂氏。」韓信辯解說自己有功卻被殺，告了劉邦、呂后和蕭何。蕭何全招：「蕭何答道：『有個緣故。當初韓信懷才未遇，漢皇缺少大將，兩得其便。誰知漢皇心變，忌韓信了得。後因陳豨造反，御駕親征，臨行時，囑付娘娘，用心防範。漢皇行後，娘娘有旨，宣某商議，說韓信謀反，欲行誅戮。某奏道：韓信是第一個功臣，謀反未露，臣不敢奉命。娘娘大怒道：卿與韓信敢是同謀麼？卿若沒誅韓信之計，待聖駕回時，一同治罪。其時某懼怕娘娘威令，只得畫下計策，假說陳豨已破滅

▲ 圖23-5　韓信像，清宮內務府藏。

了，賺韓信入宮稱賀，喝教武士拿下斬訖。某並無害信之心。』重湘道：『韓信之死，看來都是劉邦之過。』」判定元凶就是劉邦，讓韓信蒙受千古奇冤：「審得漢家天下，大半皆韓信之力；功高不賞，千古無此冤苦。轉世報冤明矣。」

接著，**讓韓信轉世投胎為曹操以報仇，而讓劉邦轉世為漢獻帝**：「你來生仍投入漢家，立為獻帝，一生被曹操欺侮，膽戰魂驚，坐臥不安，度日如年。因前世君負其臣，來生臣欺其君以相報。」而呂后轉世為漢獻帝之后：「你在伏家投胎，後日仍做獻帝之后，被曹操千磨百難，將紅羅勒死宮中，以報長樂宮殺信之仇。」蕭何則轉世為楊修：「你在楊家投胎，姓楊，名修，表字德祖。當初沛公入關之時，諸將爭取金帛，偏你只取圖籍，許你來生聰明蓋世，悟性絕人，官為曹操主簿，大俸大祿，以報三薦之恩。不合參破曹操兵機，為操所殺。前生你哄韓信入長樂宮，來生償其命也。」閻王上呈玉帝，玉帝對於韓信轉世為曹操，報仇漢室江山很滿意，但又怕後人會學曹操弒君，所以安排司馬家欺負曹氏子孫：「曹操雖係韓信報冤，所斷欺君弒後等事，不可為訓。只怕後人不悟前因，學了歹樣，就教司馬懿欺凌曹氏子孫，一如曹操欺凌獻帝故事，顯其花報，以警後人，勸他為善不為惡。」

這種還報史觀在民間很盛行，如傳說劉邦起義時，在芒碭山遇到白蛇，一劍把白蛇斬為兩段。夜裡，白蛇託夢給劉邦，要他還命。劉邦隨口推託：「這裡高山陡嶺哪有命還？到了平地（帝）再還你吧。」

白蛇說：「你今天欠下的帳總有一天要還，你斬我的頭，我就篡你的頭；你斬我的尾巴，我就篡你的尾；你把我從腰斷兩截，我就在中間平帝時篡你的朝。」所以，西漢傳到漢平帝，白蛇轉為王莽（莽就是蛇），殺了漢平帝，篡漢朝。後來經光武中興，平滅王莽，才又恢復漢室，建立劉氏東漢王朝，西漢兩百一十年經十五帝，東漢一百九十五年經十九帝，王莽正好在中間。這種還報觀念的故事還有李唐滅隋楊，人們便說楊貴妃是來報仇的。

對於韓信是否謀反，正史記載可能有其無奈的地方。**但民間自有體系，以大量的詩詞、小說、戲曲為韓信申冤。**

24

七夕別再晒情人，學古人晒書吧！

許多節日，幾乎都被現代人當成「情人節」，而七月初七「七夕」這一天，更是被看作中國傳統的情人節。但是在古代，這個節日更像是一個專屬女性的節日。

在七夕這天，女性往往會向上天祈禱，自己能擁有像織女那樣靈巧的織工。東晉葛洪《西京雜記》說，七夕這天，漢朝的少女們會在開襟樓拿絲線比賽穿針孔，當時的人們紛紛效仿：「漢彩女常以七月七日穿七孔針於開襟樓，人俱習之。」南朝梁宗懍的《荊楚歲時記》也記載南朝婦女七夕穿針乞巧的民俗：「七月七日，是夕人家婦女結彩樓穿七孔針，或以金銀瑜石為針。」

古代男子，會在七夕這天作法？

除了乞巧，還有拜織女、求子等風俗，只是隨著歷史的發展，有些消失了，有些則轉變成其他節日的習俗。

西漢時期《淮南萬畢術》這本書裡，記載一個神奇的巫術。如果男人要想留住自己的妻子，不讓妻子和他人私奔，可以在七月七日這一天，取來女人的月事布（按：古代女性在生理期使用，一種長條型的棉布，類似現代的布衛生棉）燒掉，接著把灰放在門楣上，這過程不能讓妻子知道：「赤布在戶，婦人留連。取婦人月事布，七月七日燒為灰，置楣上，即不復去。勿令婦人知。」

其實，在春秋時期，民間流行著七月時男女自由結合私奔的習俗。儘管到了西漢初期，媒妁之言之類的禮法已經逐漸占據主流，但民間依舊有男女七月私會的遺風，《淮南萬畢術》中的燒布巫術，大概正是男子們用來抵抗這種遺風。而隨著禮法及道德觀、封建貞節觀不斷加強，這種男性操縱的巫術風俗也就逐漸消失了。

七月七晒書，滿腹詩書就晒肚皮

七月七日，還有一個習俗就是「曝書晒衣」，把書和衣服拿出來晒。漢代的《四民樂令》說七月七日要「暴經書及衣裳」，白天要晒經書和衣物。

《世說新語》裡就記載了這樣的故事：阮家是個大家族，其中有富有貧。於是一條大道的北面，形成高級住宅區，住的全是阮姓中的富人；而道路南邊，住的全是窮人。阮咸屬於窮人這一邊，住在道南。七月初七，路北的阮氏各家都晒衣服，炫耀自家的紗羅錦綺，阮咸看到後，故意也用竹竿掛起做粗活時穿的短褲，晒在庭院當中。有人覺得他的舉動很奇怪，他回答說：「我不能免俗，姑且這樣應景一下。」事實上，這是阮咸對當時藉晒衣而誇富這一風氣的嘲諷。他說「不能免俗」，亦可見七月七晒衣服是當時的習俗。此外，唐朝杜甫〈牽牛織女〉也有詩句說：「曝衣遍天下，曳月揚微風。」

除了晒衣服，七月七日還有晒經書的習俗。王隱《晉書》記載，司馬懿不願當曹操的幕僚，於是他以腿部麻痹無法起床為由，躲在家裡。曹操派了一個親信令史，暗中探查真相，時值七月七日，令史發現司馬懿居然在家中晒書，顯然腿部麻痹的說法是假的。令史回去稟報曹操，曹操馬上下令要司馬懿回朝任職，否則即刻收押，司馬懿只得乖乖遵命回朝。不能免俗的司馬懿，就這樣暴露自己。

《世說新語》中還有這樣的故事：七月七日人人晒書，只有郝隆跑到太陽底下去躺著。人家問他為什麼，他回答：「我曝書。」這一方面是在蔑視晒書的習俗，另一方面也是誇耀自己腹中的才學，晒肚皮即是晒書，這是滿腹經綸的自信。此外，唐朝鄭顧〈七夕臥病〉也有詩曰：「不應須臥疾，為曝腹中書。」

在古代，隨著歷史的發展，七夕的節日特徵越來越女性化，其節俗變為主要是「乞巧」，如五代王仁裕《開元天寶遺事》記載，到了七夕這天，宮中嬪妃們要祭祀牽牛、織女二星，並對月比賽穿針，民間百姓也效仿她們：「七夕，宮中以錦結成樓殿，高百尺，上可以勝數十人，陳以瓜果酒炙，設坐具，以祀牛女二星，妃嬪各以九孔針五色線向月穿之，過者為得巧之侯。動清商之曲，宴樂達旦。土民之家皆效之。」元陶宗儀《元氏掖庭記》也說，七夕時宮女們比賽穿針引線，先完成的人就是「巧者」，而大家要湊錢獎勵巧者：「九引台，七夕乞巧之所。至夕，宮女登臺以五彩絲穿九尾針，先完者為得巧，遲完者謂之輸巧，各出資以贈得巧者焉。」

而關於男性的七夕節俗，要不是消失，就是轉移到其他日子。《西遊記》有一集描述唐僧取經回來，又路過通天河，因忘了老龜的囑託而被老龜扔到河裡，經書被弄溼，不得不撈出來晒乾。民間傳說也是說玄奘取經返國，在六月六日時不慎落水，弄溼經書，不得不打開晾晒，自那以後，寺院每年都會在這一天把經書拿出來晒，稱為「翻經節」。有關「曝書晒衣」的習俗，也就逐漸從七月七日轉移到六月六日。

如今的七夕，更充滿愛情的味道。在別人晒情人的時候，我們不妨致敬傳統，晒晒被子、晒晒肚子。

25

喝酒、裸體，魏晉時期的「行為藝術」

魏晉南北朝是非常動亂的時代，先來看一下魏晉南北朝年表：

年分	事件
西元二二〇年	曹丕建立魏國。
西元二二一年	劉備建立蜀國。
西元二二二年	孫權建立吳國。
西元二二八年	諸葛亮第一次北伐。
西元二六六－二九〇年	晉武帝司馬炎在位。
西元二八〇年	晉滅吳，三國徹底結束。
西元二九〇－三〇七年	晉惠帝司馬衷在位。
西元二九一－三〇六年	八王之亂。
西元三〇七－三一三年	晉懷帝在位。
西元三一三－三一六年	晉湣帝在位。
西元三一八－三二二年	東晉元帝在位。
西元三二二－三二五年	晉明帝在位。
西元三二五－三四二年	晉成帝在位。
西元三四二－三四四年	晉康帝在位。
西元三四四－三六一年	晉穆帝在位。

西元三六一—三六五年	晉哀帝在位。
西元三六五—三七一年	晉廢帝海西公在位。
西元三七二年	晉簡文帝在位。
西元三七二—三九六年	晉孝武帝在位。
西元三八三年	淝水之戰。
西元三九五年	羅馬帝國分裂為東、西兩部分。
西元四二〇年	劉裕建立劉宋，東晉結束。
西元四二四—四五三年	劉宋文帝在位。
西元四三九年	鮮卑族北魏統一中國北方。
西元四七六年	西羅馬帝國滅亡，歐洲封建社會開始。
西元四七九年	蕭道成建南齊取代劉宋。
西元五〇二年	蕭衍建梁取代南齊。
西元五三四年	北魏分裂為東魏和西魏。
西元五四八年	侯景亂梁。
西元五五〇年	北齊取代東魏。
西元五五七年	北周取代西魏；陳霸先建陳取代梁。
西元五七七年	北周滅北齊。
西元五八一年	楊堅奪取北周政權，建立隋朝。

這種分裂動亂的局面，持續了三百六十多年，直到隋文帝滅陳才告一段落。

說起這段動亂，應該從晉惠帝時期的八王之亂開始。歷史上多認為晉惠帝司馬衷是個白痴，當時天下鬧饑荒，許多老百姓餓死，晉惠帝聽說這種情形之後，說：「何不食肉糜？」（他們沒有糧食，為什麼不能煮肉粥吃呢？）

還有一回，司馬衷跟父皇司馬炎吃飯時，三歲的司馬遹走了進來，司馬衷問：「這孩子是誰啊？」司馬炎無奈笑了笑：「兒子，記住了，這個小孩子是你兒子、我孫子。」

司馬衷是司馬炎的第二個兒子，他哥哥早死，於是他成為司馬炎的接班人。除了從繼承順序上來說，司馬衷繼位比較合理，司馬炎打算把帝位傳給司馬家的這個傻兒子，還有一個考量，那就是司馬衷的兒子司馬遹很聰明。

據說，有一次宮中著火，司馬炎登樓觀看，突然有一隻小手拉他，原來是自己的孫子司馬遹。司馬炎問他為什麼要拉自己，司馬遹說：「晚上發生火災，場面很混亂，要小心其中有壞人，別讓火光照到您，別讓壞人發現您。」司馬炎很喜歡這個聰明的孩子，覺得將來他要是繼承王位，司馬家應該會發展得不錯。可惜，司馬炎死後，司馬衷即位，還沒來得及傳位給這個聰明的小孫子，八王之亂就爆發了。

八王之亂，先是司馬家亂了，接著天下大亂，北方出現五胡鬧中原，「十六國」割據政權，皇室被迫南渡，偏安江左，進入東晉。

東晉被劉宋取代以後，拓跋氏統一北方，建立魏朝，歷史上稱為北魏，從此形成南北對峙。南北朝時期，統治階級內部又不斷自相殘殺，因而王朝頻繁更替，政局變幻莫測。

魏晉南北朝的「帥哥」們，長什麼樣？

從東漢末年軍閥割據，大一統的思想就不復存在。過去在神權與君權的重壓下，人是渺小的，但到了東漢末年，君權動搖，漢儒權威被消解，思想禁錮被打破，人們開始思索人本身的價值。**魏晉南北朝時期，由於環境大動亂，人們更關注生命現實的意義，人自身得到重視和讚揚**。

成書於此時期的《世說新語》，其中容止篇記錄當時對人的審美標準。古人怎麼描述一個人長得好看呢？比方說，《世說新語》裡記載何晏相貌很美，臉非常白：「何平叔美姿儀，面至白。」魏明帝懷疑他化了妝，就想確認一下。當時正好是夏天，魏明帝就給他吃熱湯麵，何晏吃完後大汗淋漓，自己撩起紅衣擦臉，臉色反而更加光潔。

《世說新語》還記載了幾位帥哥的故事。

魏明帝讓皇后的弟弟毛曾與夏侯玄坐在一起，人們說這是蘆葦倚靠著玉樹，「蒹葭倚玉樹」，誇讚夏侯玄姿容美好像玉樹，而可憐的毛曾就成了草。還有人說，見到夏侯玄，彷彿日月投入懷抱，「朗朗如日月之入懷」。

竹林七賢之一的嵇康也很帥，人們說他喝醉酒時，像玉山將要崩塌的樣子：「其醉也，傀俄若玉山之將崩。」而帥是會遺傳的，嵇康的兒子嵇延祖也很帥，有人對王戎說：「嵇延祖卓卓如野鶴之在雞群。」嵇延祖氣度不凡，如同鶴立雞群。王戎說：「你覺得他帥，是因為你沒見過他父親。」言下之意，嵇康更帥。

還有著名的美男子潘岳。潘岳走在路上，女孩子見到他就圍過來，手牽著手圍觀他：「莫不聯手共縈之。」與之相反，**當時著名的作家左思長得很醜，他一出門，女孩們都對他吐口水。左思很有才華，但無奈這是一個看臉的時代**。

另一個有名的美男子則是魏玠。衛玠的舅舅、司馬昭的女婿王濟，他的風度儀表已經非常好，但外甥衛玠更帥。他每次見到衛玠時總是讚嘆：「珠玉在側，覺我形穢。」（跟你在一起時，就好像珠玉在我身邊，我自慚形穢。）衛玠身體瘦弱，弱不勝衣：「居然有羸形，雖復終日調暢，若不堪羅綺。」當他從豫章郡到京都時，人們早已聽到他的名聲，出來看他的人圍得像一堵牆；**衛玠本來身體就虛弱，終於重病而死，當時的人說他是因為太帥，被人們看死，就有「看殺衛玠」**的說法。

《世說新語》記錄，有人去拜訪太尉王衍，遇到王衍的堂兄王戎、堂弟王敦、堂弟王導在座，到了另一個房間，又見到王衍的兩個弟弟王季胤和王平子。回家後他告訴別人，今天這一趟見到的都是大帥哥，滿眼都是珠寶美玉：「今日之行，觸目見琳琅珠玉。」王家這一家子都很帥，不只別人誇他們帥，他們家內部也互相誇，這真的是「老王」賣瓜，自賣自誇。大將軍王敦稱讚太尉王衍，說他處在眾人之中，就像珠玉放在瓦礫、石塊中間：「處眾人中，似珠玉在瓦石間。」言外之意，跟王衍比，在座的都是垃圾。

王導的堂侄王羲之，曾經誇讚當時著名的軍事家杜預孫子杜弘治，說他的臉像凝脂一樣白嫩，眼睛像點上漆一樣黑亮，是神人的樣貌：「面如凝脂，眼如點漆，此神仙中人。」

東晉名士庾統和弟弟們過江到吳地，途中想在驛亭裡住宿，幾個弟弟先進去，看見滿屋都是平民百姓，那些人絲毫沒有想迴避的意思。而庾統才剛進門，旅客們望見他的神采，馬上都躲開了：「始入門，諸客望其神姿，一時退匿。」光靠臉就有位置坐。

在《世說新語》中，要想誇獎一個人長得好看，常常用玉來比較，或者透過帥的人來襯托等方式。

人不只要帥，還要有特殊的愛好或行為

魏晉時期，除了人的形體、容顏受到關注，人的行為模式也成為一種審美觀，如吃藥、喝酒、裸體、長嘯等愛好，都是這一時代的「行為藝術」。

《世說新語》記載，何晏服食五石散，他說這藥不只能治病，還可以使精神清爽。魏晉名士因為吃藥，導致很多行為改變，比方說吃完五石散得把毒排出去，要散步，不能穿厚衣服、新衣服等：「五石散大概是五樣藥：石鐘乳，石硫黃，白石英，紫石英，赤石脂，另外怕還配點別樣的藥」、「先吃下去的時候，倒不怎樣的，後來藥的效驗既顯，名曰『散發』。倘若沒有『散發』，就有弊而無利。因此吃了之後不能休息，非走路不可……走了之後，全身發燒，發燒之後又發冷。普通發冷宜多穿衣，吃熱的東西。但吃藥後的發冷剛剛要相反：衣少，冷食，以冷水澆身。倘穿衣多而食熱物，那就非死不可。因此五食散一名寒食散。只有一樣不必冷吃的，就是酒。吃了散之後，衣服要脫掉，用冷水澆身，吃冷東西，飲熱酒。這樣看起來，五石散吃的人多，穿厚衣的人就少……現在有許多人以為晉人輕裘緩帶，寬衣，在當時是人們高逸的表現，其實不知他們是吃藥的緣故。一班名人都吃藥，穿的衣都寬大，於是不吃藥的也跟著名人，把衣服寬大起來了！還有，吃藥之後，因皮膚易於磨破，穿鞋也不方便，故不穿鞋襪而穿屐。所以我們看晉人的畫像和那時的文

章，見他衣服寬大，不鞋而屐，以為他一定是很舒服，很飄逸的了，其實他心裡都是很苦的。更因皮膚易破，不能穿新的而宜於穿舊的，衣服便不能常洗。因不洗，便多虱。所以在文章上，蝨子的地位很高，『捫虱而談』，當時竟傳為美事……到東晉以後，作假的人就很多，在街旁睡倒，說是『散發』以示闊氣。」[24]

竹林七賢幾乎都愛喝酒，其中以劉伶為最甚。有一次他喝多了，口渴得厲害，又向妻子要酒喝。妻子把酒倒掉、弄壞酒器，哭著勸告他，喝酒有害身體健康。劉伶說好：「我要戒酒，可是我自制力不夠，你去買點酒肉，我要祭祀神靈，讓神靈監督我戒酒。」等妻子把酒肉供在神前，請劉伶禱告、發誓。劉伶跪著禱告說：「天生劉伶，以酒為名，一飲一斛，五斗解酲（按：飲酒後身體不舒服或神智不清的樣子）。婦人之言，慎不可聽。」說完就拿過酒肉吃喝，不一會兒又喝得醉醺醺的倒下。

劉伶喝酒之後任性放縱，有時會在家裡赤身露體：「或脫衣裸形在屋中。」有人看見這種情況，就責備他。劉伶說，我把天地當作我的房子，把屋子當作我的衣褲，諸位為什麼跑進我的褲子裡來？裸體也是當時常被記錄的「行為藝術」。

有人愛好聽驢叫。《世說新語》說王粲（按：文學家，「建安七子」之一）生前喜歡聽驢叫，到安葬時，魏文帝曹丕去參加他的葬禮，回頭對往日同遊的人說：「王仲宣喜歡聽驢叫，各位

24 魯迅〈魏晉風度及文章與藥及酒之關係〉，《魏晉風度與其他》，上海古籍出版社二〇一九年版，第二三一–二三三頁。

▲ 圖 25-1　《竹林七賢圖》（清，俞齡繪）。

朋友，讓我們一起學驢叫吧！」於是，弔喪的人都學了一聲驢叫。

還有人愛好吹口哨。《世說新語》記載，竹林七賢之一的阮籍很會吹口哨，聲音能傳一兩里遠。有一天，傳說蘇門山裡來了一個得道的真人，很多人去看，阮籍也去。見到之後，阮籍談古論今，上述黃帝、神農，下考夏商周三代，那個人卻什麼話也不說。阮籍談到儒家的德教主張、道家凝神導氣的方法，他還是沒反應，只是目不轉睛凝視著他。阮籍對著他吹了一聲長長的口哨，他才笑著說：「這個好，再來一次。」阮籍又吹了一次。待到意興已盡，阮籍就下山。回到半山腰處，忽然聽到山頂上眾音齊鳴，好像幾部器樂合奏，樹林山谷都傳來回聲。阮籍回頭一看，原來是剛才那個人在吹口哨。

還有人愛好打鐵，就是嵇康。嵇康在當時是名人，做官的鍾會想結識他，邀請當時一些才德出眾人士一起拜訪，碰上嵇康正在大樹下打鐵。嵇康看到他們，沒有停下動作，繼續揮動鐵槌，旁若無人。過了一陣子，鍾會起身要走，嵇康才問他：「你聽到什麼才來，看到什麼要走？」鍾會說：「聽到了所聽到的才來，看到了所看到的才走。」據說，鍾會因這次拜訪嵇康受到冷遇而懷恨在心，後來藉故在司馬昭面前誣陷嵇康，嵇康最終被殺害。

魯迅〈魏晉風度及文章與藥及酒之關係〉中說：「嵇阮（嵇康、阮籍）二人的脾氣都很大，阮籍老年時改得很好，嵇康就始終都是極壞的。阮年輕時，對於訪他的人有加以青眼和白眼的分別，白眼大概是全然看不見眸子的，恐怕要練習很久才能夠做到，青眼容易裝，白眼卻不易裝好。後來阮籍竟做到『口不臧否人物』的地步，嵇康卻全不改變。結果阮得終其天年，而嵇竟喪於司馬氏之手，與孔融、何晏等一樣，遭到了不幸的殺害。」[25]

阮籍變化很大，從喜形於色、反抗禮教，轉變為沉默的反抗，而嵇康卻一輩子都堅持自我，看不慣之處就大聲疾呼。例如山濤舉薦他做官，他就公開寫給山濤一封絕交書，其中他提到了阮籍：「阮嗣宗口不論人過，吾每師之而未能及。」他說：我也想像阮籍那樣，看到別人錯但不去指責，可惜我修養不夠做不到。接著，嵇康又舉出自己的兩個愛好，表明自己不適合做官，一是愛好睡懶覺，如果做官，早上起不來；二是喜歡彈琴唱歌、射鳥釣魚，如果做官得按時打卡，外出還有人跟著，就不能自由自在：「臥喜晚起，而當關呼之不置，一不堪也；抱琴行吟，弋釣草野，而吏卒守之，不得妄動，二不堪也。」

總之，**面對魏晉南北朝大動盪的時代，人們讚揚的是人本身的美好，同時又透過或豪爽或荒誕的行為及個人特殊愛好，展現自己灑脫的本性。**

25 同註24，第二三四－二三五頁。

26

歷史上很重要，如今被忽略的節日

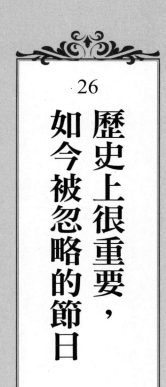

歷史上有不少很流行、很重要的節日，時至今日卻式微了，比如說三月初三這天。

農曆三月初三，古代為上巳節，因為這天是三月的第一個巳日（按：古代以天干加地支記日，出現「巳」的日子就稱為巳日）而得名。由於每年三月上巳都不固定，但都在三月三日前後，因此魏晉起，就統一將上巳節定在三月初三。按照最初的習俗，在這一天，人們都要到水邊沐浴，稱作「祓禊」或「修禊」，這就成為適婚男女相會的契機，可以說是中國最早的情人節。

這天，未婚男女要出遊、找對象

在春秋時期，由於戰爭頻繁，人口大量減少，統治者為了繁育人口，往往會製造諸多男女相會的機會。例如，規定青年男女要在仲春（農曆二月）至季春（農曆三月）上旬聚會聯歡，在歌舞、遨遊中相戀相愛。而還未結婚的超齡男女，甚至可以藉遊玩的機會，自由相會、自由同居。

《詩經．溱洧》（按：音同「真偉」，為鄭國境內兩條河名）反映鄭國一群青年男女在上巳節這一天相聚，並趁機互相表達相愛之情的事。

> 溱與洧，方渙渙兮。士與女，方秉蕑兮。女曰：「觀乎？」士曰：「既且。」「且往觀乎！」洧之外，洵訏且樂。維士與女，伊其相謔，贈之以芍藥。

這一段大意如下：水邊有男男女女，好多人出來遊玩，他們手裡拿著蘭花。女的說：「我們去看看河邊的節日活動吧！」男的說：「我剛才看過了。」女的接著說：「再陪我去看看嘛！」洧河之外，真寬敞，讓人心情愉快。少男、少女互相調笑戲謔，還互贈一支芍藥。

這首詩歷來被認為是第一首上巳詩。

從先秦到兩漢，上巳節的活動內容不斷豐富，除了男女出遊或沐浴祓禊的儀式外，還有對水引吭高歌，以及「流觴」活動——一群好朋友坐在環曲的水流旁，在上游放置酒杯，酒杯順流而下，停在誰面前，誰就取飲。最知名的流觴活動，就在晉穆帝永和九年三月三日，王羲之和謝安、孫綽等人，在會稽山陰的蘭亭相聚，他們流觴飲酒，賦詩寫字，留下千古傳誦的〈蘭亭集序〉。

而唐代的上巳節，臨水遊樂之風發展到極致，杜甫〈麗人行〉記載這一天：

三月三日天氣新，長安水邊多麗人。
態濃意遠淑且真，肌理細膩骨肉勻。
繡羅衣裳照暮春，蹙金孔雀銀麒麟。
頭上何所有？翠微㔩葉垂鬢脣。
背後何所見？珠壓腰衱穩稱身。

白居易〈三月三日祓禊洛濱〉一詩中，對這習俗也有描述：

三月草萋萋，黃鶯歇又啼。柳橋晴有絮，沙路潤無泥。

禊事修初半，遊人到欲齊。金鈿耀桃李，絲管駭鳧鷖。

白居易這首詩前，還提了一篇序，說這一天他和劉禹錫等十五個人乘船遊玩，看到洛水邊從早到晚，到處都是人、都是歡聲笑語：「自晨及暮，簪組交映，歌笑間發，前水嬉而後妓樂，左筆硯而右壺觴，望之若仙，觀者如堵。盡風光之賞，極遊泛之娛。」

雖然「上巳節」在唐代很繁盛，但到了宋、元時期，這一節日在中原地區逐漸衰落。柳永〈小鎮西犯．水鄉初禁火〉寫到這一節日：

水鄉初禁火，青春未老。芳菲滿、柳汀煙島。波際紅幃縹緲。盡杯盤小。歌祓禊，聲聲諧楚調。路繚繞。野橋新市裡，花穠妓好。引遊人、競來喧笑。酩酊誰家年少。信玉山倒。家何處，落日眠芳草。

從柳永的詞中，可以看到這個節日一方面與禁火的寒食節重合（後來，寒食節又與清明節合為一個節日），一方面又在楚地被保留著。

而到了南宋楊萬里的〈上巳〉三首（其三）中，更可以看出上巳節幾乎不怎麼熱鬧：

正是春光最盛時，桃花枝映李花枝。
秋千日暮人歸盡，只有春風弄彩旗。

白居易的時代，三月三日這天是「觀者如堵」；而到了宋代，已經沒有多少人參與這個節日的活動。

上巳節在唐代達到它的頂峰，《牆頭馬上》、《曲江池》、《金錢記》等表現唐代愛情故事的元雜劇，往往將上巳節作為其中的重要背景，一方面可見上巳節在唐代的空前盛況，是男女交往的重要契機，另一方面又顯示出宋、元以後，隨著這一節日的淡出，它已經成為人們羨慕或追憶的情景。總之，唐代以後，在漢族的節日中，上巳節逐漸與清明節重合。不過，在一些少數民族的習俗中，仍保留這個傳統節日。

此外，日本的三月三日「桃花節」，俗稱「女兒節」，實際上也是源於中國三月三日的傳統習俗。

芒種，不僅是忙著種，還要忙著收

還有一個在古代很重要的節，尤其是對農民而言，就是芒種。

二十四節氣裡很多都可以望文生義，比如說雨水、小滿、霜降、冬至等，從字面就可看出意義。但是芒種呢？如果你四體不勤，又五穀不分，從字面上來看，就很難知道這個節氣的意義。

實際上，這裡的「芒」指的是帶芒的作物，芒就是某些禾本科植物種子殼上的細刺，常聽到的如成語「如芒在背」，《漢書．霍光傳》說大臣霍光權勢震主，漢宣帝和他一起出去，感覺自己後背好像芒刺針扎，皇帝怕他，心裡極度不安。

《月令七十二候集解》中說：「五月節，謂有芒之種穀可稼種矣。」到了芒種，在一些地區，有芒的小麥類作物開始成熟，而有芒的稻類作物也要準備播種。所以，有諺語曰：「芒種芒種，連收帶種。」有些地方把這個節氣稱作「麥收」或「農忙」。這就是芒種的另一半意思，不僅忙著種，還忙著收。

古代有很多詩也提到芒種，例如宋代陸游的〈時雨〉前四句寫道：

時雨及芒種，四野皆插秧。
家家麥飯美，處處菱歌長。

在《詩經》中，有不少農事詩都表現出農忙的樣子，且往往在一首詩中，就一氣呵成的表現農作物從播種到收穫的過程，

例如〈載芟〉（按：音同「山」）就描寫春種、夏長、秋收及冬祭的情形，因為這首詩用於祭祀，也就是人們把糧食奉獻給祖先的時候。唱這首詩，告訴祖先這些糧食是我親自種的，請祖先們品嘗，這樣能表現自己的虔誠，從而獲得祖先們的保佑。

後世的文人士大夫們，在文學作品中描寫農事，則有這樣的傾向：要不是將播種與收穫分離，關注當下的某個畫面、某個鏡頭，例如「農興理荒穢」、「鋤禾日當午」、「半夜呼兒趁曉耕」、「豐年留客足雞豚」等；要不就是把收穫與播種聯繫起來，並以對比表達憫農之情，如「春種一粒粟，秋收萬顆子。四海無閒田，農夫猶餓死」、「運鋤斸耕侵星起，隴畝豐盈滿家喜。到頭

禾黍屬他人，不知何處拋妻子」等。

芒種節，往往是收割和播種時節的分界點，「栽秧割麥兩頭忙」。在這個時令，恰好播種與收穫都有，因此不必透過想像描寫農事活動。例如上面提到陸游的詩篇，「四野皆插秧」的種，和「家家麥飯美」的收，這兩種場景是真的同時存在，因而能襯托出一片太平景象。

我們習慣春種秋收的寓意，但芒種才更能體現古代農人生活的不易，忙著收，忙著種，一件接一件。忙碌中，勞動者沒有詩人們那麼多的幻想，也沒有那麼多的慨嘆，小麥一旦成熟，麥粒很快就會落到地上，收成也就減少，要是再碰上下雨就更糟了，所以「春爭日，夏爭時」，農民們要趕緊搶收。宋代陳造〈田家謠〉寫道：「麥上場，蠶出筐，此時只有田家忙。半月天晴一夜雨，前日麥地皆青秧。陰晴隨意古難得，婦後夫先各努力。」不僅要收得快，還要種得快。過了這個時節，農作物的存活率也會越來越低。這段時間要搶著收麥，還得搶著種新苗，沒有哪個節令有如此強烈的號召力，能調動農民迅速出動，並讓他們忙得不亦樂乎。

五月人倍忙，田家日不閒，時間就像一股洪流，逼著我們不得不向前，目標完成一個又會有一個，事情也是做完一件就又有一件，想飽食終日無所用心，很難。但忙也是值得的，因為在芒種這時，我們能看到一半是收穫，一半是種下新希望，付出與回報的雙重畫面就在眼前。我們的生活像芒種，每日急急忙忙，但生活也隨時激勵著我們，一分耕耘就有一分收穫。

27

駙馬爺不好當，貴族也不願娶公主

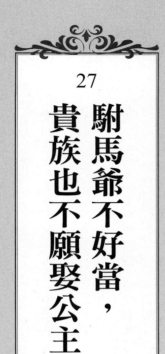

隋朝很短，跟秦王朝一樣二世而亡，取而代之的是唐。唐王朝第一任皇帝是李淵，而李淵，實際上和隋朝最後一位君主隋煬帝有一點親戚關係。

北朝有個人叫獨孤信。他有七個女兒，都長得非常漂亮。女兒們長大後，長女嫁給西魏大將宇文泰的兒子宇文毓（按：其母姚氏為侍妾，故宇文毓為庶子）。誰能想到宇文泰去世後，他的嫡子宇文覺建立北周，宇文覺去世後，宇文毓即位，成為北周王朝的第二任皇帝。獨孤信的長女也就登上后位，為北周明敬皇后。

而獨孤信的七女兒獨孤伽羅，嫁給隋文帝楊堅，那時候楊堅才十七歲。誰能想到後來楊堅取代北周，建立大隋，獨孤伽羅成為皇后，為隋朝的文獻皇后，她生下楊廣，後來她主張廢太子楊勇，支持二兒子晉王楊廣即位，從此改變大隋王朝的命運。

至於獨孤信的四女兒則嫁到李家，生下唐朝的開國皇帝李淵。李淵稱帝後，追封母親為元貞皇后。也就是說，李淵的母親與楊廣的母親是親姐妹，李淵與楊廣是表兄弟。

獨孤信的女兒們嫁得太好，其中三個當了皇后，可以說獨孤信是一個很有眼光的父親。但是，在唐朝光有眼光還不行，還得門當戶對。在一些士家大族看來，即便是皇帝家的女兒，他們也看不上眼。

唐朝李家不是貴族，沒人願意娶公主

東漢之後，門閥制度形成，姓氏成為貴族們的身分象徵。從東漢到魏晉南北朝，朝廷用人的標準，是看你的門第與家庭出身，於是，一些家族就壟斷了官場，造成「上品無寒門，下品無士族」的局面。北魏孝文帝很重視官員的門第出身，把清河崔氏、范陽盧氏、滎陽鄭氏、太原王氏定為四大高門。

而到了唐代，王室為提高自身的地位，把博陵崔氏、趙郡李氏，與太原王氏、清河崔氏、范陽盧氏、滎陽鄭氏、隴西李氏（按：唐皇室即屬隴西李氏），定為「五姓七家」，除了隴西李氏，其他各家都在崤山以東，所以又被稱為「山東士族」。史書上說五姓七家為了保持血統純正，不屑與他姓通婚，只內部通婚，博陵崔氏、滎陽鄭氏等大族，甚至因為隴西李氏胡化嚴重，而不願與皇室通婚。唐文宗曾希望宰相鄭覃能把孫女嫁給皇太子，但鄭覃寧可把孫女嫁給時為九品官的崔某，也不願讓她成為皇太子妃和未來的皇后。

唐憲宗為長女岐陽公主選駙馬，士家大族們卻都不願意迎娶，還找藉口說按照禮制，公主去世，丈夫要服喪三年，禮儀太煩瑣，受不了。但**事實就是不想跟皇家聯姻，想和其他士家大族通婚**。最後，岐陽公主嫁給杜佑（按：曾任宰相）之孫杜悰，並非士家大族。岐陽公主的母親是郭氏，郭氏是郭子儀（按：唐代名將，曾平定安史之亂）的親孫女。當時，皇室常常將公主嫁往功勳之家，與之聯姻。

唐憲宗的兒子唐宣宗也要為公主選駙馬，看上新科進士王徽。王徽是太原王氏，他這時候都四十多歲，聽說皇帝要把公主嫁給自己，連忙找人推辭，說自己體弱多病，怕命不久矣。他寧可自己詛咒自己死，也不娶公主（當年，王羲之的兒子王獻之，為了不娶公主而自殘，燒傷自己雙腳，但公主還是不放過他，執意要嫁）。

唐宣宗為自己的長女萬壽公主招駙馬時，看上狀元郎鄭顥。鄭顥是滎陽鄭氏，士家大族，他不想娶公主，但又不敢拒絕，於是做了駙馬。結婚後，他一直忌恨做媒的那位大臣，便經常在唐宣宗面前詆毀他。

鄭顥應該是有史可查的唯一狀元駙馬。我們看古代戲曲小說，經常是男主角中狀元，接著就娶公主做駙馬，雙喜臨門，但實際上這種情形並不多見。因為**讀書人考中狀元時，年紀往往已經很大，古人又早婚，所以多數的狀元都沒有機會娶公主**。唯一有機會的鄭顥，卻不願意娶，但又膽子小不敢拒絕，最後不得不娶。

其實，從唐太宗開始，皇室為提高自身門戶，就一再打壓山東士族，例如唐太宗修《氏族志》把隴西李氏排在第一，高宗頒布〈禁婚詔〉禁止士族內部通婚。但這些都不能改變世人的看法，反而使世人更羨慕、更看重高門士族。宰相薛元超享盡榮華富貴，卻仍有一嘆：「此生所遺憾者，未能娶五姓女。」時人把能攀附「五姓」成姻親，看作是一件極有面子的事情。

除此之外，因為士家大族做大官的比較多，只要與士族望姓結為婚姻，也就為科舉考試（唐代考試，考官可以看到考生名字）或出將入相鋪好了路。這些大戶人家的姓氏，在當時往往成為小說中的主角，就像現代的網路小說中，大家愛用的姓氏是聽起來比較浪漫的，像是蘇、顧、楚、南宮、慕容、上官等，而在唐代時，崔、李、王、盧、鄭五姓因為士家貴族的身分，在小說中備受推崇。唐傳奇《枕中記》中，作者讓盧生實現的第一個夢想，就是娶「清河崔氏女」，接下來中進士、做官也就順理成章。

牛李黨爭，爭了四十年、六任皇帝

在唐代，皇家嫁女與士家大族有矛盾；而科舉出身的新貴，也與世代承襲的士家大族有矛盾，最能表現這一矛盾的事件就是牛李黨爭。

牛李黨爭是唐後期統治集團內部爭權奪利的一場內耗。「牛黨」是指以牛僧孺、李宗閔為首的官僚集團；「李黨」是指以李德裕為首的官僚集團。陳寅恪在《唐代政治史述論稿》指出，牛黨代表進士出身的新官僚，而李黨代表北朝以來山東士族出身的士家大族官僚。**牛、李之間的分歧，不僅是政見不同，也包括對禮法、門風等文化傳統的態度差異。**

起因是唐憲宗元和三年，牛僧孺、皇甫湜、李宗閔考試時，答卷評論時政，指責宰相李吉甫做得不好，考官與李吉甫不和，就把試卷給皇帝看。李吉甫認為考官故意徇私舞弊，聯合牛僧孺等人整自己，於是向皇帝申訴，皇帝就處置考官和牛僧孺等人。李德裕是李吉甫的兒子，因此雙方結怨甚深，雙方各從派系私利出發，互相排斥將近四十年。

到了唐憲宗的兒子唐穆宗長慶年間（八二一－八二四年），牛僧孺當宰相，就把李德裕排擠出朝廷。因此李德裕到西川任節度使。他很有才能，憑一己之力讓吐蕃將領投降，還收復重鎮維州（今四川理縣）。上報朝廷之後，牛僧孺因為派系鬥爭，意氣用事，強令把降將和城池都退還給吐蕃，就是不收。李德裕簡直要氣死。

唐穆宗之後，是唐穆宗的長子唐敬宗，在位兩年，為宦官所殺。接著是唐穆宗的二兒子唐文宗即位。

唐文宗死後，牛黨和他們依靠的宦官所支持的繼承人未能繼位，而另一派宦官擁立唐穆宗第五子唐武宗即位，牛黨因此失勢，而李德裕得勢，他當上宰相，就把牛僧孺、李宗閔等人趕出朝廷，放逐到南方。

唐武宗死後，唐穆宗的異母弟唐宣宗即位。牛黨成員白敏中任宰相（白敏中是白居易的堂弟，他就是前面提到的舉薦鄭顥娶公主的人，鄭顥因此忌恨他。另外，鄭顥是士家大族，屬於李黨；白敏中則是牛黨的人。所以，鄭顥屢屢在皇帝面前說白敏中壞話，白敏中因此差點被皇帝逐出朝廷），牛黨成員又紛紛被重新起用，而李黨成員則被罷斥。李德裕被發配海南崖州，不久憂鬱而死。

晚唐著名詩人李商隱，是牛黨令狐楚的學生，令狐楚像愛自己孩子一樣愛他，讓他和自己親兒子一起學習，後來，李商隱科舉考中也是令狐家幫忙。李商隱受恩於牛黨令狐楚，本來前景大好，但他才華出眾，被李黨看重，後來成為李黨王茂元的女婿——李商隱也難以抵擋與士家大族聯姻的誘惑。

在政治鬥爭中，決定前途的往往不是你的才幹，而是你站的團隊和你的堅持與品行，所以李商隱這個中國詩壇的奇才，生存在牛黨和李黨之爭的夾縫中，無論誰得勢，他都得不到重用，一直受到排擠和打壓。陳寅恪先生《唐代政治史述論稿》說：「李商隱之出自新興階級，本應該始終屬於牛黨，方合當時社會階級之道德。乃忽結婚李黨之王氏，以圖仕進。不僅牛黨目以放利背恩，恐李黨亦鄙其輕薄無操。斯義山所以雖秉負絕代之才，復經出入李牛之黨，而終於錦瑟年華惘然夢覺者歟。」

李德裕死後，牛李黨爭基本上結束了，牛黨暫時獲得勝利。過了五十多年後，大唐滅亡。在唐朝滅亡的最後時刻，平民出身的朱溫（按：五代時期後梁開國皇帝）痛恨士家大族，將他們趕盡殺絕，屍體扔到黃河裡。從此，東漢以來的士家大族滅絕。

五代十國時武人興起，宋代杯酒釋兵權，科舉糊名謄抄（按：糊名亦稱彌封，遮掩試卷上考生姓名，始於武則天時期；謄抄始於北宋，是將考生試卷全部抄錄一遍，閱卷者只能看到抄寫後的試卷），傳統舊貴族世家士族傳承方式消失，新興的科舉士大夫時代到來。

世家的時代，東晉時期琅琊王氏家族與司馬氏共治天下，所謂「王與馬，共天下」，而宋朝則是皇帝與士大夫共治天下。然而，宋代士大夫們因為立場不同，也有派系之爭，就是談到宋代必會提到的朋黨之爭。

28

唐朝詩人只要靠名氣，就能中進士

在古代，科舉考試的錄取率極低。而如果你是唐朝人，想要考上，不僅要拚考試的實力，還要拚名氣。

《唐才子傳》記載：大詩人王維還沒什麼名氣的時候，為了考中，他先是投奔唐玄宗的弟弟岐王李範，也就是杜甫〈江南逢李龜年〉詩中「岐王宅裡尋常見」的岐王。王維希望能得到岐王的幫助。岐王要王維準備幾首得意詩作和一首琵琶新曲，接著帶他去見玉真公主（按：為唐玄宗同母妹）：「子詩清越者，可錄數篇，琵琶新聲，能度一曲，同詣九公主第。」

當時玉真公主好才，朋友圈都是社會名流、飽學之士，凡她稱讚過的人，必定能名聲大振，科舉考中。宴會進行一半，一群演唱的伶人擁簇著王維開始獨奏。玉真公主瞬間被琵琶聲吸引，問這是什麼曲，王維回答說這是我自己作的〈郁輪袍〉，說完便把曲譜和自己寫的詩都呈上去。公主讀罷，大為驚嘆：「皆我習諷。謂是古作，乃子之佳制乎？」（你太有才了，這些都是我平常讀的詩，我還以為是古人寫的，原來你就是作者啊！）沒想到玉真公主居然是王維的粉絲，她將王維請上座，繼續說：「王維要是能考第一，就是我們京城的榮幸。」玉真公主此話一出，大家都知道有個才子叫王維，開元十九年王維果然狀元及第。

「妝罷低聲問夫婿，畫眉深淺入時無」寫的其實是考試

《全唐詩話》記載這樣一個故事：白居易十六歲時，從江南到長安考試，他帶了自己平日寫的詩文，謁見當時的大名士顧況。顧況看作者的名字「白居易」，沒聽過，就開玩笑說：「長安米

▲圖28-1　《香山九老圖》（明，周臣繪）。描繪白居易晚年時，與一群老人在香山聚會。

貴，居大不易。」京城的物價太高了，想在這裡居住可不容易啊！但當他翻開詩卷，讀到「野火燒不盡，春風吹又生」兩句時，不禁連聲讚賞說：「有才如此，居亦何難！」有這樣的才華，在京城買個房又有什麼難的呢？經過老前輩顧況的推薦，白居易名聲大振，一考就考上。

《唐詩紀事》記載：朱慶餘有首詩叫〈近試上張水部〉，是在考試前寫的，寫給時任水部郎中兼著名詩人張籍，詩曰：「洞房昨夜停紅燭，待曉堂前拜舅姑。妝罷低聲問夫婿，畫眉深淺入時無？」這首看似描述新婚的詩，實則不然。快要考試了，朱慶餘怕自己的作品不符合考官的要求，因此以新嫁娘自比，以新郎比張籍，把主考官比作公婆，朱慶餘問張籍的意見：「我描畫的眉毛，顏色深淺是否合宜呢？公婆會不會喜歡我？我的作品好不好、能不能考上？」玻璃心的朱慶餘，將擔憂自己能否考中的心情，與新婦緊張不安的心緒做了對比。張籍讀罷此詩，大為讚賞，四處推薦，「時人以籍重名，皆繕錄諷詠」，當時的文人名士因而廣為傳抄吟誦，「由是朱之詩名流於海內矣」。朱慶餘名聲大噪，不久之後也就考中進士。

李白有才華，又找到推薦人，考試都免了

為什麼名氣大就能考中呢？因為**唐朝科舉實行的是「行卷」制度**，科舉中的禮部試卷是不糊名、不密封的，**主考官除了看試卷答得怎麼樣之外，還要看考生的名字有沒有名氣、有沒有人推薦。考官可以根據考生名氣的大小擇優錄取**。所以，考生們為增加及第的可能、爭取好名次，多會編選自己平日詩文，寫成卷軸，在考試前送呈官員或文壇前輩，此後形成風尚，即稱為「行卷」。

不拘一格的李白年輕時也曾行卷過，〈與韓荊州書〉就是李白初見荊州長史韓朝宗時寫的一封自薦書。李白不想透過常規考試進入仕途，希望走藝術生的路線，故廣事干謁，投贈詩文，以表現才能、培養聲名。然而，雖然他四處送詩送文，卻一直無人理睬。直到天寶初年，按《唐才子傳》的記載：李白從蜀中來到京城長安，此時他依舊名聲不大，他把自己所作的詩歌，獻給當時的官員兼知名詩人賀知章看。賀知章讀到〈蜀道難〉一詩時，感嘆道：「子謫仙人也！」於是，賀知章直接把李白推薦給唐玄宗，玄宗在金鑾殿召見李白，與他談論時局國政，李白獻上頌文一篇。皇

上很高興，賜給他飯食，並親手為他調湯，降旨命李白為翰林供奉。說到底，名氣還是來自才華，才氣夠大，連考試都省了，甚至還能享受大老闆親手餵飯的待遇。

唐朝的行卷制度雖然促進文學的繁榮，但同時也帶來一些弊端。例如某些貴族往往推薦自己人，排斥異己，曾經有人讀了〈阿房宮賦〉，想推薦杜牧，可惜前幾名都被別人占去；而一些學子為了能考上或引起推薦者的注意，時常背誦教科書，當時書坊之中有人專門刻印這類行卷發售；有的學生乾脆直接抄襲他人詩文，甚至還發生過將行卷投給原作者的笑話。到了宋代，糊名和謄錄製度實行，科舉變得相對公平，也就再無行卷的現象了。

總括來說，唐代前期行卷比較注重詩文，到了唐代中、晚期，傳奇小說開始興盛，有些考生

▲圖28-2　《李白行吟圖》（南宋，梁楷繪）。

開始送給推薦者自己編寫的小說。古時候娛樂活動少，趕考的學生們為了打發路上的寂寞無聊，常常晚上一群人坐在一起講故事，這就是唐傳奇。所以，唐代有趣的不僅有唐詩，還有故事。

29 父親的重責大任：家訓

中國古代有很長一段時間，都是以男權為中心的封建社會，因此父親的角色非常重要。在古代文獻中，記載不少父親對整個家族關係的影響。

《禮記》中記載這樣一個傳說：有一天，周武王對周文王說：「我昨天做了一個夢。」文王問是什麼夢？武王說：「我夢到老天爺給我九顆牙齒。」文王說：「你覺得這是什麼意思？」武王說：「西邊有九個國家，是不是我能統治這九個地方？」文王開始解夢：「不是，古時稱年齡為齒，齒也就是年齡，我將活一百歲，你能活九十歲，這樣吧，我再給你三歲。」於是，文王九十七歲而死，武王九十三歲而死。

歷史上有「文王受命」的說法，也就是上天把天命從商紂王轉移到周文王手裡，要周人代替商人的統治，但周文王還沒來得及推翻商王朝就去世，於是由武王繼承這份天命。這個故事說，文王把自己的壽命傳給兒子武王，可以說是為了表明作為兒子的武王，對天命的某種繼承，也可以理解成是文王把自己積累的「德」傳給兒子。商代的繼承制度是父死子繼，輔之以兄終弟及（哥哥死後，由弟弟繼承），周人則實行嚴格的宗子繼承制，即統治權必須由兒子繼承。正是從周朝開始，父與子的關係變得極為重要，家與國的關係也就格外緊密。

父親的重大責任：留下好德行

周文王與周武王的故事，體現出**做父親的第一難：父親要為子孫後代留下寶貴的財富，這個財富並非物質，而是德行**。如果父親做得好，子孫後代就會因此受益；但父親如果德行不好，子孫又不低調，很可能就會給家族帶來不好的影響，《左傳》中就記載了一個反例。

春秋時期，晉國有個大臣叫欒黶（按：音同「眼」），史書評價他「汏」，即專橫暴虐。有一次，晉國與秦國打仗，晉國中軍主帥荀偃說聽我的：「唯余馬首是瞻。」此時，作為下軍統帥的欒黶，卻傲慢的說晉國從來沒有這樣的命令，「余馬首欲東。」說完，就帶著自己的軍隊回國。

欒黶的專橫暴虐是有名的。有一次，秦景公問從晉國逃難來的大臣士鞅：「晉國的大夫，將

▲圖29-1　《渭濱垂釣圖》（明，戴進繪）。描繪周文王訪姜太公（周文王、武王的軍師）。

來哪個人先滅亡？」士鞅說，大概是欒黶的家族。秦景公說：「是因為他太專橫嗎？」士鞅回答：「沒錯，欒黶太高傲，但他或許還可以免於禍難，這禍難恐怕要落在他的兒子欒盈身上。」秦景公問為什麼？士鞅繼續說：「因為欒黶的父親欒武子曾經對人民很好，他的恩德還留在百姓之間，就像人們對待當年有德行的召公一樣，召公曾經在甘棠樹下為民眾處理訴訟案件，百姓們愛戴他，連那棵甘棠樹都捨不得砍伐，更何況傷害他的兒子呢？但是欒黶就不同了，他並沒有給自己的兒子留下好名聲，也未對百姓施捨恩德，如果他死了，他兒子欒盈的好還沒來得及傳達出去，爺爺輩的欒武子留下的恩德也逐漸用完，民眾對欒黶的怨恨就會彰顯出來，因此滅亡將會落在他的兒子欒盈身上。」後來，果然如士鞅所說，欒盈被殺，欒氏被滅族。

以上所說，都可見古時父親在家族中的重要地位。孟子說：「天下之本在國，國之本在家。」家與國是中國傳統社會千百年來，形態相對穩定的社會構成和政治構成。所以在古代，父親要以身作則，當家庭的榜樣，才能為家族發展貢獻己力。同時，**父親也要承擔起教育子女的責任，為家風的傳承打好基礎，這是古代做父親的「第二難」**。

古代父親們，寫家訓教小孩

在古代，**一個家族要想保持興旺，必須源源不斷培養出合格的接班人，所以「家訓」就成為家族教育的重要方式**。古代有不少經典的家訓範本，例如：

劉向〈戒子歆書〉，這是劉向寫給兒子劉歆的訓書，其中「賀者在門，吊者在閭」印證「謙受益，滿招損」的古訓。

馬援〈誡兄子嚴敦書〉，是馬援教導他兩個侄子，不要隨便議論別人長短，要做正直的人。馬援在這篇文章中，要他們學習龍伯高，敦厚周慎、口無擇言、謙約節儉、廉公有威，即使學不到，也可以「刻鵠不成尚類鶩」；不要學豪俠好義的杜季良，學不好反而會「畫虎不成反類狗」。

張奐〈誡兄子書〉。張奐的侄兒憑藉叔父的名望和官職，不把鄉里鄰居放在眼裡，驕傲自滿，盛氣凌人，張奐知道後，寫信勸他「年少多失，改之為貴」。

諸葛亮〈誡子書〉、〈誡外甥書〉：「靜以修身，儉以養德，非淡泊無以明志，非寧靜無以致遠」、「志當存高遠，慕先賢」。

蔡邕〈女訓〉，女人不僅要修飾自己的容貌與衣著，更應該注重修養品德和心靈。

鄭玄寫〈鄭氏誡子書〉，透過回顧自己坎坷的一生，告誡兒子要勤勉。

羊祜〈誡子書〉寫道：「言則忠信，行則篤敬，無口許人以財，無傳不經之談，無聽毀譽之語。」

陶潛〈與子弟書〉，諄諄教導晚輩要互相謙讓、互相體諒、和睦相處，體現古代家庭「五世同堂，兄弟同財」的家庭觀。

顏之推〈顏氏家訓〉是中國歷史上影響最深遠的家訓之一，「古今家訓，以此為祖」。

元稹〈誨侄等書〉，勸勉侄子們勤儉學習。

〈太公家教〉全文四字一句，是不可多得的教育四字經：「羅網之鳥，恨不高飛；吞鉤之魚，恨不忍饑；人生誤計，恨不三思。」

柳玭〈戒子弟書〉告誡子弟不可仗門第高貴，而驕奢淫逸、無所不為，一定要居安思危，努力學習。此書歷來被譽為「名門子弟座右銘」。

歐陽修〈誨學說〉，全文很短，但你一定有聽過：「玉不琢，不成器；人不學，不知道。然玉之為物，有不變之常德，雖不琢以為器，而猶不害為玉也。人之性，因物則遷，不學，則舍君子而為小人，可不念哉？」

司馬光〈訓儉示康〉，是司馬光寫給兒子司馬康，訓誡他要節儉，因為「由儉入奢易，由奢入儉難」。而奢侈的人「居官必賄，居鄉必盜」。

胡安國〈與子寅書〉，這篇家書提出「治心修身，以飲食男女為切要」：飲食上，要不恥惡衣惡食，而男女問題上要避免失足錯誤。

陸游〈放翁家訓〉中，處世之道、立德交友、待人接物、人生榮辱、生死態度、職業選擇、培養良好的習慣等無所不包。此時陸游已近暮年，宦海波折及老之將至的感慨，使得他在勉勵子孫的同時，不時流露出消極避世的情緒。

袁采〈袁氏世範〉，被譽為「達諸四海」的做人典範，與〈顏氏家訓〉齊名。

朱熹〈朱子訓子貼〉，教育兒子處世要處處留心，隨時請教他人，不恥下問，唯善是取，交友當擇敦厚忠信、能言己過者，而諂諛輕薄、傲慢褻狎者當離之去之。另外，學習期間不可飲酒，以免精神恍惚，荒廢學業。

袁衷〈庭幃雜錄〉：「毋抄襲，毋雷同，毋以淺見而窺，毋以滿志而廢，毋以作文之心而妄想俗事，毋以鄙穢之念而輕測真詮，毋自是而惡人言，毋倦勤而怠己力。」

楊繼盛〈給子應尾應箕〉。楊繼盛為嚴嵩所害，此文是他訓兒的遺囑。楊繼盛是剛正的知識分子，敢於冒生命危險彈劾權傾一時、禍國殃民的奸相嚴嵩，而且至死不悔。他還勉勵兒子「若是做官，必須正直忠厚……不可因我為忠受禍，遂改心易行，懈了為善之志」，頗有屈原「雖九死其猶未悔」的氣概。

徐媛〈訓子書〉：「鑽燧之火，可以續朝陽」，訓誡兒子要立大志，不要自暴自棄，「物小而益大」。

史桂芳〈訓家人〉：「勞則善心生，逸則妄念生。」

王夫之〈示侄孫語〉：「傳家一卷書，惟在汝立志。」

周怡〈勉諭兒輩〉：「常將有日思無日，莫待無時思有時。」

鄭板橋〈鄭氏家書〉，這封家書是鄭板橋寫給妻子，他在信中談及教子的原則和方法，入情入理，是不可多得的治家格言。

曾國藩〈曾文正公家訓〉，在清代問世後，諸多達官顯貴、名門望族將它作為必讀書目。

彭端淑〈為學一首示子侄〉：「天下事有難易乎？為之，則難者亦易矣；不為，則易者亦難矣。人之為學有難易乎？學之，則難者亦易矣；不學，則易者亦難矣。」

毛先舒〈與子侄書〉，言簡意賅闡釋「少壯不努力，老大徒傷悲」的道理。

陸進〈與九牧侄〉以過來人的經驗，談修身養性、待人處事、勤奮讀書的重要性。

左宗棠〈致孝威孝寬〉，信中既有嚴厲的批評，又有殷切的教導，特別提出讀書要目到、口到、心到的方法。讀書用功，最要專一無間斷。

張之洞〈致兒子書〉，當時外寇紛來，邊境累失，腹地亦危，全篇貫徹「用功學習，力求上進」的精神，希望兒子日後可以成為國家干城之器、有用之才。

吳汝綸〈諭兒書〉：「凡遇不易處之境，皆能掌學問見識。」如果你感覺有一段路走得特別艱辛，那表示你正在走上坡。

總結這些經典家訓，既是自己修身養性的需要，也能在育兒養女能有所借鑑。古代家訓中，流傳最廣、最著名的是〈朱子家訓〉（按：亦稱〈朱子治家格言〉，作者為明末朱用純），全文附錄在此：

黎明即起，灑掃庭除，要內外整潔；既昏便息，關鎖門戶，必親自檢點。

一粥一飯，當思來處不易；半絲半縷，恆念物力維艱。

宜未雨而綢繆，毋臨渴而掘井。

自奉必須儉約，宴客切勿流連。

器具質而潔，瓦缶勝金玉；飲食約而精，園蔬愈珍饈。

勿營華屋，勿謀良田。

三姑六婆，實淫盜之媒；婢美妾嬌，非閨房之福。

童僕勿用俊美，妻妾切忌豔妝。

祖宗雖遠，祭祀不可不誠；子孫雖愚，經書不可不讀。

居身務期質樸，教子要有義方。

莫貪意外之財，莫飲過量之酒。
與肩挑貿易，毋占便宜；見貧苦親鄰，須加溫恤。
刻薄成家，理無久享；倫常乖舛，立見消亡。
兄弟叔侄，須分多潤寡；長幼內外，宜法肅辭嚴。
聽婦言，乖骨肉，豈是丈夫；重資財，薄父母，不成人子。
嫁女擇佳婿，毋索重聘；娶媳求淑女，勿計厚奩。
見富貴而生諂容者，最可恥；遇貧窮而作驕態者，賤莫甚。
居家戒爭訟，訟則終凶；處世戒多言，言多必失。
勿恃勢力而凌逼孤寡；毋貪口腹而恣殺牲禽。
乖僻自是，悔誤必多；頹惰自甘，家道難成。
狎暱惡少，久必受其累；屈志老成，急則可相依。
輕聽發言，安知非人之譖訴？當忍耐三思；
因事相爭，焉知非我之不是？須平心暗想。
施惠無念，受恩莫忘。
凡事當留餘地，得意不宜再往。
人有喜慶，不可生妒忌心；人有禍患，不可生喜幸心。
善欲人見，不是真善，惡恐人知，便是大惡。
見色而起淫心，報在妻女；匿怨而用暗箭，禍延子孫。

家門和順，雖饔飧不濟，亦有餘歡；
國課早完，即囊橐無餘，自得至樂。
讀書志在聖賢，非徒科第；為官心存君國，豈計身家。
守分安命，順時聽天。為人若此，庶乎近焉。

30

單親媽媽帶大的聖人賢者

中國古代是宗法制社會，很容易形成父子都有名的局面，例如三曹（曹操、曹植、曹丕）、二王（王羲之和王獻之）、三蘇（蘇洵、蘇軾、蘇轍）、清代劉統勳與劉墉等。古代還有一種吉祥畫，就是帶子上朝，畫一個大人帶著一個孩子，穿著官服。在歷史上，父親對兒子的影響很大。但也有一些聖賢，是由母親或女性單獨養育成人。

姜嫄三棄、孟母三遷，單親媽媽帶孩子的艱辛

姜嫄是周朝祖先后稷的母親，《詩經．大雅．生民》說她「履帝武敏歆」，姜嫄野祭時不小心踩到天帝的腳印，回家後不久就發現自己懷孕，接著生下后稷，這大概是只知其母不知其父的母系社會文化的反映。剛出生的后稷因為有母無父，被認為不祥，吃了不少苦頭。《古列女傳》說他先是被姜嫄丟棄到隘巷，然而「牛羊避而不踐」，過往的牛羊、馬都避開而不踩踏他；接著又被丟棄到山林中，「伐平林者咸薦之覆之」，誰知許多人來林中伐木，把他送回來；最後，他被丟棄到寒冰之上，「飛鳥傴翼之」，飛來一群鳥用羽翼保護他。姜嫄以為神，所以抱回他，獨自撫養並教育他。

這個故事說姜嫄丟棄后稷的原因是「以為不祥」，這大概是後人的揣測之一。我們也可以這樣想：當后稷第一次被丟棄，是誰看到「牛羊避而不踐」？第二次被丟棄，伐平林者是如何找到孩子的父母？第三次被丟棄，又是誰見到「飛鳥傴翼之」？**與其說這是棄子的故事，不如說是一位母親獨自養育孩子的無奈和艱辛過程**：先是送孩子學畜牧，又送他學伐木，又送他學漁獵，大概有的

他不適合學，或別人以為不祥而不願教，又或者母親姜嫄有所不忍，這些都是人之常情，最終她決定要親自教育他。

《古列女傳》說姜嫄「清靜專一，好種稼穡」，於是等后稷長大一些，姜嫄就教他種植桑麻的本領。《史記・周本紀》載：「棄（后稷）為兒時，屹如巨人之志。其遊戲，好種樹麻、菽，麻、菽美。及為成人，遂好耕農，相地之宜，宜穀者稼穡焉，民皆法則之。」后稷小時候就喜歡種植麻、菽，他種的麻、菽都長得很好，長大後以耕農出名，母親對孩子小時候志趣的影響可見一斑。後來，后稷被帝堯封為農師，別姓姬氏，姬姓部族靠著強大的農業技術而日益壯大，同時也帶動中國古代社會由漁獵文明走向農業文明。終於，到了后稷的第十四代孫周武王的時候，姬姓部族滅掉商紂，建立周王朝，姜嫄也因此成為周人的女祖先。

姜嫄有「三棄」，換了三個學習領域的傳說；而孟母有「三遷」，三次搬家換學區。孟子年少喪父，由母親獨自養育。剛開始居住地靠近墓地，年少的孟子就跟別人學喪葬，孟母認為不能住在這裡，於是搬到市場附近。孟子跟商人學做買賣，孟母認為還是不能住在這裡，於是「舍市，近於屠」，孟子又學屠宰之事。最後，孟母帶著孟子搬到學宮之旁，孟子學行禮進退之事，孟母認為這裡可以長住。孟子長大後，學習六藝，終於成了聖賢。

關於「三」，男子有三打、三顧，女子則有三棄、三遷，似乎母親更善於選擇。男人和女人的不同之處，在於男人往往目標固定，而女人往往會選擇最佳目標。據說，這大概是源於最初男女分工的不同。男人出去打獵，往往盯住一個目標，一擊致命；而女人負責採摘野果子，總會挑來挑去，最後挑最好吃、最好看的。在教育方式上的區別，想必亦如是。

當然，說女性善於選擇，並非說她們多變而沒有恆心，孟母雖然沒有姜嫄「種稼穡」的本領，但其眼界和品行亦足以教孩子，「子不學，斷機杼」，孟母斷機杼教的正是「恆心」，而後來孟子提出的主要觀點，其中之一就是恆心，例如：「無恆產而有恆心者，惟士為能。」可見孩子的志趣和行為習慣，都要從小培養。傳說，孟母懷孟子時還進行過胎教，《韓詩外傳》記載她說過的一段話：「吾懷妊是子，席不正不坐，割不正不食，胎教之也。」

孤兒寡母很辛苦，但這些媽媽不被打倒

中國古代的聖賢，大多出自母親之手，除了上文提到的孟子，《史記．孔子世家》說「丘生而叔梁紇死」，孔子出生後不久，父親叔梁紇就去世了，孔子也是由母親顏氏獨自養育長大的。

唐宋八大家之一的歐陽修，四歲喪父，也是由母親獨自帶大，「居窮，自力於衣食，以長以教，俾至於成人」（歐陽修《瀧岡阡表》）。歐母被視為「四大賢母」之一，家裡窮，為了能讓歐陽修學習，她想盡辦法教育兒子，後來找來荻草當筆，在地上寫字。這就是著名的「畫荻教子」。

另外，祖母和大嫂代替母親教育孩子，也培養出許多講孝廉有才學之人，例如李密就是由祖母養大，他在〈陳情表〉中說：「臣以險釁，夙遭閔凶。生孩六月，慈父見背；行年四歲，舅奪母志。祖母劉湣臣孤弱，躬親撫養。」而《舊唐書》中記載韓愈三歲喪父，與堂兄韓會一起生活，韓會死後，則由堂嫂鄭氏撫養。

這些從小失去父親的孩子，跟隨母親生活在男權社會，為生活所迫而吃苦受累，是可以想像

的。曾經有人說孔子是聖人吧，為什麼他這麼多才多藝？孔子自己解釋說：「吾少也賤，故多能鄙事。」我小時候因為生活艱難，所以會一些粗活。然而，孔子最終並沒有被這些「鄙事」束縛住。對於這些孤兒寡母的家庭來說，做買賣或做些「鄙事」，可能會緩解一下家裡的壓力，但**偉大的母親們卻並未被生活的艱辛嚇倒，也未被眼前的利益所迷惑，她們培養孩子的目標，從來就不是眼前的苟且**。

在家庭教育中，不能說母親教育孩子一定比父親教育得好，「子不教，父之過」，父親的教育也很重要。但**古籍中的案例顯示，從品質上來說，偉大母親的教育完勝**。北宋王安石〈傷仲永〉中，倒是提到父親的教育，父親發現兒子的「神童」之名能給自己帶來錢，就不讓他學習，反而把他當作搖錢樹，最終神童只能「泯然眾人矣」，變成普通人。

▲ 圖30-1　《孟母斷機教子圖》（清，康濤繪）。

《左傳．僖公二十三年》說：「子之能仕，父教之忠，古之制也。」古代的制度，兒子能做官，要由父親教導他「忠」。然而，寫下「精忠報國」四字而流芳百世，卻是一位偉大的母親。

在一些文學作品中，雖然男人當家，但在整個家庭關係中，父親卻又往往是模糊的，母子關係反而成為家庭倫理關係表現的中心。比如說大家都知道岳母，卻不曾想過岳飛的父親是誰。小說及一些文學作品中，經常出現黃河氾濫而導致岳飛少年喪父，岳飛由母親養育成人的情節，但在歷史上，岳飛二十二歲時，其父岳和才病逝。而等到父母升級為公婆，公公的形象更是退隱，《楊家將》裡有佘太君，《紅樓夢》裡有賈母，大家族也都是母親坐在頂端。

除了小說，在中國傳統戲曲中也有很多母親與兒子的故事，如〈釣金龜〉、〈四郎探母〉、〈三娘教子〉等。此外，在藝術表現上，古代還有不少表現母子關係的圖畫，例如清代任伯年所畫的《授書圖》（見左頁圖30-2）。母教子在唐代非常盛行。我們常說**「女子無才便是德」，這其實是清朝人的說法。更早之前，女子也是要讀書識字，以備將來向子女傳授社會準則和價值觀。**

清代錢慧安的《慈母圖》，孩子站在母親身旁，聽母親的教誨，畫面呈現出母親的端莊嫻雅，以及她對孩子的愛與期待（見左頁圖30-3）。

母親用心教小孩，那父親帶孩子呢？

有沒有父親帶孩子的？有，在宋代《清明上河圖》中，就有父親帶孩子的描繪，但父親帶著孩子都是出去玩；而同樣在這幅畫裡，母親在哪裡呢？在醫館裡，孩子生病是母親陪著（見第

▼圖30-3 《慈母圖》（清，錢慧安繪）。

▲ 圖30-4 清代國畫大師孫溫繪製《紅樓夢》畫冊。圖中戴帽的年老女性即為賈母。

▲ 圖30-2 《授書圖》（清，任伯年繪）。

二九五頁圖30-5至30-7）。在仇英的《清明上河圖》中也是如此：看熱鬧、玩的時候，都是父親帶著；當孩子累了，或是要寫作業時，就丟給母親（見第二九六頁圖30-8、30-9）。

總之，從以上的故事與這些圖中，我們可以看出，在古代，無論是良好品格的養成，還是讀書學習之道的提升，都可看見母親在孩子背後的含辛茹苦、無微不至。

古代有一種牌坊，就是專門給含辛茹苦的母親。一提到牌坊，我們總以為是「貞節牌坊」，實際上並非如此。到了清代，牌坊已不局限於表彰那些為丈夫殉情、守節的烈女、貞婦，更看重的是對後嗣的撫養，尤其是「教子成立」的女子。這類牌坊是褒揚對教育子女特別成功的母親。如余家節孝坊（按：位於湖南省澧縣），就是一位單身母親獨自撫養兒子，兒子後來中科舉、當官，為了報答母親的恩德，請道光皇帝允許修建，而統治階級也為表彰這種形象的母親，同意他的申請。此外，還有濟寧市慈孝兼完坊，該牌坊修建於乾隆年間，是為了表彰孫氏而建，孫氏也是歷盡艱難，獨自將孩子養大，她認真培育孩子，使兒子通過科舉而仕。另外還有修建於乾隆年間的山東成武縣劉氏牌坊，也與母親含辛茹苦、教子有方有關。

▲ 圖30-6　帶孩子圍觀的父親。

▲ 圖30-5　父親遇到老朋友，把孩子晾在一旁。

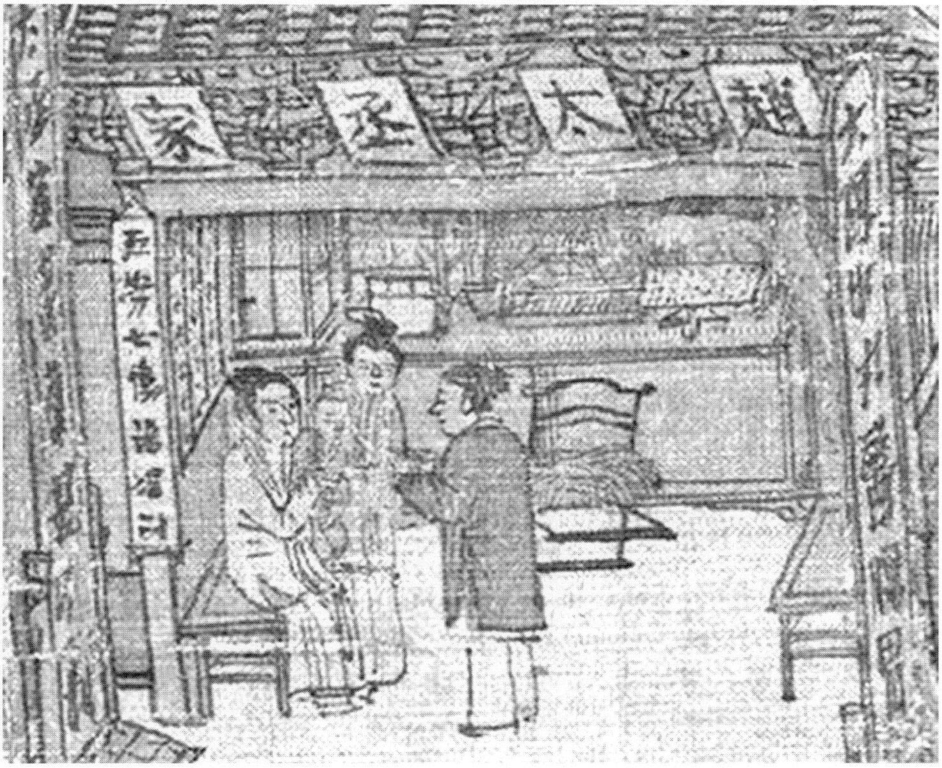

▲ 圖30-7　醫館裡，陪孩子看病的母親。

▲ 圖30-8　仇英《清明上河圖》中，帶小孩讀書的母親（圖中左側二人）。

▲ 圖30-9　仇英《清明上河圖》中，帶孩子玩的父親們。

31

幫小孩看相，預示他與眾不同

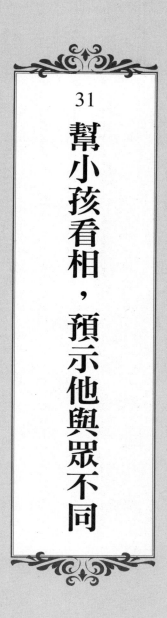

中國古代有不少聰明的小孩。例如《世說新語》中記載，孔融十歲時，跟隨父親到洛陽去拜訪李膺。當時李膺名氣很大，想進他的家門，要不是因才智出眾、有名望，就必須是他的親戚。小孔融到他家門前，對看門的官吏說：「我是李膺的親戚。」左右通報了以後，李膺接見他，問：「您和我有什麼親戚關係？」孔融回答說：「從前我的祖先孔子，曾經拜您的祖先老子為師，所以我和您是世交。」傳說孔子當年曾向老子問禮，老子即李耳，既然孔子與李耳「有師資之尊」，所以，孔融對李膺說孔、李兩家實乃「世為通好」。李膺和他的賓客聽完，都對孔融的話感到驚奇。這時候太中大夫陳韙剛來，別人把孔融說的話告訴他，陳韙說：「小時了了，大未必佳。」小的時候很聰明，長大後未必很有才華。孔融回應：「想君小時，必當了了。」我猜你小時候一定很聰明，你不是說小時候聰明，長大後未必好嗎？言外之意，如果按照你說的邏輯，你現在確實不怎麼樣。陳韙聽了之後萬分尷尬。小孔融因為他的機智而得到眾人讚賞，眾人覺得他長大也一定很了不起。

中國古代歷史的書寫，在人物傳記有一個顯著的特徵，就是為了凸顯某個人物的與眾不同，往往會記載其小時候的聰明事件作為例證。此外還有兩種方式，一是透過這個人小時候看面相的經歷，一是追溯他小時候玩什麼遊戲。

將來有多大成就，小時候面相就看出來

在歷史書籍中，有不少例子是透過幫小孩子看面相，預示他與眾不同。

漢武帝時期的衛青，小時候父親叫他牧羊，父親前妻生的兒子們也都把他當作奴僕對待，不

把他看作兄弟。某次，有個犯人見到衛青，看了他的面相說：「貴人也，官至封侯。」（你是個貴人，將來能當大官，可封侯！）衛青笑了笑說：「我母親是侍女，我是被人奴役的人所生的孩子，能不挨他人打罵就心滿意足了，怎能想到封侯的事呢！」沒想到，果然被那個犯人說中，衛青後來官至大司馬大將軍，封長平侯（《史記．衛將軍驃騎列傳》）。

秦末漢初的英布，小時候，有位客人看了他的面相，說「當刑而王」，在受刑之後稱王。英布到了壯年，因犯法被判處黥刑，於是人們都叫他黥布，黥布笑道：「曾經有人幫我看面相，說我當在受刑之後稱王，現在我大概要稱王了吧？」聽到他這麼說的人，都以為他在說大話，因而嘲笑他。然而，不久之後，黥布就靠著赫赫戰功，先被項羽封為九江王，後又被劉邦封為淮南王（《漢書．韓彭英盧吳傳》）。

南北朝時期的暴顯，小時候有個和尚指著他說，這個孩子長得真好，長大後必為良將，貴極人臣。說完，人就不見了。暴顯長大後，果然成了北齊著名的將領（《北史．列傳第四十一》）。

南北朝時期的柳元景，小時候生活很貧苦，有天碰到一個老頭自稱善於看面相，他對柳元景說：「君方大富貴，位至三公。」柳元景認為他在開玩笑，說：「我現在連飯都吃不飽，哪還敢奢望什麼富貴？」老頭說：「等你以後當大官之後，就會想起我今日所說的話。」後來，柳元景果然位列三公，他再去尋找當年那個老頭，卻早已不知所終（《南史．列傳第二十八》）。

南北朝時期的章昭達，小時候遇到一個算命的先生，他看了一眼說：「你長得很好，但需要經歷一次小的摧殘，才能富貴。」後來，章昭達某次酒駕，因醉墮馬，鬢角處受了輕傷。章昭達很高興，去找算命先生，先生看了之後說：「還不夠。」接著，侯景叛亂，章昭達率領招募的鄉民援救臺城，被亂箭射中，瞎了一隻眼。算命先生見了他，說：「您的容貌現在好了，不久就會富貴。」侯景之亂被平定後，章昭達果然被封為將帥，且榮耀待遇超過同輩（《南史‧列傳第五十六》）。

南北朝時期的張欣泰，小時候有人幫他看相說：「你能官至三公，但只能活到三十歲。」後來，某次屋瓦掉下來，他的額角受傷，他又跑去問看相的人，那人說：「沒有三公之相了，但年壽可以增加，還可以做到一方長官。」果如其言，張欣泰死時四十二歲（《南齊書‧列傳第三十二》）。

唐朝的張仲方，小時候長得很好看，「少朗秀」，父親的好友高郢見而奇之，說：「這小子非比尋常，將來肯定能成為國家棟梁，我要是能獲得高位，必要先提拔他。」後來，高郢做了御史大夫，首先就提拔張仲方做御史（《舊唐書‧列傳第四十九》）。

《宋史》記載柴禹錫小時候，有賓客見到他說：「你資質不凡，如果學習經術，必能達到將相之位。」柴禹錫從此留心治學，後來果如客人所言。由此看來，小時候看相，相的是資質，但後天的運氣和努力也十分重要。

元朝的張留孫，小時候到龍虎山為道士，有個道人看他的面相，說：「神仙宰相也。」後來，他經歷元成宗、武宗、仁宗、英宗四朝，備受寵遇，歷次加封為特進、上卿、玄教大宗師、開府儀同三司等（《元史‧列傳第八十九》）。

以上所說都是人臣小時候的故事。至於帝王，不僅是小時候，出生時就非同尋常。例如魏文帝曹丕出生時，《三國志》說：「有雲氣青色，而圜如車蓋當其上，終日，望氣者以為至貴之證，非人臣之氣。」傳說有青色的雲氣，在屋頂上盤旋凝結，註定他要當皇帝；宋太祖趙匡胤出生時，《宋史》說：「赤光繞室，異香經宿不散。」傳說有赤紅的光出現，並且伴有奇異的香氣，整天都沒散去。

看相，在古代是非常普遍的職業，所以很多古人小時候都被看過相。《北史》中記載：念賢

▲圖31-1　《清明上河圖》中，宋朝的看相算卦（北宋，張擇端繪）。

▲圖31-2　《清明上河圖》中，明朝的看相算卦（明，仇英繪）。

小時候在學校讀書，有個善於看相的人路過學校，同學們都爭著去，只有念賢不去。人們問他為什麼不想了解一下自己的未來，他笑著對諸生說：「男兒死生富貴，皆在天也，何遽相乎！」男兒志在四方，死生有命，富貴在天，為什麼要相信面相？這個故事表現出念賢小時候就與別人不一樣，以此作為他長大後有所成就的例證。

這則故事中，還透露一個消息，就是當看相的先生來了，同學們都爭著去看面相，說明在古代小孩子看面相確實很流行，而等到他長大有所成就，別人為他寫傳記時，會詢問、打聽相關的事情，於是就被記錄下來。**透過小時候看相，及帝王出生時的神異，來烘托某個人物的與眾不同，當作一種預兆來解釋他們後來的成就，這是古代史書常見的書寫方式。**

▲ 圖31-3　《姑蘇繁華圖》中，清朝的看相算卦（清，徐揚繪）。

玩什麼遊戲，也跟將來成就有關

史官還有一種類似的表現方式，就是追溯某人小時候貪玩什麼，並將其與相關功業聯繫起來。例如：

周人始祖后稷，「其遊戲，好種樹麻、菽，麻、菽美」，小時候喜歡玩的遊戲是種植麻、菽等，長大後就成了帝堯的農師（《史記．周本紀》）。

春秋時期的孔子，「為兒嬉戲，常陳俎豆，設禮容」，小時候喜歡玩的遊戲是陳列俎豆和各種禮器，演練禮儀動作，長大後因禮樂而終成了聖人（《史記．孔子世家》）。

三國時期的賈逵，「自為兒童，戲弄常設部伍」，小時候喜歡玩的遊戲是假裝帶兵打仗；長大後，他歷仕曹操、曹丕、曹叡三世，成為曹魏政權中具有政治、軍事才幹的人物（《三國志》）。

十六國時期的呂光，「年十歲，與諸童兒遊戲邑裡，為戰陣之法」，小時候喜歡玩的遊戲是排兵布陣；長大後，先因軍功而被升為鷹揚將軍，後來又建立自己的王國——涼國。（《晉書．呂光載記》）。

南北朝時期的阮孝緒，「幼至孝，性沉靜，雖與童兒遊戲，恆以穿池築山為樂」，小時候喜歡玩的遊戲，是穿水池、築山峰這種山水之樂，長大後成為當時著名的居士（《梁書．列傳第四十五》）。

北周隋初的宇文忻，「為兒童時，與群輩遊戲，輒為部伍，進止行列，無不用命，有識者見而異之」，小時候喜歡玩的遊戲，是指揮小夥伴組成軍隊；長大後，果然成為名震一方的將軍

▲圖31-4 《孔子聖蹟圖》第五張圖為兒戲圖（明，仇英繪）。此圖描繪孔子6歲時「陳俎豆，設禮容」的場景。

（《隋書．宇文忻傳》）。

隋朝的薛世雄，「兒童時，與群輩遊戲，輒畫地為城郭，令諸兒為攻守之勢，有不從令者，世雄輒撻之，諸兒畏憚，莫不齊整」，小時候喜歡玩的遊戲，是在地上畫一座城池，指揮大家攻打和防守；長大後，他跟著周武帝平定齊國，立下戰功，被封為都督。到了隋文帝時期，他又多次建立戰功，官至儀同三司、右親衛軍騎將（《隋書．列傳第三十》）。

五代時期的錢鏐，「鏐幼時與群兒戲木下，鏐坐大石指麾群兒為隊伍，號令頗有法，群兒皆憚之」，喜歡玩指揮隊伍的遊戲。長大後，他建立吳越國。他在位期間，保境安民，使江南經濟繁榮，文士薈萃，人才濟濟。後來宋朝統一後，編《百家姓》，錢姓在趙之後，能排第二，相傳也與他的功績有關。

無論古今，玩遊戲永遠是孩子的天性。

▲圖31-5　《清明上河圖》中，小孩玩遊戲的畫面（明，仇英繪）。

在不同的遊戲形式中，孩子的能力也會得到不同鍛鍊，例如孔子小時候玩「陳俎豆，設禮容」的遊戲，鍛鍊他了解規則的能力；呂光這些人玩扮演將軍、排兵布陣的遊戲，對他們的人生產生重要影響。**史官在表現某人主要功績時，追溯他小時候玩的遊戲，其中蘊含的思想就是：一個人小時候玩什麼，構成了其後他生命的底色。**

第四部

歷史碰上鄉野奇談，故事流傳後世

32
宋朝文人們的複雜關係

宋仁宗時期可謂群星璀璨，出現一大批知名人物，例如歐陽修、范仲淹、晏殊等人。當然，除了盛年時期及主要功績在仁宗時期之外，也有些人則是晚年趕上這個時期，例如寇準；有些則是青年或少年趕上仁宗時期，例如王安石、蘇軾等。

而宋朝這些大人物，他們之間往往有千絲萬縷的關係。透過梳理這些人物關係，能讓大家了解他們生活的這個時代。此外，你會發現，他們之間複雜的關係，從仁宗朝一直延續到南宋，這就為我們了解兩宋人物又提供了時間座標。

宋仁宗時期，這些名人都互有關係

宋仁宗（西元一〇一〇—一〇六三年，年號慶曆）是宋朝第四位皇帝，他的妻子是曹皇后，曹皇后祖父是北宋開國大將曹彬。曹皇后的弟弟就是「八仙」中的曹國舅。宋仁宗的女兒魯國公主六十七歲時，發生靖康之變，這之後她在南宋又活了二十多年，是最長壽的公主。魯國公主的兒媳與陸游的母親是親姐妹。魯國公主的丈夫是錢景臻，他是錢惟演（西元九七七—一〇三四年）的孫子，而錢惟演是吳越國王的兒子，《百家姓》中排第二的是錢姓，跟他們家有關係。丁謂（西元九六六—一〇三七年，曾擔任宰相）的女兒是錢惟演的兒媳婦。錢惟演的妹妹嫁給皇后劉娥的哥哥劉美，王蒙是劉美兒子的岳父，王蒙犯法，寇準法辦他，他們就聯手設計摘掉寇準的宰相之位。錢惟演與楊億交好，編訂《西崑酬唱集》，開創西崑體（按：宋初詩歌流派，其特色為多用典故、著重音律、風格豔麗），楊億又是寇準的好朋友。

寇準（西元九六一—一〇二三年），曾兩度入相，他的死對頭是王欽若（西元九六二—一〇二五年，兩度擔任宰相），王欽若主持修《冊府元龜》（按：宋代四部類書〔中國古代百科全書性質書籍的統稱〕之一，成書多達一千卷，是宋代存世最大的著作）。寇準曾提拔丁謂。《宋史》記載，寇準有一次喝粥，不小心粥沾在鬍子上，丁謂想幫他擦，順便拍拍馬屁，但寇準一把就拉開他，說大家都是大臣，別這樣。「溜鬚」被當作諂媚、奉承的用詞，原因就在這裡。丁謂從此恨寇準，後來竟陷害他。寇準被貶走後，王欽若回來，丁謂又設計趕走了王欽若。寇準的女婿是王曙（宰相），他也參與編修《冊府元龜》，王曙是宋仁宗的老師。王曙的兒子王益柔，受到范仲淹的推薦而入館閣。王益柔後來受到了王拱辰的彈劾。

范仲淹（西元九八九—一〇五二年），曾主持慶曆新政。范仲淹與滕子京是好友，與宋祁

▲圖32-1　宋仁宗像（清人繪）。

▲圖32-2　寇準像，南薰殿藏。

也是好友，他被貶謫時，宋祁寫了一篇文章說他是西漢的賈誼，可見兩人的友情之深。然而，宋祁的哥哥宋庠（原名宋郊，三元及第）卻不喜歡范仲淹。范仲淹有個學生叫孫復，孫復的學生之中，有位大才子叫石介，石介與歐陽修、尹洙是好友，他在慶曆三年（西元一〇四三年）寫了一首〈慶曆聖德頌〉，讚頌晏殊、范仲淹、富弼、歐陽修等人。這首詩當時流傳甚廣，被一個遠在他鄉的六歲孩子讀到，詩中這些人印在他的腦海中。十四年後，他被自己仰慕的偶像歐陽修賞識，這個人就是蘇軾。

王拱辰（西元一〇一二—一〇八五年）主要生活在宋仁宗時期。滕子京被指責濫用公款（事實上是誣陷），王拱辰彈劾他。滕子京到巴陵重修岳陽樓，該年范仲淹因此寫了〈岳陽樓記〉。蘇舜欽濫用公款（實際上只是賣了一點公家的廢紙），王拱辰也彈劾他。蘇舜欽就回老家蘇州修了個亭子，寫了〈滄浪亭記〉。

王拱辰和歐陽修是連襟，都是薛奎的女婿。歐陽修娶的是四小姐，王拱辰娶的是三小姐。三小姐去世後，王拱辰又娶了五小姐。他們兩個也都是晏殊的學生，但他跟歐陽修不和，他得意時，歐陽修被貶到滁州，寫〈醉翁亭記〉；他不得意時，和范仲淹、王安石也都不和，一貶再貶。王拱辰死後，蘇轍等人為他寫墓誌銘。多年以後，他孫女生一個大詞人，就是李清照。李清照的父親李格非，娶王拱辰的孫女，後來又續娶王珪（西元一〇一九—一〇八五年，為北宋名相）的大女兒，而王珪四子的女兒，後來嫁給了秦檜。李格非的老師是蘇軾，王珪曾想藉「烏臺詩案」整死蘇軾。

蘇軾曾得到歐陽修（西元一〇〇七—一〇七二年）的賞識與提攜，他的孫女後來嫁給蘇軾的二兒子。少年王安石在歐陽修家見過蘇洵，兩人都看不上對方。後來，**蘇軾與王安石也長期不和**。

但蘇軾發生烏臺詩案時，王安石曾上書為他求情；王安石死後的悼詞，也是蘇軾撰寫。

「開封有個包青天」，其實跟歐陽修有關

歐陽修提攜過包拯（西元九九九—一〇六二年）當開封府尹，這之後才是「包龍圖打坐在開封府」（按：為京劇《鍘美案》片段。《鍘美案》故事敘述窮苦書生陳世美為求功名日夜苦讀，妻子秦香蓮一間扛起家計，但陳世美高中狀元後，卻隱瞞自己已婚的事實，答應娶皇帝女兒。秦香蓮後來到包拯處告狀，最終處斬陳世美）。包拯在開封府工作只有一年，這一年也沒有大案件，後世的故事基本都是傳說杜撰。包拯反對慶曆新政中的按察制度（按：類似監察制度），這與他在民間傳說中，專門糾察各地不法官員的形象大相逕庭。

▲圖32-3　范仲淹像，南薰殿藏。

▲圖32-4　包拯像，南薰殿藏。

包拯與韓琦、文彥博（西元一〇〇六－一〇九七年，曾任宰相）等年紀相當。包拯也得過王拱辰的提拔。他的小女兒嫁給文彥博兒子，因此包拯和文彥博是親家，蔡襄的孫女是文彥博的外孫女。蔡襄與歐陽修是好朋友，他是書法名家，與蘇軾、黃庭堅、米芾並稱「蘇、黃、米、蔡」，蔡襄的堂弟叫蔡京。文彥博歷仕仁、英、神、哲四朝，活了九十多歲，出將入相五十年，反對王安石變法，司馬光、邵雍、程頤、程顥等都是他的好友。程頤、程顥是寫〈愛蓮說〉的周敦頤的學生。王安石曾經拜訪周敦頤，周敦頤看不上他，兩個人結下梁子。文彥博退居洛陽後，和富弼、司馬光、王拱辰等十三個老人，效仿白居易九老會的舊事，經常開退休老人會，當時人們都很仰慕，稱之為洛陽耆老會。

富弼（西元一〇〇四－一〇八三年，北宋名相）也反對王安石變法，前面提過的王拱辰也彈劾過他。晏殊（西元九九一－一〇五五年）是晏幾道的父親，富弼的岳父。富弼的女婿是宋朝最後一位三元及第的狀元馮京，富弼兩次將自己的女兒嫁給他。馮京反對王安石變法，與司馬光是好朋友。富弼也曾與范仲淹等共同推行慶曆新政。

韓琦（西元一〇〇八－一〇七五年，曾任宰相）也與范仲淹推行慶曆新政。歐陽修曾向韓琦舉薦過王安石。歐陽修、尹洙與范仲淹都是好友，尹洙與宋庠、宋祁、鄭戩是同年。

尹洙賞識狄青（按：北宋名將，民間傳說他為武曲星下凡，與文曲星包拯共同輔佐宋仁宗），把他推薦給范仲淹，狄青從此平步青雲。尹洙是韓琦的嫡系，狄青與韓琦同歲，兩個人不和。但歐陽修不喜歡狄青，曾寫一篇〈論狄青〉。

范仲淹慶曆新政時，王安石剛中進士，在南方當芝麻小官。范仲淹與鄭戩是連襟，都是李昌言的女婿。而就是鄭戩，檢舉范仲淹的好朋友滕子京濫用公款。晏殊是范仲淹的大恩人，但他對范仲淹的新政不感興趣。

范仲淹新政核心人物王益柔是杜衍（晏殊之後為宰相）的女婿，蘇舜欽也是杜衍的女婿。王益柔是王曙的兒子，王曙是寇準的女婿，寇準曾得罪過少年晏殊，寇準做宰相的時候，晏殊還是個孩子。

王安石變法，連他的親家都反對他

王安石（西元一〇二一－一〇八六年），范仲淹慶曆新政二十六年後，換王安石變法。范仲淹變法，大量德才兼備的人才支持他，例如歐陽修、韓琦、富弼、蔡襄等人；但王安石變法，缺少道德較高的人支持，大多數有名望的人都變成保守派，反對

▲圖32-5　宋代《八相圖》中的韓琦。

▲圖32-6　狄青像，南薰殿藏。

變法，像是韓琦、富弼、歐陽修、司馬光等。

王安石大女兒嫁給吳充的兒子吳安特，親家吳充也反對王安石變法。王安石小女兒嫁給蔡汴，蔡汴是蔡京的弟弟，蔡京是支持變法的投機者。王安石的弟子陸佃，做過參知政事，他是陸游的祖父。王安石的戰友曾布，是曾鞏的弟弟，在王安石失敗後就反王安石。程顥早期是王安石變法的支持者，後來反對。

蘇軾（西元一〇三七—一一〇一年）討厭程頤，說程頤是腐儒叔孫通，在司馬光的葬禮上，兩人徹底決裂。蘇軾和父親蘇洵，再加蘇轍，並稱「三蘇」。蘇軾並沒有一個妹妹叫蘇小妹，這個傳說最早出自南宋無名氏的〈東坡居士佛印禪師語錄問答〉：「東坡之妹，少游之妻也。」說蘇軾有個妹妹，嫁給秦少游（秦觀）。後來就有不少有關蘇小妹的愛情故事，例如：據說黃庭堅把王安石的兒子王雱介紹給蘇小妹，說王雱絕頂穎慧，讀書一遍就能了然於胸，這時一直坐在旁邊默不作聲的蘇洵，冷冷的說：「這有什麼稀奇，誰的兒子看書要看兩遍？」黃庭堅無話可說。

蘇軾的學生有黃庭堅、秦觀、晁補之、張耒，據說晁補之當過李清照（西元一〇八四—一一五五年）的老師。李清照出生時，距離仁宗朝已經二十多年；她四十四歲時，發生靖康之變。李清照的丈夫是趙明誠，趙明誠的父親是趙挺之（西元一〇四〇—一一〇七年），蘇軾曾罵過趙挺之，而趙挺之是支持王安石的。趙挺之與蘇軾不和，但他的兒子卻偏偏愛上蘇軾後期學生李格非之女李清照。李清照曾寫過一篇〈詞論〉，把北宋十六位詞人都罵一輪，其中有宋祁、宋庠、晏殊、蘇軾、曾鞏、晏幾道、秦觀、黃庭堅、歐陽修、王安石、柳永等人，當然是從詞學的角度，指摘他們的弊端。

▲ 圖32-7　《西園雅集》中蘇軾寫書法（南宋，劉松年繪）。

▲ 圖32-8　《西園雅集》中，蘇軾、黃庭堅、晁補之和張耒看李公麟（北宋著名畫家）畫畫（南宋，劉松年繪）。

從上述列舉可以看出，北宋，尤其是宋仁宗時期的有名學士之間，顯然有我們意想不到的複雜關係。除了聯姻、師生關係之外，宋朝僅有的兩次改革——慶曆新政、王安石變法，也使得眾多文人士大夫之間產生複雜而微妙的關係。

33

北宋滅亡，跟王安石變法有關

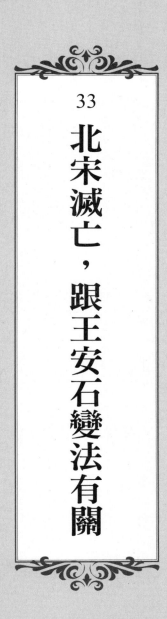

王安石，字介甫，號半山，封舒國公，後改荊國公，諡號「文」，所以又稱「王文公」。他是我們熟悉的大詩人，例如〈元日〉：「爆竹聲中一歲除，春風送暖入屠蘇。千門萬戶曈曈日，總把新桃換舊符。」這首詩幾乎婦孺皆知。

王安石還有一首極為著名的詞作〈桂枝香．金陵懷古〉：

登臨送目，正故國晚秋，天氣初肅。千里澄江似練，翠峰如簇。歸帆去棹殘陽裡，背西風，酒旗斜矗。彩舟雲淡，星河鷺起，畫圖難足。

念往昔，繁華競逐，嘆門外樓頭，悲恨相續。千古憑高對此，謾嗟榮辱。六朝舊事隨流水，但寒煙衰草凝綠。至今商女，時時猶唱，後庭遺曲。

王安石不只是文學家，他還是著名的政治家，他為了改變北宋百年積弱局面，而推行變法。王安石變法在歷史課本上，被當作正面史績來宣揚，然而在古代，這場變法充滿爭議，更多的是負面評價，甚至曾有人指出，王安石變法導致北宋的滅亡。

變法讓國家富有，但人民越來越窮

王安石變法推行的政策確實有不妥的地方，例如青苗法，本意是為了在荒年時，以較低的利息給老百姓貸款、貸糧，防止老百姓借高利貸。過去王安石在地方推行時，很有成效。但當他將其作為一項國家政策推廣時，就出現麻煩，一些官員將這項推廣當作自己的政績指標，即使不需要借貸的人，他們也強制要求，甚至一些富人也必須借，這樣就可以上報朝廷說今年青苗法普及率百分之百。

▲圖33-1　王安石像（清人繪）。

此外，還將中產之家與貧苦者綁在一起，如果借貸的貧苦者不能還貸，將由中產擔保人負責還款，結果很多地方因自然災害（熙寧七年大旱），農民還不起貸款逃跑，而中產家大跑不了，造成他們大量破產。《宋史・司馬光傳》記載：「今出錢貸民而斂其息，富者不願取，使者以多散為功，一切抑配。恐其道負，必令貧富相保，貧者無可償，則散而之四方，富者不能去，必責使代償數家之負。春算秋計，輾轉日滋，貧者既盡，富者亦貧。」青苗法演變到後來，利率幾乎跟高利貸差不多。

很多政策沒有像王安石想的那樣「去重斂、寬農民」，不僅沒有減輕民眾的負擔，反而更加重。青苗法還有一個問題，就是農民借的是種子，但還款時要用貨幣。古代實物貨幣很有限，國家變得有錢，但老百姓就沒錢了。

此外，還有市易法、均輸法，國家用行政權力強制進行收購、運銷，也損害一些生產者的利益。還有募役法，官府雇人承擔勞役，不願服差役的人，只要交納一定數量的錢就行。富人有能力付錢，勞役重擔就一直落在貧苦大眾身上，不得休息。

王安石變法的初心，是「民不加賦而國用饒」，目標是國富。然而，目標是實現了，前提的「民不加賦」卻沒能保障，富人、平民都被

▲圖33-2　流民圖（明，周臣繪）。

搜刮，所以這次變法，導致老百姓與富人都不滿意。此外，官員們把本該全部交給國家的錢中飽私囊，藉新法貪汙，更是大失民心，民眾與統治階級的矛盾日益激化。人民越來越貧困，流民（按：中國歷史上稱呼四處遷徙的無業遊民，一般都是生活無以為繼的農民）在大宋版圖上擴散，一直持續到十幾年後的宋徽宗時期。流民越來越多，宋江、方臘等都是在這種情形下發展壯大，政府為了對付他們，消耗不少國力。

王安石為了新法順利推行，在用人上過於激進，也有失誤。凡是贊成變法的就用，不贊成的就貶謫，導致很多小人打著變法的幌子，其實只是想謀求榮華富貴，德行都不怎麼樣，這些人就為北宋滅亡埋下禍端，蔡京就是其中之一。宋徽宗所用小人，幾乎都是當年靠著新法投機取巧上位，也就是說，**王安石變法時期提拔的「人才」，最後都成為北宋的掘墓人**。

司馬光、蘇軾與王安石和而不同，演變成新舊黨爭

王安石的變法，還有一個副作用就是引起黨爭，使朝廷力量在內訌中消耗。雖然司馬光、蘇軾等人對王安石變法有異議，但他們是君子之爭。

司馬光，我們都熟悉他的故事，他小時候砸破水缸救朋友，這個故事在宋代的時候就廣為傳頌。不過實際上，最早的版本是司馬光擊「甕」。缸是寬口，容易爬出來，而甕是內卷口，肚大口小（有人認為北宋還沒有大缸，但事實也許不見得如此，現在出土的文物中，已有南宋時期的大缸）。長大後的司馬光一直做到宰相，他是反對變法的領袖，在王安石推行變法時，他反對，反對

無效就離開，去洛陽編寫《資治通鑑》。後來權力更迭，宋神宗死後，即位的宋哲宗年幼，由高太后臨朝執政，高太后一向反對新政，一朝天子一朝臣，他就回來主持，廢除新法。

王安石跟司馬光主要是治國理念上的爭端，王安石要開源，司馬光主張節流，但他們的目標一致，都是為了讓國家有錢。雖然司馬光一直反對新法，後來還親手中斷王安石的新法，但他對王安石個人的評價很高，王安石去世後，他也沒有落井下石，反而建議朝廷追贈王安石為太傅，謚號為「文」。

至於**蘇軾，他並不反對新法，他反對的是操之過急**，所以在王安石掌權時他不得志，而當新法被全部廢除時，他也反對，認為新法中有可取之處，結果還是不得志，一貶再貶。王安石去世後，蘇軾也沒有落井下石，其〈王安石贈太傅〉中寫道：「將有非常之大事，必生希世之異人，使其名高一時，學貫千載。智足以達其道，辯足以行其言。瑰瑋之文，足以藻飾萬物；卓絕之行，足以風動四方。用能於期歲之間，靡然變天下之俗。」評價極高。在蘇軾看來，王安石不是一般人，簡直是生得其所，是專門為某件大事而出現在人間。

他們是君子之爭，和而不同，與小人佞臣之間的低劣爭鬥絕對不一樣。

元祐元年（西元一〇八六年），王安石、司馬光相繼去世。這之後，新法是什麼已經不重要，治國理念之爭演變為私利與權力的鬥爭。人們分成兩派，一派是靠著支持變法上臺，被稱為新黨，即元豐黨人（元豐年間，新法推行）；一派是打著恢復祖宗之制旗號，為舊黨，即元祐黨人（元祐更始，新法被廢除）。統治者領導層有變動，一下支持新黨，一下支持舊黨，從此黨爭日烈，統治階級內部的矛盾也被激化。

▲ 圖33-4　《司馬光歸隱圖》（明人繪）。

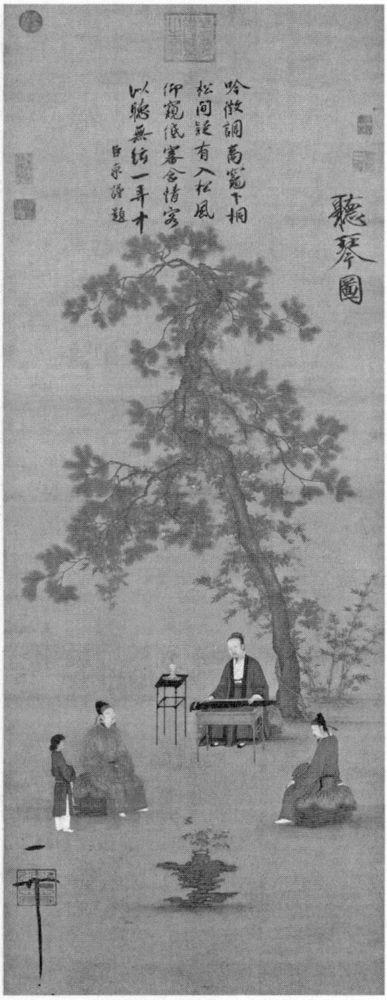

▲ 圖33-3　《聽琴圖》（北宋，宋徽宗繪）。圖中央為宋徽宗。左邊為王黼，右邊為蔡京，兩人皆被列為宋徽宗寵信六奸臣「六賊」之一。

變法滋生貪汙腐敗，小人得勢，國力內耗，政治內鬥，這些都間接導致國家的滅亡。一一二七年，靖康之變，建國一百六十七年的宋帝國瞬間倒塌。封建王朝一般都能持續兩、三百年，北宋才維持一百多年，或許真的與此次變法埋下的隱患有關。

王安石變法差評很多，直到梁啟超才平反

早期這場變法不叫王安石變法，而叫熙寧變法。熙寧是宋神宗的年號，變法自熙寧二年（西元一〇六九年）開始，到元豐八年（西元一〇八五年）宋神宗去世結束，所以也稱作熙豐變法（二十六年前的「慶曆新政」也是用年號，而不叫范仲淹變法）。後來變法失敗，幾十年後，北宋滅亡，進入南宋，人們總得找個理由探究滅亡的原因，士大夫們不好直接說皇室腐敗，得找

▲ 圖33-5　《清明上河圖》中，一車舊黨的書準備載去燒毀。

個代罪羔羊，於是怪罪到王安石身上，所以稱其為王安石變法，帶有貶斥王安石的意味，認為是他讓大宋失去半壁江山。

宋朝文人羅大經的《鶴林玉露》評價王安石變法，說國家由統一而分裂，是王安石的罪責，而國家分裂不能再統一，是秦檜的罪責，把王安石與秦檜並列在一起：「國家一統之業，其合而遂裂者，王安石之罪也，其裂而不復合者，秦檜之罪也。」大儒朱熹批判王安石各項政策「聚斂害民」；明朝商輅《續通鑑綱目》裡說靖康之變的禍亂始於宋神宗、王安石，他們的罪責不比宋徽宗、蔡京少：「汴宋之禍，始於神宗、安石，終於徽宗、蔡京。君子原情定罪，不當置神宗、安石於徽宗、蔡京之下。」明末清初王夫之《宋論》也說王安石是小人。

除了明代王安石的老鄉陸九淵（陸王心學中的「陸」）曾為王安石說幾句公道話之外，在古代，對於王安石變法的評價，基本上都是否定的。直到清朝末年康梁變法時，梁啟超發現王安石追求富國強兵的理想，與自己契合，而且這位名相的變法，也依靠一位年輕的皇帝，同時也有個反對派的老太后。梁啟超頗為感慨，於是在一九〇八年，寫下為王安石翻案的著作《王荊公》。

梁啟超指出，歷史是誹謗王安石的那些人所寫，因此有些指責並不可信，很多變法政策並不如反對者所說，老百姓沒得到一點好處，例如青苗法，老百姓得到了實惠。朱熹提社倉法，利息是十取二，夏天發冬天收，也跟這個差不多，他自己推行這套制度時，就後悔當初批評王安石的青苗法。梁啟超評價說，青苗法類似於今日之銀行，當時各行各業都深受資金短缺的困擾，呈現衰敗景象，王安石能夠洞察其中原因，創造這個辦法來救治，沒有超過一般人的見識和膽略能做到嗎？中國人之中，知道金融機構是國民經濟命脈的，從古至今只有王安石一個人。梁啟超逐一為王安石各項政策平反，並將其與近代各種制度相比較，例如認為免役法「與今世各文明國收所得稅之法正同」、保甲法「與今世所謂員警者正相類」等，大讚王安石的開創性與眼光超前。[26]

錢穆《中國近三百年學術史》說：「至晚清而主變法者，爭言荊公政術。」**經過梁啟超宣導，王安石變法的正面形象得以宣揚，肯定的評價逐漸成為主流。**

26 梁啟超，《飲冰室全集》第七冊：《王荊公》，中華書局，一九八九年版。

34

岳飛明明是人，怎麼變成廟裡的神？

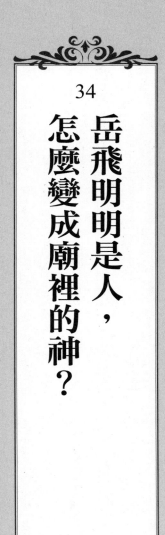

神話傳說的文學表達形式，中西方有很大的不同。西方有一套完整的神話體系，但實際表現到作品中，又是神人同形同性，神也有人的特徵；而中國由於史學發展成熟，表面上現實主義比較發達，但實際表現到文學作品中，又透露著浪漫主義色彩，例如《金瓶梅》裡的因果報應、《三國演義》裡諸葛亮智而近妖、《水滸傳》裡公孫勝騰雲駕霧、《紅樓夢》裡神瑛絳珠之盟，而像是《西遊記》、《封神榜》、《濟公傳》等更不必說，到了現代，文學作品也喜歡加入神話色彩。

古典小說《說岳全傳》中，同樣充滿浪漫傳奇色彩。岳飛去世時三十九歲，在他被害不久，民間就開始演唱他的故事，至元、明兩代，岳飛精忠報國的事蹟更是廣為傳布，如元雜劇中有《地藏王征東窗事記》，明代傳奇小說有《精忠記》、《大宋中興通俗演義》、《岳武穆王精忠傳》、《岳武穆盡忠報國傳》等，至清初則出現了集大成的《說岳全傳》。

岳飛是大鵬鳥轉世，秦檜是被他啄死的蛟龍精

岳飛是真實存在的歷史人物，但在各種與他相關的故事中，人們常常將歷史與神話結合。例如《說岳全傳》講岳飛抗金的故事，第一、二回交代岳飛的身世，就被附會神話傳說，說他是金翅大鵬轉世：西方大雷音寺我佛如來正在講經說法，說得天花亂墜之際，星官女土蝠在蓮臺下，一時忍不住放了個臭屁。我佛慈悲，毫不在意。然而，此舉卻惹惱佛頂上的一位護法——大鵬金翅明王，他眼射金光，看到女土蝠竟如此沒節操，一嘴啄死她。女土蝠一點靈光射出雷音寺，往東土認母投胎，後來嫁秦檜為妻，殘害忠良，以報前世之仇。佛爺掐指一算說，原來有這麼一段因果，便

把大鵬鳥找來：既然入佛門，為何破殺戒？現在把你發配到凡間，償還冤債，直待功德圓滿才可回來。就這樣，金翅大鵬也奔東土投胎。

下界已經到了大宋徽宗時期，據說宋徽宗是長眉大仙轉世，酷好神仙，自稱道君皇帝。此時天下太平，馬放南山，刀槍入庫，五穀豐登，百姓安居樂業。中國是一個農耕文明，收成好壞完全靠天，也就是天意，所以天地人要時常聯絡，而人與天的聯絡主要靠天子。誰知道這一年，宋徽宗

▲ 圖34-1　岳飛像，清宮內務府藏。

在元旦祭天時，把表章上「玉皇大帝」的「玉」那一點，點到「大」字上。玉帝坐在靈霄寶殿上，下面站著四大天師、文武聖眾、一班仙官、仙吏等。收到徽宗「王皇犬帝」時，所有人都驚呆了，玉帝勃然大怒：「王皇可恕，犬帝難饒！」於是就派赤鬚龍下界，降生在北方女真國黃龍府內，也就是後來侵犯中原、攪亂宋室江山的四太子金兀朮。我佛如來早就算到有此一劫，擔心赤鬚龍無人能降伏，這才派大鵬鳥下界，保全宋室江山。

金翅大鵬路過九曲黃河時，發現了妖精——蛟龍「鐵背虯王」。這天，這個妖精聚集一些蝦兵蟹將，在山崖前耍酷。金翅大鵬神眼認出蛟龍精，一嘴就啄蛟龍精的左眼，妖精霎時滿面流血，大叫一聲，滾到黃河裡躲起來，蝦兵蟹將也都趕緊跳入水中。只有一個不識時務的魚精，擋在大鵬面前，結果被大鵬戳死，魚精的魂魄也到東土投胎，這就是萬俟卨，後來致使岳飛遭受冤獄，屈死於風波亭上。

大鵬在岳員外家投胎後，陳摶老祖怕他忘了自己的身分，一路跟著來到下界，賜名岳飛，字鵬舉。小岳飛出生不久，村裡淹大水，就是蛟龍精幹的。他知道大鵬投胎到這個村子裡，帶著蝦兵蟹將來興風作浪，岳飛母親抱著他坐在大水缸裡才逃過一劫。蛟龍精因此犯了天條，玉帝下令處死他。他憤憤不平，也到東土投胎，就是後來的秦檜，連用十二道金牌將岳飛召回，在風波亭上謀害他，以報此仇。

整個《說岳全傳》記述岳飛得周侗教導，文武全才，朝廷開科，校場比武，岳飛槍挑小梁王，權臣張邦昌陷害之，得宗澤相救。金兀朮率兵滅北宋，徽宗、欽宗被俘。趙構建立南宋，岳飛掛帥，先後平楊么等，又在牛頭山打破金兵。秦檜為了感謝金兀朮當年不殺之恩，暗通金兀朮，東窗設計，以「莫須有」罪名在風波亭害死岳飛父子。靈隱寺瘋僧嘲諷秦檜，胡迪因岳飛冤死而罵閻羅，遊地獄奸秦檜受冥罰。最後高宗去世，孝宗繼位，平反冤獄。岳飛之子岳雷、岳霆等三祭岳飛墳，帶兵擊敗金兵，牛皋活捉金兀朮，全書以「笑死牛皋，氣死兀朮」為結。

大鵬鳥在《西遊記》也出現

在該書的最後一節，下界是皇帝的論功行賞，上界是玉帝傳下御旨：道君原來是九華長眉大仙下凡，因他信任奸邪，不敬天地，戲寫表文，這才命令赤鬚龍下凡大鬧一番。牛皋本是趙玄壇的坐騎黑虎，由財神爺趙公明收回去。至於秦檜等奸臣，必然要下地獄。而岳飛是西天的護法，則由太白金星送回西方。

太白金星和岳元帥來到大雷音寺。此時我佛如來正和三千諸佛、五百羅漢、八百金剛、阿難揭諦、比丘僧尼等眾，講說三乘妙典、五蘊楞嚴。正講得天花亂墜，寶雨繽紛，忽然看見太白金星帶著岳飛的魂魄來了，佛說：「善哉，善哉！今試回頭，英雄何在？」岳飛聽完，猛然驚悟，就地一滾，變成一隻大鵬金翅鳥，飛上佛頂。佛即合掌：「一切有為法，如夢幻泡影，如露亦如電，應作如是觀。」

在《西遊記》中，這隻大鵬鳥也曾出現，在獅駝嶺，大鵬、金獅、白象阻饒孫悟空等人，孫悟空也奈何不了金翅大鵬，找如來告狀，如來說：「自那混沌分時，天開於子，地辟於丑，人生於寅，天地再交合，萬物盡皆生。萬物有走獸飛禽，走獸以麒麟為之長，飛禽以鳳凰為之長。那鳳凰又得交合之氣，育生孔雀、大鵬。孔雀出世之時最惡，能吃人，四十五里路把人一口吸之。我在雪山頂上，修成丈六金身，早被他也把我吸下肚去。我欲從他便門而出，恐汙真身，是我剖開他脊背，跨上靈山。欲傷他命，當被諸佛勸解，傷孔雀如傷我母，故此留他在靈山會上，封他做佛母孔雀大明王菩薩。大鵬與他是一母所生，故此有些親處。」

除了說岳飛是金翅大鵬轉世，民間還流傳著其他諸多說法，有的說他是關羽轉世，也有說他是張飛、張巡轉世，這些都是忠義勇武之人，人們將他們並列，顯然是受到儒家

▲ 圖34-2　《西遊記》中的大鵬鳥。

▲ 圖34-3　溫元帥與岳元帥，高淳水陸畫。

思想的影響。另外，道教也將岳飛納入其信仰體系之中，他是道教四大元帥之一，是道教的護法，被稱為「岳元帥」。

岳飛在民間有廣大信眾，所以儒、釋、道爭相將其納入自己的信仰體系。而由於岳飛是抗金的英雄，到了清朝，岳飛信仰的熱度就逐漸降了下來。

35

宋朝就有外送、明朝就有KTV？

現代許多行業，其實在古代就有，比如說常見的旅館。**早在先秦時期，中國就建立了客棧服務體系，這些客棧主要是為了供應「行李之往來」，即各國間來往聘問的使者或商人。**

《左傳》中記載，鄭國的子產帶著禮物去晉國聘問。由於晉國是當時的霸主，晉平公有意怠慢這些小國家，想先讓他們等，晚點再接見；於是，子產就派人把旅館的圍牆拆了。消息傳到晉平公耳中，他派出晉國大夫士文伯來責備子產。子產解釋自己把圍牆拆掉的原因，是怕進獻的財物放在露天太久，會因日晒雨淋而腐爛生蟲，不拆毀圍牆，就沒有地方存放禮品。

子產又說：「我聽說晉文公從前做盟主時，把接待賓客的館舍修得十分高大，旅館像國君的寢宮一樣，倉庫和馬棚也修得很好，司空（按：負責水利、營建的官員）按時整平道路，泥水工匠按時粉刷館舍房間。諸侯的賓客來到，僕人點起庭院中的火把，巡視客舍，有合適的地方存放車馬，還有代勞的人員協助賓客及其隨從。管理車輛的官員替車軸加油，打掃房間、飼養牲口的人員，各自照看自己分內的事。各部門的屬官檢查招待賓客的物品。晉文公從不讓賓客們多等，也沒有被延誤的事，與賓客同憂共樂，出了事馬上巡查，有不懂的地方就指教，有所求就接濟。賓客到來就好像回到家一樣。」「賓至如歸」這個成語就出自這裡。

士文伯回去報告子產說的話，晉國的卿大夫承認自己的過失，並向子產道歉。可見，晉文公時，客棧對旅客的保護措施非常完備，既要裝修好客房，又要修停車場，晚上還要燈火通明，派人巡視，做足保全工作，旅客不用擔心丟失東西，也不用擔心流氓強盜。

入住旅店要看證件，古代就這麼做了

先秦時期，有招待各國官員的客棧，自然也有招待普通人的客棧。這些客棧規模都不大，他們保護旅客的措施，就是將自己納入國家大法的管理之中。《史記》中記載，有人向秦王誣陷商鞅謀反，商鞅逃跑到關下，想住客棧，客棧老闆不知道他就是商鞅，說：「商君有令，住店的人沒有證件，店主要連帶判罪，你沒有證件，我不能讓你住。」商鞅嘆息一聲，只得繼續逃亡。**客棧主人為了保護旅客，不讓沒有證件的人進去**。後世的客棧也多是如此，想進入客棧的人，必須有「路引」、「門券」或「魚符」、「牙牌」等能證明身分的腰牌，這實際上也是客棧在保護客人，避免殺人越貨的逃犯和不法之

▲圖35-1　山店風帘圖（宋人繪）。

徒與客人共處。

針對接待階級不同，而設立不同等級的客棧，相應的保全措施也有差異。例如官員住宿的「傳舍」、「館」，保護措施最高，這種客棧往往屬於國有企業，需要國家投入大量的人力和物力才能維持。普通商人百姓能住的「寓」、「舍」，多是私人開辦，保全措施就差一些。

而隨著經濟發展、商業繁榮，士子進京趕考、遊玩等原因，都造成人口的大量流動，民間客棧市場的需求也越來越大，私人客棧也就更興盛，如《漢書．食貨志》記載：「方技、商販、賈人坐肆、列裡區謁舍。」顏師古注引如淳曰：「謁舍，今之客舍也。」晉人潘岳在〈上客舍議〉說：「公私滿路，近畿輻輳，客舍亦稠。」

開黑店的很多，來往旅人要小心

到了唐、宋，客棧的生意更為火爆，現代「旅館」之稱就出現在唐代。在唐代，文人士子常常結伴出遊，夜晚住在客棧裡，一群人閒來無事，就各自開始講傳奇故事打發時間，這就是很多唐傳奇的來歷。**由於客棧的大量發展，一些私人旅館保全措施不盡如人意，關於「黑店」的傳說也就此流行開來。**

有個關於黑店的故事，記載在《唐傳奇》裡，叫做〈板橋三娘子〉。故事說開旅店的板橋三娘子不知從何處而來，但家裡非常富有，養很多驢。一個名叫季和的書生，夜宿在三娘子的旅店，半夜發現隔壁三娘子臥室窸窣有聲。他從板壁縫中窺見三娘子取出木牛、偶人之類，作法使之在床前耕地、種麥，並在頃刻間收割麥子，磨成粉後做燒餅。後來，他又見眾旅客吃下燒餅後變成驢。季和大驚，於是設下一計。他一個月後再來住店，拿了一個三娘子的魔餅，跟預先做好的蕎麥餅掉包，接著拿魔餅對三娘子說：「嘗一嘗我從外地帶來的這個餅吧！」三娘子不知餅已被調換，欣然接過去，吃了一口，結果自己變成驢。季和收下她的木牛、偶人，自己卻不會法術，不會用，他騎著三娘子變成的驢，四年後遇到一個老人，才把板橋三娘子變回來。

還有一個關於黑店的故事，大家耳熟能詳，就是《水滸傳》裡的孫二娘。「那人夫妻兩個，亦是江湖上好漢有名的，都叫他做菜園子張青，其妻母夜叉孫二娘，甚是好義氣。」孫二娘外號「母夜叉」，是菜園子張青的妻子，兩人在孟州道十字坡開了家黑店，搶旅客的盤纏，甚至還將客人宰了、賣人肉：「大樹十字坡，客人誰敢那裡過？肥的切做饅頭餡，瘦的卻把去填河。」武松路過時，也差點被做成包子。後來，武松假裝喝醉酒捉住孫二娘，張青求饒，武松遂與張青、孫二娘夫婦相識。這家黑店後來劃歸到梁山集團旗下，孫二娘擔任梁山駐西山酒店迎賓使兼消息頭領，迎來送往，打探消息。

古代還有一篇《慢行和尚》的故事，說南方有個和尚走路特別慢，需要人攙扶才能走，而且要喘息好幾口氣才行一步，大家以此為神，上自官府下至百姓，對他都很迷信崇拜，大家都叫他「慢行和尚」。在某年的元宵燈節晚上，官府捉到一個越牆入室強姦婦女的歹徒，摘去面罩發現此人竟然就是「慢行和尚」。於是，官府把這個和尚打了一頓，並要求他還俗。和尚還俗後，不久後就在市井中開客棧，做起生意。奇怪的是，他走路也不慢了。人們問他為什麼，他說：「我哪有什麼本事，只是用些小伎倆讓人們感到驚奇，人們自然會看重我。」

根據記載，古代像孫二娘那樣的盜賊，以及慢行和尚這種歹徒開的店，其實並不在少數。住這樣的旅店，旅客總會缺乏安全感。因此，除非迫不得已，**一般人想得到客棧的保護，都會選擇正規的大客棧住宿**，這也促進古代客棧行業的發展。

宋朝就有外送、飲料店

宋徽宗時期的張擇端，畫了一幅《清明上河圖》，描繪的是北宋汴河兩岸的風光。圖中有一間客棧叫做「久住王員外家」（圖35-2），這是一家正規客棧，有自己的廣告品牌：「我這間客棧非常好，可以久住。」

除了旅館，在張擇端這幅《清明上河圖》中，我們還可以看到很多飯館，有的飯館牆上還有菜單（見左頁圖35-3）；有些飯館還提供外送服務，幾乎和現在的餐飲業差不多（見第三四四

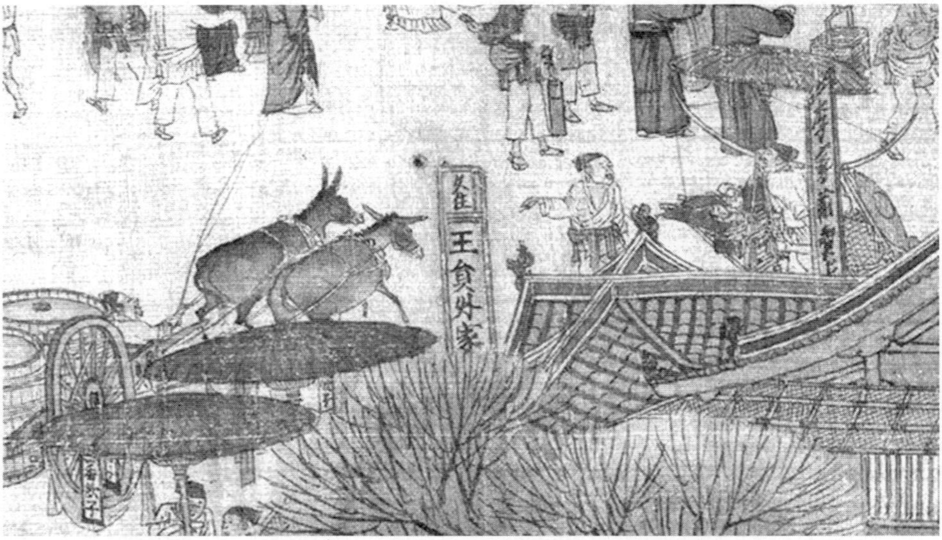

▲ 圖35-2　宋張擇端《清明上河圖》中的客棧「久住王員外家」。

頁圖35-4）。

現代人愛喝奶茶，其實這個行業在古代時就有，《清明上河圖》中出現的「飲子」，就是賣奶茶的攤位（見第三四五頁圖35-5）。

《東京夢華錄．州橋夜市》記載，飲子賣的飲料有「砂糖冰雪冷元子、生淹水木瓜、藥木瓜、砂糖綠豆甘草冰雪涼水」等，也就是說一般都含有砂糖、水果及兩、三味中藥，不僅可口好喝，還有養生功效。

《清明上河圖》中，除了飲子招牌之外，還有「香飲子」（見第三四五頁圖35-6），大概是商家自己的品牌，類似奶茶界的「50嵐」。

此外，《清明上河圖》中，還可以看到美容店（見第三四六頁圖35-7）。

在夜市，我們會看到用氣槍打氣球的小攤位，其實在宋代《清明上河圖》中，也有類似的攤販，只不過不是用槍，而是射箭（見第三四六頁圖35-8）。

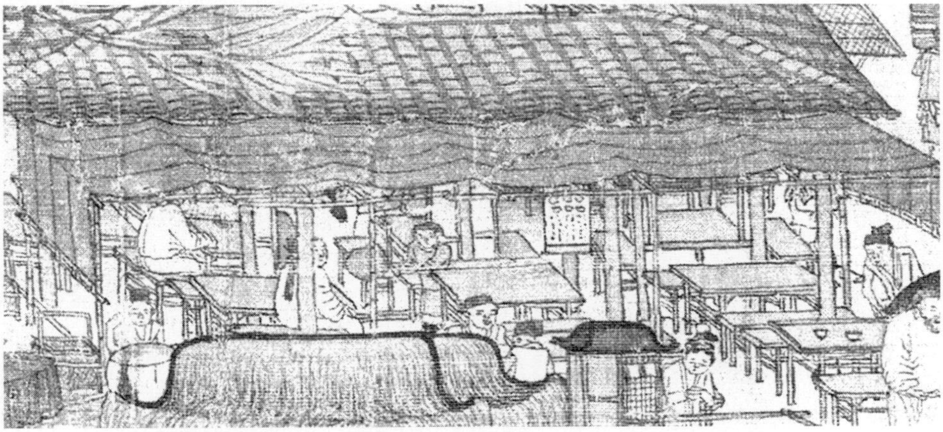

▲ 圖35-3　宋張擇端《清明上河圖》中的飯館。

▲圖35-4　宋張擇端《清明上河圖》中的外送服務。

▲ 圖35-5　宋張擇端《清明上河圖》中的飲料店「飲子」。

▲ 圖35-6　宋張擇端《清明上河圖》中的飲料店「香飲子」。

▲ 圖35-7　宋張擇端《清明上河圖》中的美容店。

▲ 圖35-8　宋張擇端《清明上河圖》中的射箭攤位。

如果你是明朝人，可以租腳踏車、唱KTV

提到《清明上河圖》，大多數人都會想到宋朝張擇端畫的那幅，但其實明朝的仇英也畫了一幅《清明上河圖》。不過，他不是臨摹，而是仿照張擇端的思路，描繪明朝南方某地的繁華場景。許多現代的行業，早就出現在明朝的這幅畫裡。比方說，明朝就有花店（圖35-9），也有租賃腳踏車的服務，書店、兒童醫院也一應俱全（見下頁圖35-10）。

明朝也有「照相館」，不過當時還是用畫的。此外，還有各種娛樂設施，像是套圈圈攤販，甚至也有KTV，還能看舞臺劇（見第三四九頁圖35-11）。

仇英《清明上河圖》中，還出現明代的男子足球；杜堇的《仕女卷．蹴鞠》中，有明代女子足球，《古代仕女行樂圖》中則有清代的女子足球。當時，足球運動大多是一種自娛自樂的活動，不過也不排除有以此為職業的可能（見第三五〇頁圖35-12至35-14）。

▲圖35-9　明仇英《清明上河圖》中的花店。

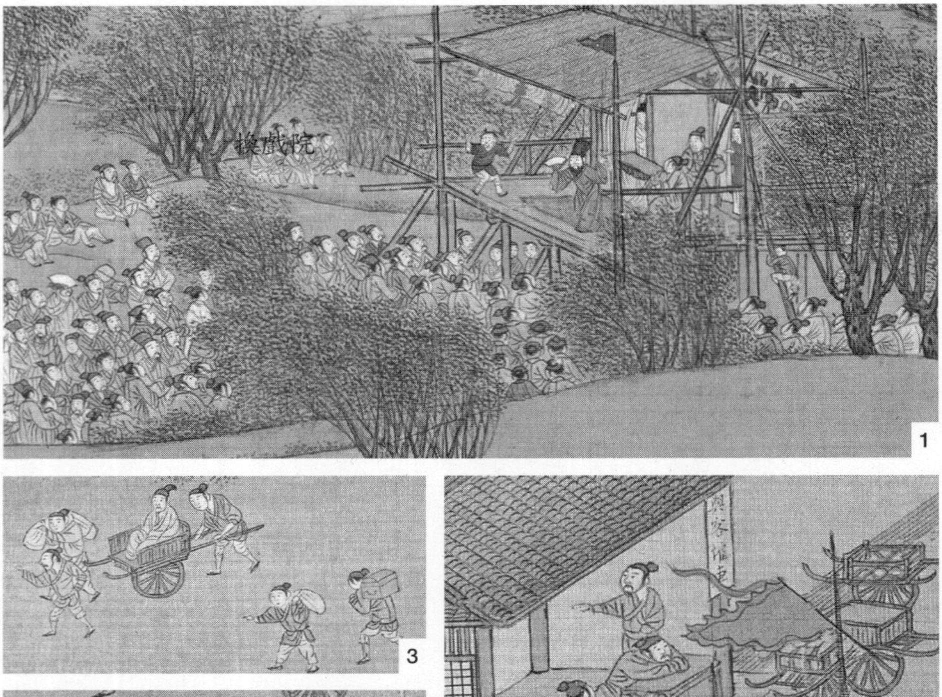

1. 戲院　　2. 租車店　　3. 明代的車　　4. 明代的車　　5. 書店　　6. 兒童醫院

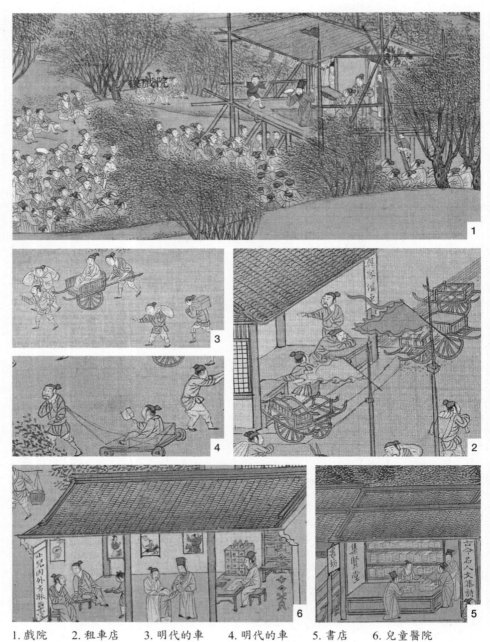

▲ 圖35-10　明仇英《清明上河圖》細部。

1. KTV　　2. 照相館　　3. 鞋店　　4. 套圈圈攤販

▲ 圖35-11　明仇英《清明上河圖》細部。

▲ 圖35-12　明仇英《清明上河圖》中的男子足球。

▲ 圖35-14　《古代仕女行樂圖》清代女子足球。

▲ 圖35-13　杜堇《仕女卷蹴鞠》明代女子足球。

清朝人也吃金華火腿，在餐廳辦酒席

乾隆時期，徐揚畫了一幅《帝京生春詩意圖》，描繪不少清朝的行業，例如乾隆年間的市集，有賣煙草、水果、糕點，還有賣火腿，而且是我們現在還很流行的「金華火腿」（圖35-15、35-16、下頁圖35-17）。

《帝京生春詩意圖》畫的是北方城市。徐揚還畫過一幅表現南方繁華城市的圖卷，也就是《姑蘇繁華圖》，圖中出現的行業也很有意思，例如專門洗浴的大澡堂、茶室酒吧、賣盆景花卉的店家、銀行、金飾店等（見第三五三頁圖35-18）。

▲圖35-15　《帝京生春詩意圖》中的市集。

▲圖35-16　《帝京生春詩意圖》中，市集招牌寫著「金華火腿」。

▲圖35-17 《帝京生春詩意圖》中賣衣服的商家。

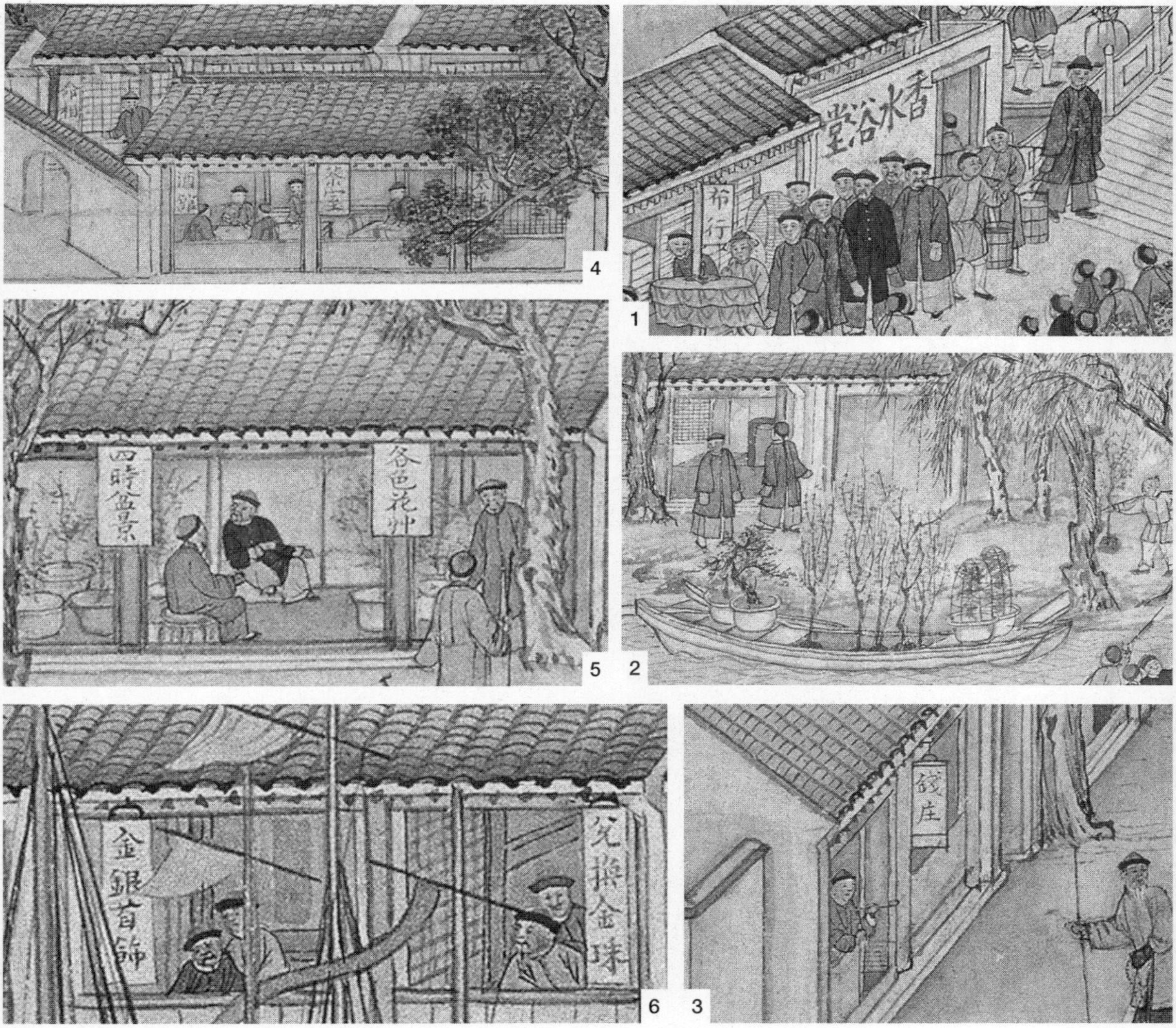

1.澡堂　2. 盆景展示　3. 銀行　4. 茶室酒館　5. 盆景店　6. 金飾

▲ 圖35-18　《姑蘇繁華圖》細部。

清朝時，旅館叫做「客寓」（圖35-19）。住宿之外，吃也很重要，這時的餐廳分級別，有賣家常便飯，也有包辦酒席（見左頁圖35-20）。

還有一套民俗畫《太平繁華八圖屏》也很有意思。雖然畫中服飾不是清代的，但反映的內容有現實依據，其中也有可與現代對應之處，例如類似海盜船的「大擺錘」（見左頁圖35-21）。當時賣水果的攤位，跟現在的市場攤販很相似；賣盆景的攤販，甚至可以幫你宅配到家。此外，還有眼鏡行，甚至有賣假髮的攤子（見第三五六頁圖35-22）。

除了學堂、醫院、書店、飯店等常見行業之外，古人還有這麼多與我們現代相似的行業。透過文獻記載及古畫，可以讓我們想像古人的日常生活；那時候的人們，是否曾想過百年、千年後會是什麼樣子呢？

1. 客寓　2. 另一間客寓

▲ 圖35-19　《姑蘇繁華圖》細部。

▲ 圖35-20　《姑蘇繁華圖》的餐廳。

▲ 圖35-21　《太平繁華八圖屏》的「海盜船」。

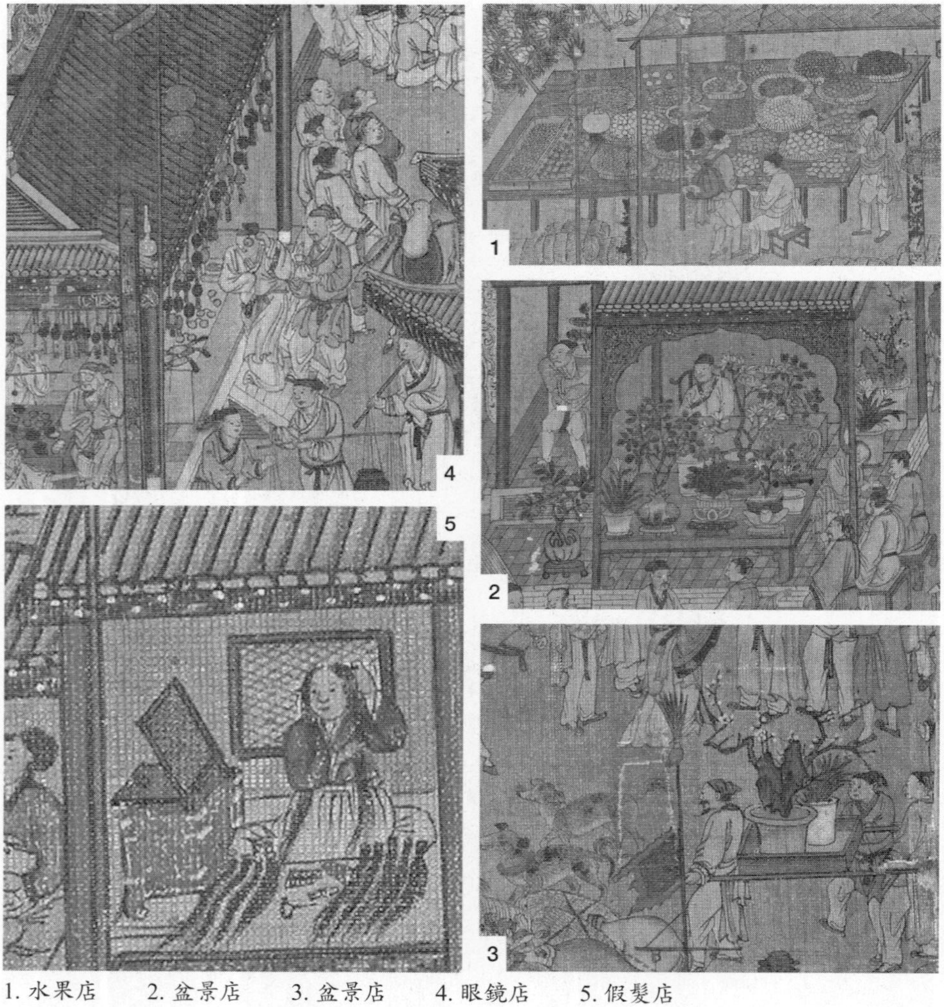

1. 水果店　2. 盆景店　3. 盆景店　4. 眼鏡店　5. 假髮店

▲ 圖35-22　《太平繁華八圖屏》細部。

36

明朝選狀元，備考祕笈大公開！

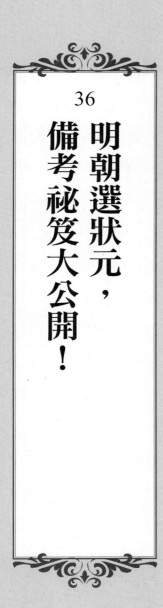

在古代，要考狀元非常難，不僅要憑實力，也要靠顏值。

大明王朝第一次科舉考試，以實力來說，郭翀（按：音同「衝」）應為狀元。然而，朱元璋見過郭翀後，覺得此人其貌不揚。他在入圍的一百多個士子中轉一圈，發現一個大帥哥，名字叫吳伯宗，器宇軒昂。朱元璋很開心，我大明第一次考試，就得選個「門面擔當」，於是吳伯宗被點為狀元，「以壯國威」。

朱元璋之後，建文帝時，按照實力，王艮應該為狀元，結果王艮長相不得帝王喜愛，就屈居第二。第一名該換誰呢？大臣們推薦兩個人，一個是叫胡廣的秀才，一個是來自湖廣（明、清時期湖南、湖北一帶的行政名稱）的秀才楊溥。建文帝想看看誰長得好再決定，於是宣旨：「胡廣秀才上殿。」結果底下的人都糊塗了，究竟是宣「湖廣秀才」，還是「秀才胡廣」？楊溥還在猶豫，名叫胡廣的那個人已經上朝。建文帝一看，跟王艮比，這人簡直一表人才，龍顏大悅，於是就確定他為狀元。實際上，楊溥長得也不錯，要是他先去，很可能就是他成為狀元。當然，最慘的還是王艮，世界上最傷心的事情，不是得不到，而是得到了又失去。

▲ 圖36-1　《古聖賢傳略》中的楊溥。

選帥哥當狀元，難道是皇帝挑駙馬？

到了明朝中期，這樣的事情也是不斷發生。例如正統皇帝時，大臣們推薦了狀元，主要是根據試卷實力而來。結果皇上一見本人，發現不符合審美標準，但大局已定。再下一次考試，考官們有了經驗，先選出幾張有實力的試卷，再偷偷去看人長得怎麼樣，搞得跟相親一樣。有個人叫張和，擬定為狀元，皇帝派人去看，發現他眼睛不好，於是趕快換人，他就成了榜眼，而選了另一個人做狀元。

明朝第九位皇帝弘治皇帝也幹過這種事，選狀元時，偷偷跑去看人長相，本來預定是一個叫豐熙的人，但一看這人身體有毛病，就趕緊換倫文敘為狀元。倫文敘人在家中坐，狀元天上來。

為了表達對以顏值定狀元的不滿，民間也有悠久的傳說故事，關於天師鍾馗的傳說即是一例。有一說鍾馗在德宗年間參加科考，當日主考官是吏部侍郎韓愈，副主考是大學士陸贄，兩人看了鍾馗的卷子，認為此人是個奇才，遂將鍾馗點為第一名。德宗皇帝聽韓愈稟奏說新科狀元鍾馗才華出眾，便在金殿上召見鍾馗。沒想到一見鍾馗，發現其相貌醜陋至極。德宗心中不悅，以為朝廷取士全在身言書判，認為此等醜陋之人，不足以點為狀元。鍾馗聽罷，一怒之下便自刎而死。德宗見此，大出意料，為了籠絡人心，他下旨將鍾馗以狀元身分殯葬，接著又封鍾馗為驅魔神，以祛人間邪魔。

選長得好看的人做狀元，大家往往會有誤解，認為這是為了招駙馬。戲曲小說中，往往寫士子中狀元後，被皇帝招為駙馬的故事；但**歷史上，被招為駙馬的狀元只有唐代的鄭顥一人**。原因很簡單，古代士子大多早婚，等到中狀元時（平均三十歲），早就結婚生子了。封建社會以外貌選狀元，實際上是為皇帝選一個順眼的陪王伴駕之臣而已。科舉為國家取才，但國家是誰的呢？皇帝謙讓一點，說是天下人的。但天下人都明白，學成文武藝，貨與帝王家。在封建王朝，狀元之名只能靠帝王的喜好定奪，因為狀元只是一家之狀元。

▲圖36-2　鍾馗騎虎圖（明人繪）。鍾馗眼睛望著蝙蝠，寓意為「福到眼前」。

古人怎麼準備考試？第一要務，保持平常心

古代的科舉考試過程相當複雜（見下頁「科舉時代考生進階圖」）。古人怎麼考試？考試有祕笈嗎？我們就來看看古人的備考指南。

首先，備考心態一定要好。古人老早就想通了，平常心最重要。「五十少進士」，五十歲能考上進士都還算年輕，雖然聽起來誇張，但考試難度可想而知。所以，古人很少有因為幾次考試失利而自殺，「萬里關山從頭越」，大不了從頭再來。**科舉考試雖然是人生中的一件大事，但大多數學子都抱持一種「得之，我幸；失之，我命」的平常心態**。保持樂觀積極的心態，從容赴考，往往能提高考試成績。

曾有個故事，說有一個考生晚上做夢，夢到自己的鬍子被人剃掉，他醒來後就去找算命先生。算命先生說：「去年的狀元叫劉滋，鬍子又叫『髭』，你夢到剃鬍子，就是『剃髭』，說明你今年要代替劉滋啊！」考生聽了很高興，自信滿滿的去考試，結果超常發揮，果然就中了狀元。

《太平廣記》裡也記載大量考生在趕考路上，到寺廟求籤

▲ 圖36-3　《姑蘇繁華圖》中迎接狀元的場面（清，徐揚繪）。

算卦的故事，不過求籤算卦只不過是求一種心理安慰。有個故事說：古時候，有三個書生一起赴京趕考。書生們心裡都緊張不安，半路上經過一座寺廟，三人進廟燒香拜佛，祈求能高中。裡面有一位老和尚正在念經，三個書生走到老和尚跟前，恭恭敬敬的請法師為三人算卦，此次赴京趕考，三人之中能有幾人考取功名？老和尚沒有說話，只是伸出食指，就把三人打發走了。數月後放榜，三人中只有一人上榜。中榜的書生欣喜不已，又專程前往那座寺廟去感謝老和尚。老和尚笑著說，公子雖然博學多才考中了，但沒有理解老衲一隻手指的妙用。書生細想之後，才恍然

科舉時代考生進階圖

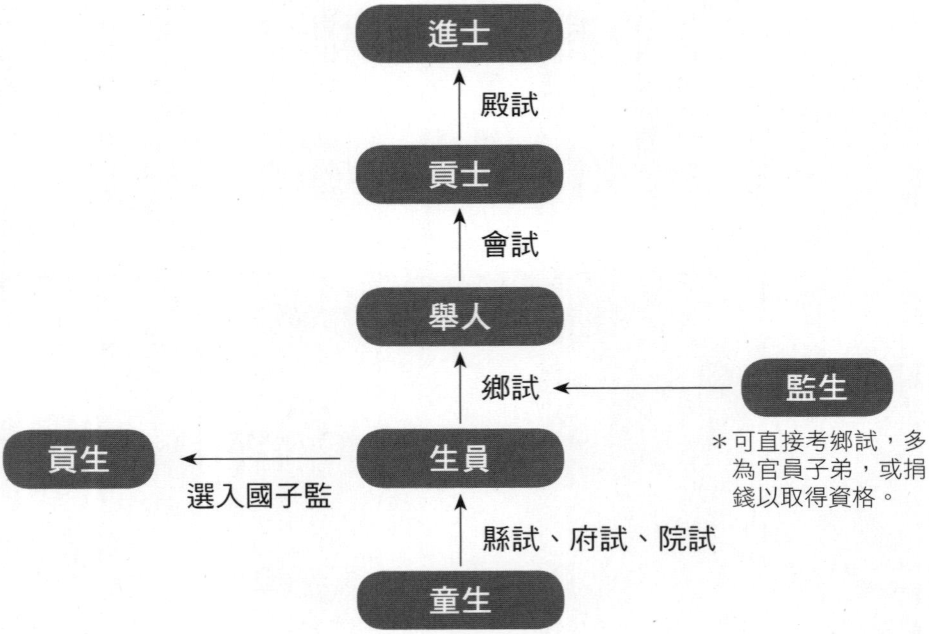

大悟。原來老和尚只伸出一隻手指頭，可以理解成只有一個中，也可以理解成只有一個不中、一個都不中，或一個也沒落榜，無論什麼結果，都能應驗。

古人考哪些科目？有考古題或範文嗎？

其次，考試內容要準備充分，不過每個朝代科舉的考試範圍略有不同。例如除了進士科之外，唐朝還有明經一科，著名宰相狄仁傑就是明經科出身。這一科主考記誦，《孝經》、《論語》是必考書目。《禮記》、《春秋左氏傳》、《毛詩》、《周禮》、《儀禮》、《周易》、《尚書》、《春秋公羊傳》、《春秋穀梁傳》分成大、中、小三經，學子們可以選考其中自己背得好的。唐宗室為李姓，自認是老子李耳的後代，特別看重《老子》一書，有時加試就考《老子》。

到了明代，《明史．選舉志》記載，明初科舉制沿襲唐宋舊有的制度，但稍有改變，規定考試題目只從四書五經中出。四書中有《孟子》，朱元璋有次看到孟子「君之視臣如草芥，則臣視君如寇仇」一句，龍顏大怒，孟子這話真是大不敬，要是活在這個時代，肯定被弄死：「使此老在今日，寧得免焉？」氣得朱元璋要去除孔廟中孟子的神位。他手下一些人為了拍馬屁，迎合帝意，特意刪去《孟子》中「民為貴，社稷次之，君為輕」等不利於君主的言論，考試絕不會考。

隨後朱棣上位，他用了不到一年的時間，組織人編成《五經大全》、《四書大全》、《性理大全》，為學子們提供詳細的考試資料，朱棣企圖透過為科舉考試提供標準的考試文本，來達到統一思想、穩定政局的目的。

再者，多看每年的備考範文。備考範文就是歷年的考題，古代考試學子幾乎每人一冊。唐朝實行行卷制度，科舉中的禮部試卷不糊名、不密封，主考官除了看試卷之外，還會看考生有沒有名氣、有沒有人推薦。考官可以根據考生名氣的大小擇優錄取。因此，考生們為增加及第的可能和爭取名次，會將自己平日詩文加以編輯，寫成卷軸，在考試前呈送給官場上有名氣、有威望的人，求其推薦，此後形成風尚，稱為「行卷」。

考生們會搜集成功的行卷，書商們看到這個市場的需求，於是就有人專門刻印行卷集子發售。「於京師書肆百錢得此」，考生花幾百塊錢就能買到這些參考書。

▲ 圖36-4　上：《清明上河圖》中的學堂（明，仇英繪）。
下：《姑蘇繁華圖》中的試卷文具店（清，徐揚繪）。

明、清以八股取士，書商們就搜集大量的八股文編成集出售。一些學子偷懶，連經書都不讀，直接買這些參考書當範本背誦，正如顧炎武在《日知錄．擬題》所說：「記其可以出題之篇，及此數十題之文而已。」清代徐大椿在他的散曲〈道情．時文嘆〉說：「讀書人，最不濟，爛時文，爛如泥。國家本為求才計，誰知變作了欺人計。三句承題，兩句破題，擺尾搖頭，便道是聖門高第。可知《三通》、《四史》是何等文字，漢祖、唐宗是哪朝皇帝。案頭放高頭講章，店裡買新科利器。」「新科利器」指的就是最新一屆科舉考試中脫穎而出的試卷，也就是前一年的試題和範文。

▲圖36-5　老師檢查作業、背書的情景。

考試時，記得帶身分證、准考證

最後，考試時要準備好各種備考器具。最重要的當然是錢。要花錢買衣服，唐朝考生行卷時所著服飾和應試時一樣，一般都是白色的粗麻布衣；清代李漁《閒情偶寄》說他小時候遇到趕考的秀才「所衣之服，皆青素圓領」。再來要花錢住宿，每到考試季，都會有大量的客棧專門接待應試舉子，一些客棧為了吸引學子來自己的店住宿，還提供免費出租驢子的服務。

沒錢的學子怎麼辦呢？可以靠親戚朋友資助，學子只管讀書，不用參加田間勞動、不用出門賺錢；但將來學子考中、做官，就必須回報這些親戚，給他們錢，或幫他們子弟安排職位等。古代往往要四、五家親戚，才能養得起一個讀書人，而讀書是改變家族命運的唯一途徑。除此之外，也可以依靠朋友、長者的資助。《紅樓夢》裡的賈雨村住在葫蘆廟裡，有廟產的寺院常常免費為讀書人提供住宿，寺廟也是投資，希望讀書人中舉做大官後，能回來多捐點香火錢。後來，賈雨村得到甄士隱的資助而進京趕考。

其他備考器具還有「身分證」，明朝規定，凡人員遠離所居地百里之外，都需由當地政府部門發給一種類似介紹信、通行證的公文，稱為「路引」。

此外，還要帶准考證，准考證就是「相貌冊」，冊上寫著考生的相貌特徵。有一個故事說，清代有個考官看到某考生的「相貌冊」，上寫著「微鬚」，「微」有很多意思，其中之一是「沒有」，如《論語．憲問》記載孔子說：「微管仲，吾其被髮左衽矣。」這裡的解釋是：如果沒有管仲，我們將會被蠻夷統治，打扮就要和蠻夷一樣了。考官看了看考生，說：「你這上面寫著『微鬚』，也就是沒有鬍子，你怎麼有鬍子，肯定是替考！」考生很無言：「大人，微還有很多意思，比如『些許』。另外《孟子》說：『孔子微服而過宋。』這是說孔子穿著普通人的衣服路過宋國，要是照您的解釋，『微』是『無』的意思，難道孔子是光著過去的？」考官被問得啞口無言，忽然想起「康熙微服私訪」之事，嚇出一身冷汗，趕緊放考生進去。

說來說去，古代的考試祕訣和今天也差不多——心態要好，複習題目、資料要準備齊全，爭取自主招生的加分，還要有足夠的物質保障，考試時記得帶身分證、准考證。

做好萬全準備，還要有好運氣

當然，有時候還需要一點好運氣，一如前文提到的那些「人在家中坐，狀元天上來」的事情。在明代《今古奇觀》中有一個故事，塑造一個特別幸運的考生：

明朝有個秀才叫鮮于同，小時候是個神童，大家都很看好他，但他不知道怎麼了，考試總是不順，一直考到了五十七歲，頭髮都白了還沒有考中。這一年，縣裡來了主考官叫順

▲ 圖36-6　科舉考試考場。

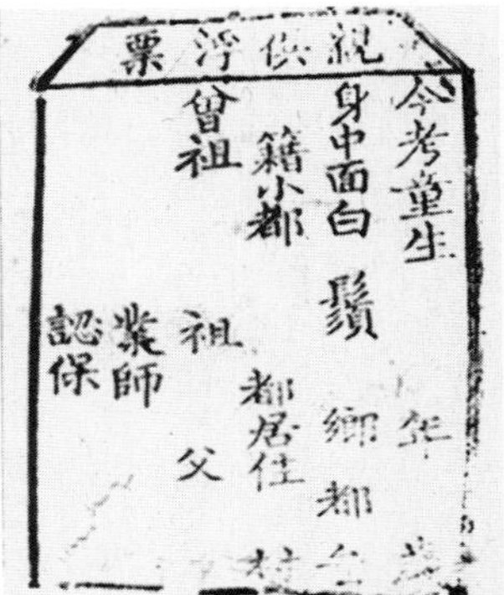

▲ 圖36-7　清代准考證。

之，這個順之主考官是個勢利眼，喜歡提攜年輕人，不喜歡像鮮于同這樣的老考生。他覺得要是提拔年輕人，年輕人前途無量，將來做大官，肯定能幫助自己；要是點中老考生，他們還能活多久？官肯定也做不大。所以，他見到鮮于同時總是嘲笑他，在大庭廣眾之下叫他：「哎呀，老人家，老前輩，您又來啦！」看似恭順，實則帶有調笑的語氣，常常引起眾人大笑。而鮮于同不以為意，照例參加考試。

考試結束後，彌封閱卷，主考官順之暗暗看中一篇文章，心中十分得意，於是就點它為第一。主考官想著在眾秀才面前炫耀一下自己的眼力，就把眾人叫來，當面誇獎道：「我看中一篇文章，這篇文章寫得鬥志昂揚，必定是我縣某一意氣風發後學之大作。」結果當場打開彌封處一看，馬上被打臉，試卷的主人正是「老前輩」鮮于同。主考官羞紅了臉，眾秀才哈哈大笑。

縣考完了，鮮于同獲得到省考試的資格，結果正遇到主考官順之又到省主持《禮記》這一科目的考試。明朝科舉考試，可以選擇某一科進行考試。鮮于同心想，在縣裡考試時，主考官順之大人點我當第一，想必是喜歡我的文字，於是他就報考《禮記》。主考官順之看了這次報考學生的名單，見有「老前輩」鮮于同，心想：「上次已經被打臉，這次我要是再不小心點中他怎麼辦？」想到了，這老秀才讀書多年，寫的文章必定是文從字順，這次，我偏要點寫得不好的！結果考完放榜，「老前輩」鮮于同考了《禮記》科第一。主考官鼻子都氣歪了，趕緊叫來鮮于同，問他：「你讀書多年，文章未必優秀，但做到文從字順應該不成問題，為何這次寫得亂七八糟？」鮮于同不知其意，以為是主考官在教導自己，倒是非常感激主考官，痛哭流涕：「多謝主考大人的賞識，我以為這次我又完了，因為昨天吃壞肚子，拉了一整晚，早上考試時已經沒了力氣，所以寫得歪七扭八，還沒寫完，多虧主考大人的賞識！」主考官聽完，只能端著茶杯，呆呆發愣。

後來，鮮于同又去京城考試，而這個主考官順之又到京城主考，主考官心想：「這個『老前輩』又來了！已經兩次打臉了！他喜歡考《禮記》，知道我經常主持《禮記》考試，這次不能再丟臉了，我換個科目主持吧！」於是主考官順之去主持《詩經》科目的考試。他還不放心，特意點了一個有些瑕疵、看似年輕人寫的文章為第一。沒料到一放榜，又是鮮于同得了第一！主考官覺得很奇怪，就把鮮于同找來：「老人家，老祖宗，您不是考《禮記》嗎？怎麼又突然轉戰《詩經》啦？」鮮于同又感激涕零：「多謝主考官大人的賞識！我本來要考《禮記》，可前幾天做了夢，夢到考《詩經》，夢中之言，不由不信，就改考《詩經》。」好運來了，真是什麼也擋不住。前半輩子，鮮于同受盡冷落嘲笑，而五十七歲登

▲圖36-8　《韓熙載夜宴圖》（五代十國南唐，顧閎中繪）。圖中右上是狀元郎粲，旁邊為韓熙載（南唐宰相）。

科，六十一歲登甲，一舉成名天下知。

後來，他做了二十三年的官，做到很高的職位，一直活到九十七歲，整整的四十年晚運。所以，這告訴我們：做什麼事都不要著急，也不要擔心來不及。戀愛也是如此，你看白娘子三千多歲才下山談戀愛，你著急什麼？

古代勵志讀書的故事不只有「頭懸樑，錐刺股」類型，像上文這種勵志故事還有很多。它們往往有同一個套路，故事開始時，主人公遭遇各種不順、歷經磨難，但最終會好運連連、大獲成功。大器晚成如鮮于同，雖說是靠著運氣、貴人相助，但他本身也是有才華，如果真的什麼都不懂，有運氣、有貴人也沒用。如果你掉進井裡，有人想幫助你時，你也要有能力伸出手，拉到他的手才行。

37

開國皇帝，才能稱「祖」，偏偏「明成祖」例外

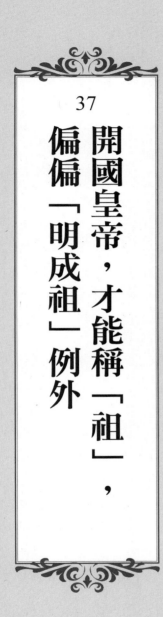

歷史上有兩個人，都是藩王（按：有封地或有封國的親王或郡王）進京稱帝，一位是海昏侯劉賀，一位是明成祖朱棣，但最後的結果大不相同。

劉賀是漢武帝劉徹之孫、昌邑哀王劉髆之子，五歲時他父親就去世了，於是他就繼任為地方諸侯，是第二代昌邑王。約十四年後，漢昭帝駕崩，因為他沒有兒子，群臣想起遠在地方的漢武帝之孫，就迎接他進京繼任大統。結果他只當了二十七天的皇帝，因為「壞事」做盡，被霍光等群臣廢黜。霍光等人另立漢武帝曾孫劉詢為皇帝，是為漢宣帝。

史書對於劉賀做盡「壞事」的記載相當誇張，說他雖然只做二十七天的皇帝，卻做了一千多件壞事。《論語》裡記載子貢的話說：「紂之不善，不如是之甚也。是以君子惡居下流，天下之惡皆歸焉。」商紂王可能沒有傳說的那麼壞，只因為他失敗了，所以天下所有惡事都歸到他頭上。海昏侯也可能只是政治鬥爭中的失敗者，他接受印璽以來，一共二十七天，交代辦理的事務竟多達一千一百二十七件，可能是他在建立自己的班底，而這必然會和原來昭帝時期的權臣霍光等人的利益產生衝突。既然他不聽話，霍光自然要找個聽話的人，於是搜羅理由將他廢掉。而對於其班底，霍光以他們沒有好好教導劉賀為由，將昌邑國跟隨來的兩百多名官吏隨從全部處死。在刑場上，這些人呼號道「當斷不斷，反受其亂」，也隱約可見當時的派系鬥爭。

最終劉賀被霍光等人廢去帝位，重回地方，他僅僅做了二十七天的皇帝。霍光除了指責他做太多壞事外，廢掉他還有最重要的一條理由就是「居喪不哀」。史書中記載他進京的情景，說他走到長安東都門不哭，手下的儒生勸他說：「您這是奔喪，望見國都大門應號哭！」劉賀回答：「我嗌痛，不能哭。」我嗓子疼，不能哭，沒感情不想哭，更不想裝。

劉賀一直走到未央宮大門外，才「哭如儀」，然而為時已晚，成為他人手中極大的把柄。霍光等人在廢他的奏摺中說，為人後者即是他的兒子，「為人後者為之子也」，昌邑王可以作為漢昭帝後嗣繼承帝位，但昌邑王並不哀痛，沒有悲傷的心情。他不哭，不按禮儀，涉及他是否名正言順的問題。而這個問題，恰恰警醒一千多年後的另一個人。

同樣是藩王進京稱帝，朱棣一哭就成功

這個人就是朱棣，朱棣造反打到南京，成功了，但造反就是造反，名不正言不順，不管「清君側」的理由多麼好聽，他繼承帝位的合法性還是不存在，所以當南京被攻破，建文帝的大臣們也沒有人願意幫他。當然，最終有個人幫了他，這個人拉著他的馬，只說了一句話：「燕王您進南京是先登基，還是先去皇陵哭呢？」朱棣聽完這句話後，幡然一驚：「對，我來南京是來祭拜父皇，不是來奪皇位。」於是，他哭著進京城，哭得極為傷心，拜

▲圖37-1　朱棣像（清人繪）。

祭朱元璋，然後他對外宣布朱允炆（按：明朝第二任皇帝建文帝，朱元璋之孫）已經死了，大臣們勸他登基，他象徵性的拒絕幾次，就登上皇帝的寶座。

同樣是進京，就看誰會演「哭戲」了。昌邑王劉賀不會演，被趕回老家昌邑，繼續做昌邑王；後來漢宣帝繼位，一直擔心他對自己有威脅，畢竟他也做過皇帝，於是將其貶為「海昏侯」，封國在豫章郡。這個封號的寓意，大概是海天為一，日落黃昏，雖然還活著，但已經日薄西山，不會東山再起。劉賀只有這麼一個諷刺的封號，沒有謚號也沒有廟號，史家為了方便稱呼，往往就叫他漢廢帝。

朱棣功勞大，所以廟號也有「祖」

燕王朱棣的結果就不一樣了，他成為明朝第三位皇帝，在位二十二年，明帝國後世子孫都是他這一脈。他死後廟號是明太宗。廟號是皇帝去世後，廟中被供奉時群臣所商定的名號，得廟號者必是皇帝，后妃、王侯都不能有廟號。唐朝以前，並不是每個皇帝都有廟號，《禮記》云：「祖有功，宗有德。」只有有功或有德的皇帝去世後，入太廟奉祀才能立廟號。而自唐到清朝，幾乎每一個皇帝都有廟號。唐、宋多用廟號稱呼前一任皇帝，多是帶有祖和宗的稱號（開創者是「祖」，繼承者為「宗」），如唐太宗、唐玄宗、宋太祖等。

一般來說，只有開國的皇帝才被稱為「祖」，但明朝朱元璋被稱為明太祖，永樂皇帝朱棣被稱為明成祖，就有兩個「祖」的廟號。朱棣的廟號本是太宗，到嘉靖時期，嘉靖皇帝寫《明堂或問》，認為朱棣的功勞大，如同再創明朝，所以將他的廟號改為「祖」字，把他與明太祖並列為「萬世不祧之君」，供奉在太廟中。

明成祖朱棣也被稱為永樂大帝，永樂是他的年號。年號是王朝用來紀年的名號，大多選用吉祥的字，如永、乾等，有的還會根據信仰選定，如神功等。漢武帝是第一個用年號的皇帝，他用了好幾個年號，先是出現一頭白麒麟，於是改年號為元狩；後來又在汾河挖出鼎，改年號為元鼎。

漢代的年號使用，有國家統一的年號，地方諸侯也有自己的年號，例如前面提到的海昏侯，其父做昌邑王時，就用自己的年號。二〇一六年出土的海昏侯墓器物上，刻有昌邑二年、昌邑七年、昌邑九年、昌邑十一年等文字。而在明、清以前，一個皇帝往往會使用好幾個年號，例如唐高宗用過十四個年號；唐玄宗有開元、天寶兩個年號。到了明、清時期，一個皇帝只用一個年號（少數例外：明英宗因土木堡之變被俘虜，後來又復位，用了兩個年號；清太宗皇太極用了兩個年號；同治也用了兩個年號，不過只有同治這個年號為人所知），如永樂、萬曆、嘉靖、康熙、乾隆等都是年號，因此史學家們就以年號作為皇帝的稱呼，如永樂皇帝、萬曆皇帝、乾隆皇帝等。

▲圖37-2　海昏侯墓出土金餅。

死後命名的謚號，有嚴格規定

另外，像「漢武帝」是以謚號稱呼，那為何不用謚號稱呼朱棣呢？早在西周時期就有謚號。**謚號是死後的蓋棺論定，一般由下一任皇帝命名，或下一個朝代追認**。謚號的每個字都有規定的含義，根據生前的表現，參考《謚法解》而定。

謚號中最好的一種是上謚或美謚，帶有讚美的性質，如文、武、景、烈、昭、穆、明、睿、康、莊、宣、懿、定等。如果前任皇帝有經天緯地的才能，或道德博聞、勤學好問、慈惠愛民，就可以被謚「文」，如漢文帝。《漢書．文帝紀》裡班固說漢文帝以德化民，不煩勞百姓，是一位做到「仁」的皇帝，因此謚為「文」。

其次是中謚，表示平庸或同情，如平、惠、哀、懷、悼等。《謚法解》說治理政事而沒犯錯，照著規章辦事，就可以謚號為平，例如東周第一任君主周平王，雖然東遷有功，但當時的貴族們已經坐大，他在位期間無法加強周王室權威，駕馭不了貴族，表現平平，所以謚號為「平」。

再次是下謚或惡謚，帶有批評的性質，如厲、幽、煬等，周厲王、周幽王、隋煬帝都是被批評的對象。

之所以有謚號，大概有幾個原因：首先，古人對死人的忌諱，為了避免直呼其名；其次是為了展現等級，並不是任何人都能有謚號；再者，為了維護禮法統治，警示後來者。**生前行為端正，死後才能有好的名聲，否則將被釘在歷史的恥辱之柱上**。

明、清時代，諡號多達二十字？

諡號到秦始皇時被廢掉了，秦始皇認為諡號是「臣議君，子議父」，而到西漢時又被恢復。漢朝到隋朝多用諡號。漢朝只有四個皇帝有廟號，因此史學家們多用諡號。漢朝皇帝的諡號前面會加一個「孝」字，表示以孝治天下，漢武帝是漢孝武帝，漢宣帝是漢孝宣帝，到了東漢最後一個皇帝漢獻帝是漢孝獻帝，是魏明帝追認的諡號。

《諡法解》說聰明而富於哲理，或心性通達事理的諡號是「獻」，漢獻帝劉協「禪讓」皇位給曹家，曹丕的兒子魏明帝大概覺得他很「明事理」，所以在他死後給他諡號「獻」字，這簡直是莫大的諷刺。

明、清時期，皇帝的繼任者往往都是皇家自己的子孫，選諡號時只有讚美，已經失去蓋棺論定的勸誡作用。他們拚命堆疊好字，導致諡號

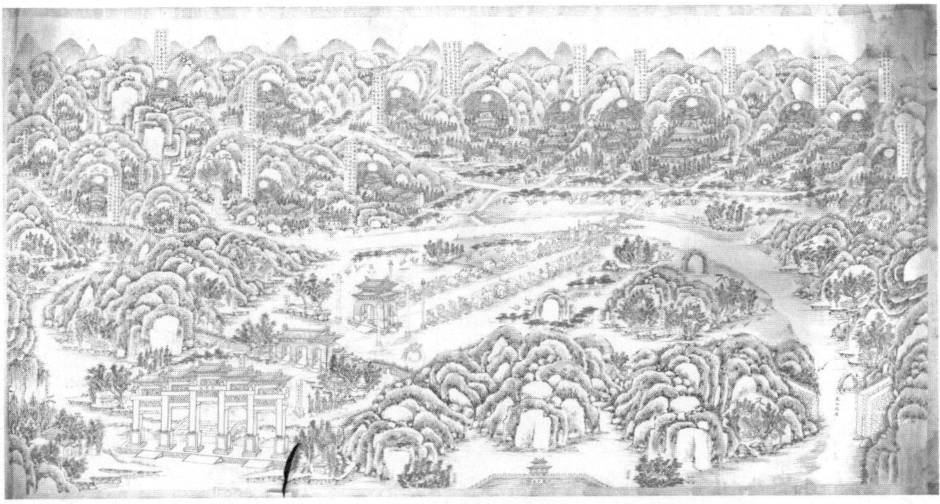

▲圖37-3　明十三陵（清人繪）。明十三陵位於北京市昌平區，是現今全世界保存最完整的皇陵墓葬群之一。

越來越長，少則十一、二個字，多則二十多個字，例如明成祖朱棣的諡號為「啟天弘道高明肇運聖武神功純仁至孝文皇帝」，乾隆的諡號為「法天隆運至誠先覺體元立極敷文奮武欽明孝慈神聖純皇帝」。史學家們就很難用諡號來稱呼。當然，還是可以用，但就要省略用，例如，將朱棣的諡號省略為「文皇帝」，或稱呼其為「文皇」。

永樂、啟天弘道高明肇運聖武神功純仁至孝文皇帝，明成祖（最初為明太宗），分別是朱棣的年號、諡號與廟號。皇帝的年號是紀年用，諡號是對他一生的品評，而廟號是祭祀用。

38 鄭和下西洋，其實是在找人

燕王朱棣發起靖難之役，以清君側的名義造反，當他成功攻入南京時，皇宮起了大火。大火熄滅後，發現一具燒焦的屍體，面目全非，有人說這就是建文帝。朱棣為了自己能名正言順稱帝，只能對外宣稱建文帝已經死了，但他自己並不相信那個燒死的人就是建文帝。歷史學家們也大多認為建文帝並未死於火中。《明史．建文紀》說，宮中起火後，建文帝不知所終，可能從地道跑了：「宮中火起，帝不知所終。燕王遣中使出帝后屍於火中，越八日壬申葬之。或云帝由地道出亡。」

明代文人們寫了不少關於建文帝沒有死，而是出家流亡的野史、筆記。如《致身錄》，這本書據說是史仲彬所寫，他曾多次幫助流落民間的建文帝。這本書中詳細記載建文帝如何逃走，說建文帝得知京城大門失守，想要自殺。大臣程濟建議他逃走。這時，有侍從向建文帝報告，當年朱元璋留下一個祕密的箱子，說「臨大難，當發」。找來箱子打開後，發現裡面有度牒（按：古代官府發給合法出家人的證明文件），有袈裟、鞋帽及剃刀，還有白金十錠：「得度牒三張，一名應文，一名應能，一名應賢；袈裟鞋帽剃刀俱備，白金十錠。朱書篋內：應文從鬼門出，余從水關禦溝而行，薄暮會於神樂觀之西房。」建文帝朱文炆削髮、換衣服，按照朱元璋留下的路線，從祕密通道逃出宮外，從此他就成為和尚，流落江湖。

鄭和下西洋，其實是朱棣在找建文帝？

有野史說，朱棣不相信朱允炆被火燒死，派人去找他，最後找到了嗎？出生於萬曆年間的張岱，在《石匱書》中搜集到一則資料說，靖難之役，很多舊臣保護朱允炆逃走。朱棣命一個叫胡濙的人專門查訪此事，但因為已經昭告天下朱允炆死了，所以此事是祕密進行。他讓胡濙打著找張三丰的幌子，或到各處搜書，實際上是找人。有傳言朱允炆渡海而去，朱棣還派鄭和下西洋，內陸、海外全方位查找。然而，鄭和多次下西洋都沒有結果。二十年後，胡濙終於回來了。胡濙走時都城還在南京，這時都城已經變成北京，朱棣本人正在率師北伐。胡濙從南京追到北京，又北上在宣府見朱棣。這一天，已經夜深，朱棣聽說他來了，急忙披衣而起召見他。兩個人徹夜長談，但沒有說他們談了什麼，文中只記載胡濙說朱允炆已經不足慮，朱棣終於放心。

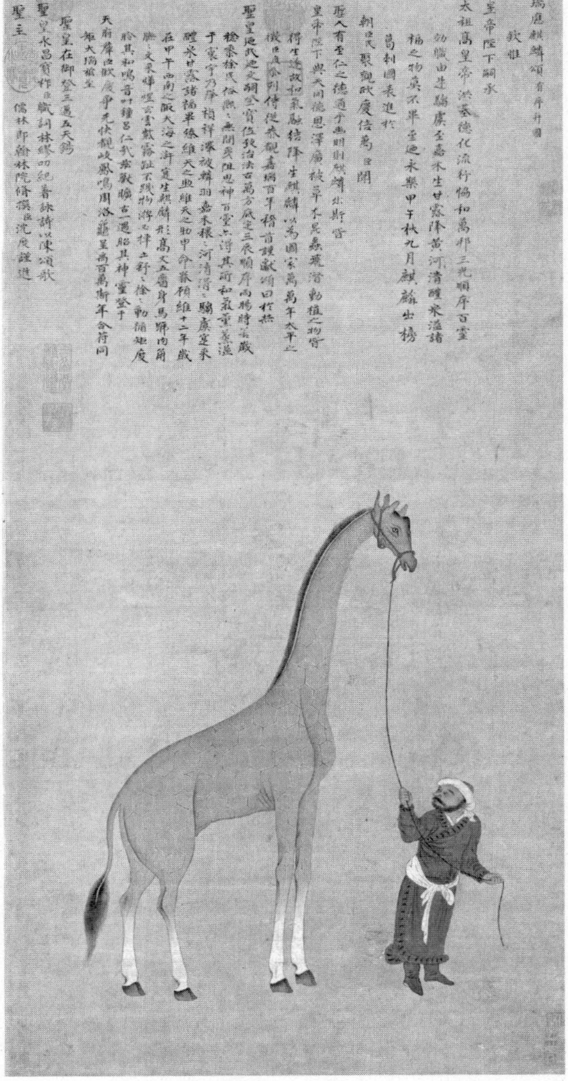

▲圖38-1　《麒麟頌瑞應圖》（明人繪）。鄭和下西洋帶回的神獸麒麟（其實就是長頸鹿）。

時傳建文崩，或云遜去，諸舊臣多從建文去者。文皇（朱棣）益疑，遣胡濙巡天下，名訪張邋遢（即張三丰），又名搜書，遍行郡縣察人心。又傳建文在滇南，濙以故在楚湖南久。（永樂）二十一年還朝。會文皇駐宣府，濙馳夜上謁。文皇已就寢，聞濙至，披衣急起召入，勞濙賜坐與語，濙言不足慮也。先，濙未至，傳言建文蹈海去，文皇分遣內臣鄭和輩浮海下西洋。至是，文皇疑始釋。

另一本書《雲南通志》中，補充這段對話。胡濙說：朱允炆還活著，但其天命人心失去已久，無能為也，不如不管他，將其置之度外，陛下可以成就聖德，他則可以終獲天年。胡濙大概是真的找到朱允炆，但二十多年過去，朱允炆早已經不關心政治，胡濙一方面又成為朱允炆的說客，勸朱棣放手；而晚年的朱棣，可能出於愧疚或放心，最終放過了朱允炆，讓他在民間自生自滅。

其他史料記載，這一年，朱棣下詔不再追究那些追隨朱允炆的大臣，並把沒收的田產還給了他們。八個月後，朱棣就死了。

我和建文帝一起逃亡的日子

朱棣去世之後，朱允炆最後怎麼樣了呢？不僅文人們對朱允炆的下落好奇，朱棣後世子孫們也好奇。《神宗實錄》記載，十一歲的萬曆皇帝就曾問張居正，聽說當年建文帝逃跑了，是真的嗎？張居正回答，正史沒有記載，但民間有傳說，說當年建文帝削髮為僧，從地道逃走了，從此無人知道他下落。正統年間，有人在雲南一個驛站牆上，發現一首詩，是一個老僧寫的，其中有「淪落江湖數十秋」一句，恰好被一個御史看到。御史把老僧招來詢問，老僧見到御史也不下跪，而是坐在地上。經過驗證得知他就是建文帝，這時候他已經七、八十歲了。正統皇帝（明英宗朱祁鎮，朱棣的曾孫）召他入京，驗之，果然是他。但後來怎麼樣，就不得而知了。

上御文華殿講讀。上從容與輔臣語及建文皇帝事，因問曰，聞建文嘗逃免，果否？輔臣張居正對言，國史不載此事，但先朝故老相傳，言建文皇帝當靖難師入城，即削髮披緇，從間道走出，後雲遊四方，人無知者。至正統間，忽雲遊在雲南，郵壁上題詩一首，有「流落江湖數十秋」之句，有一御史覺其有異，召而問之，老僧坐地不跽，曰吾欲歸骨故國，方驗知其為建文帝也。御史以同，遂驛召來京，入宮驗之，良是。時年已七八十，後莫知其終。上因命居正誦其詩之全章，慨然興嘆，又命書寫進覽云云（《神宗實錄．萬曆二年十月實錄》）。

按照張居正聽來的傳說，朱允炆在晚年時曾進京。另外還有一則故事也說建文帝進京，是

▲圖38-2　萬曆像（清人繪）。

一本明代出現，叫做《從王筆記》的書，說朱棣已經去世多年，到了正統年間，流落民間的建文帝把自己的身分告訴御史，御史上報給明英宗，明英宗就派一個當年服侍過建文帝的老太監核驗。建文帝跟老太監說了很多當年宮內的祕密，老太監大驚，跪在地上不敢仰視。然後他回去報告皇帝，皇帝就將建文帝迎回來，稱其為「老佛」，養在宮廷裡。

> 亮至不能辨，師語疇昔宮中事數條，亮乃大慟，伏地不能仰視。密以聞，遂命迎入，稱老佛，養大內中。

《從王筆記》，翻譯成現代的書名，大概是《我和建文帝一起逃亡的日子》。這部書的作者署名為程濟，據說此書是建文帝口述、程濟執筆。程濟既是官員，又是道士，類似於劉伯溫一樣的人物。這本書可信度多高，一直充滿爭議，明末錢謙益認為是偽造，而張岱覺得可信，他在推測建文帝去處時，引用這本書的不少資料。

在民間，又有傳說回宮的建文帝是假的，是一個叫楊行祥的人假扮，這件事後來就曝光了。而真正的建文帝，一直以僧人的身分，在雲貴川、福建、兩廣等地方的寺廟流亡。至今雲南獅子山正續禪寺內大雄寶殿的楹柱上，還有一副表明建文帝曾在此的楹聯，上聯為「僧為帝，帝亦為僧，數十載衣缽相傳，正覺依然皇覺舊」，下聯為「叔負侄，侄不負叔，八千里芒鞋徒步，獅山更比燕山高」。從內容來看，這位元古人很同情建文帝，且相信他在此為僧。帝王出家一去不回轉，是民間喜好的橋段，像闖王李自成，還有順治帝，都被傳說最後出家了。

表面上，朱允炆死了，朱棣活在勝利中；而故事中，朱允炆流落南方，不知所終。而朱棣的確死在北方征伐的路上。在時間上來說，**朱棣早就死了，而朱允炆卻獲得永生**。因為至今還有人在不斷討論他是如何逃脫出那場大火，又是如何不被朱棣找到。**「不知所終」四個字給了生命無限的長度，最終勝利的是「故事」**。

有時候，講故事往往也是一種表達政治立場的方式。《西遊記》中有一回講「唐太宗魂遊地府」，有學者指出，這個故事加入《西遊記》相關故事體系中，就是在明永樂年間。讓唐太宗在地府見到被他殺害的兄弟李建成、李元吉，實際上是文人們在搗亂，暗示朱棣奪侄子的權力，就和玄武門之變的李世民一樣：「到了地府，你朱棣要怎麼面對朱元璋，面對朱允炆？」有人編故事說朱允炆最後回宮，頤養天年，讓他與朱棣子孫和解。有人編故事說，朱允炆看破紅塵，沒有回宮，永遠在寺廟皈依，佛法廣大，與世無爭，反而是對朱棣機關算盡、費盡心機去爭的無情嘲諷。

39 根據服飾顏色，可判斷官職

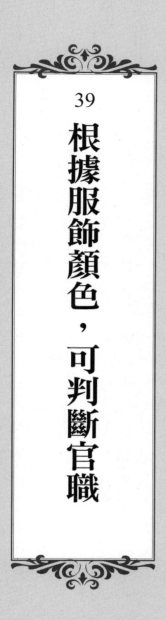

戰國時期，陰陽五行學說興起，古人把青、赤、白、黑、黃「五色」，以及東、南、西、北、中「五方」與木、火、金、水、土「五行」相對應。秦以後，人們在此基礎上，就建立朝代與服飾顏色的關係，**每個朝代幾乎都會選一個屬於自己的「幸運色」**。

當然，在這之前，夏、商、周三代以及更早之時，人們主要是靠追溯、推理出屬於他們的色彩。傳說黃帝的時候，出現黃龍，所以黃帝是土德，因此服飾尚黃。後來，夏禹興起，到了秋冬草木還是綠的，所以夏朝是木德，服飾尚青。接下來到商朝，商湯以金克木，西方金對應白色，所以殷商貴族的服飾尚白。正因如此，在《詩經》中，白色往往象徵殷商遺民，如《白駒》中提到「皎皎白駒」，就是暗示殷商遺民的到來。周武王以火克金，所以周人尚紅，周朝最高的禮儀服飾是冕服，用於祭祀典禮，冕服上繡有章紋，《周禮》曰：「青與赤謂之文，赤與白謂之章。」冕服下身前有蔽膝，天子的蔽膝為朱色，諸侯為黃朱色，天子在隆重典禮時還要穿赤色的鞋，都可見周人對紅色的推崇。

漢文帝以前，皇帝是不穿黃袍的

到了秦朝，秦人認為自己發跡於渭水流域，取代周，是以水滅火，所以秦人認為自己是水德，而五色中的黑色與五行中的水對應，所以秦人尚黑，皇帝穿黑色的龍袍。《史記・秦始皇本紀》載：「始皇推終始五德之傳，以為周得火德，秦代周德，從所不勝。方今水德之始，改年號，朝賀皆自十月朔。衣服錦旗節旗皆上黑。」

如果按照五德終始說，漢朝取代秦朝，應屬土德，因為土德克水德。又因土色黃，故漢朝應尚黃色，但在漢朝初期卻是沿襲秦朝的制度。漢高祖劉邦認為自己從南方沛縣起兵，在方位上，南與五行的火對應，所以劉邦認為自己的幸運色是紅色，他的龍袍是在黑的基礎上加赤紅。直到漢文帝劉恆時，龍袍才正式使用黃色。**到了唐代，唐高祖認為赤黃接近日光，「天無二日，國無二君」，於是下令黃色為皇家專用顏色。**

宋太祖趙匡胤「黃袍加身」，黃袍正式成為皇帝的代名詞。《明史‧輿服三》記載曰：「歷代尚異。夏青、商白、周赤、秦黑、漢赤、唐服飾黃。」唐朝為土，五代時期的梁滅唐，所以人們認為後梁為木，木克土，梁、唐、晉、漢、周，最終宋朝統一五代十國。經過一番推演，宋朝認為自己對應火德，人們甚至認為趙匡胤是火神下凡開創江山，所以宋朝主尊的服飾顏色為紅色。

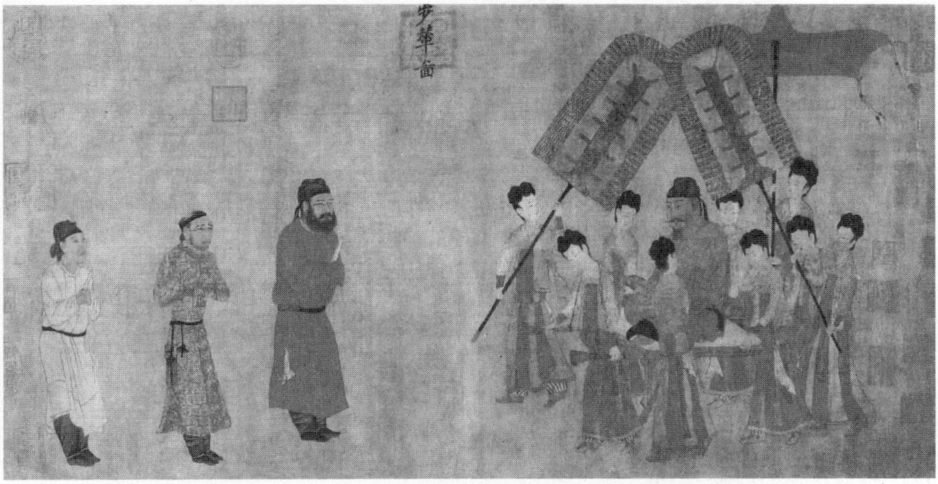

▲ 圖39-1 《步輦圖》（唐，閻立本繪）。此圖描繪吐蕃贊普松贊干布派使者祿東贊，到長安朝見唐太宗時的情形，唐太宗所著為黃袍。

官服的顏色、繡圖，一眼看出你的職位高低

此外，統治者除了主尊某種服飾顏色，以表示自己是天命所歸，還將服飾顏色應用於官員品階等級的區分上。

從曹魏的曹丕提出「以紫、緋、綠三色為九品之別」開始，到了唐、宋時期，官員職位的大小品級就逐漸可以從官服的顏色來區別。如《新唐書．車服志》和《舊唐書．輿服志》記載，唐代三品以上著紫色，因此後世常用「紫袍金帶」代指高官。《紅樓夢》中甄士隱為〈好了歌〉注解時也說道：「昨憐破襖寒，今嫌紫蟒長。」

其他階級的官員穿什麼顏色？四品的官服是深緋，五品的官服是淺緋，六品的官服是深綠，七品的官服是淺綠，八品的官服是深青，九品的官服是淺青。白居易〈琵琶行〉最後一句說：「座中泣下誰最多，江州司馬青衫濕。」白居易說自己是江州司馬，穿的是青衫，應該是八、九品，官職不高，後人也逐漸把「江州司馬」引申為官位不高或失意的文人。而**沒有進入仕途的讀書人或平民，穿白色的衣服，也就是「白衣」、「白丁」**，劉禹錫〈陋室銘〉說：「談笑有鴻儒，往來無白丁。」就是說自己交往的都是功成名就之士。

宋代基本上沿襲唐代的官服色彩等級，只不過綠色成了官服末流。古人認為綠色為間色，非正色。青、赤、黃、白、黑這五種純色為正色，《說文解字》認為綠是青和黃的混合色，是間色、雜色。宋朝推崇火，認為自己是火德，比唐朝更重視服飾的顏色，紅色地位大為提高，正色的青也提高到綠色之上，綠色就變成最低階了。到了元、明兩代，在民間，**綠衣往往和低賤的職業有關**。

《元典章》規定，妓女必須穿綠衣服、裹綠頭巾。妓女被看成不貞潔之人，所以後來人們就用「綠帽子」來指妻子有不貞行為的男人。

到了明代，官員的服飾顏色逐漸趨同。而為了進一步區別尊卑等級，又開始在紋飾上作功課。官員公服胸、背各有一補子（按：指官服胸前和背後的方形裝飾），前補子文官繡飛禽，武官繡走獸，具體分別為：文官一品緋袍，繡仙鶴；二品緋袍，繡錦雞；三品緋袍，繡孔雀；四品緋袍，繡雲雁；五品青袍，繡白鷴；六品青袍，繡鷺鷥；七品青袍，繡鸂（按：音同「溪」，一種貌

▲ 圖39-2　明朝大臣朝服像，胸前即為補子。

▲圖39-3　《徐顯卿宦跡圖》，描繪明代隆慶、萬曆年間大臣徐顯卿一生際遇的彩繪圖冊，現存26開（原圖可能共計30開）。此圖為徐顯卿41歲時。

似鴛鴦但體型略大的禽類）；八品綠袍，繡黃鸝；九品綠袍，繡鵪鶉。武將一品、二品緋袍，繪獅子；三品、四品緋袍，繪老虎、豹子；五品青袍，繪熊羆（按：音同「皮」，熊的一種）；六品、七品青袍，繪彪；八品、九品綠袍，繪犀牛、海馬。

雖然衣服上的紋飾，可以用來區別官階品級，但色彩還是占有一席之地。而清軍入關後，**清朝官員的服飾逐漸統一為石青色、天青色**，官員的服飾顏色最終統一定型，區別等級的標誌也轉變成看補子上的圖案。

總結來說，古代帝王主尊的服飾顏色，以及官員日常辦公所穿服飾的顏色，都有重要的象徵意義，或是天命的象徵，或用於區別官階品級，其背後展現了古人的價值信仰。了解古代服飾的演變，有助於我們讀懂古代文學作品中的符號代稱、鑑別古畫的人物特徵，甚至也有助於我們區別古裝歷史劇的朝代，並可根據服飾特點，判斷其是否是一部製作精良、考據詳盡的作品。

▲ 圖39-4　萬獸園賜宴圖（清，郎世寧繪）。

40

劉墉、和珅、紀曉嵐，究竟誰最厲害？

在電視劇《宰相劉羅鍋》中，劉墉與和珅鬥；在《鐵齒銅牙紀曉嵐》中，紀曉嵐與和珅鬥。電視劇中，往往是代表正義的劉墉和紀曉嵐戲耍和珅。然而在歷史上，卻並非如此。很長一段時間，劉墉和紀曉嵐根本就沒有跟和珅鬥的本錢，和珅的地位與權力，比他們都大很多。

我們可以從年譜來看，和珅、劉墉、紀曉嵐三個人在歷史上的地位。

西元一七一一年，乾隆出生。

西元一七一九年，劉墉出生。

西元一七二四年，紀曉嵐出生。紀曉嵐父親曾任知府，從四品。

西元一七三五年，雍正駕崩，改元乾隆，此時乾隆二十四歲。

西元一七四七年，劉墉父親劉統勳主持順天鄉試，與阿克敦（按：乾隆時任翰林院掌院學士，負責科舉考試）共同錄取紀曉嵐為第一。這一年，紀曉嵐二十三歲，結識劉墉，兩人從此成為好友。

劉墉、紀曉嵐開始當官時，和珅還是小孩子

西元一七五〇年，和珅出生於北京，滿洲正紅旗。和珅比乾隆皇帝小三十九歲，比紀曉嵐小二十六歲，比劉墉小三十一歲。

西元一七五一年，劉統勳受命典會試，劉墉三十二歲，以恩舉中進士，任翰林院庶起士，類似現在普通祕書的短期職務。劉墉能考中進士，身、言、書、判（身體、語言、書法、思維）都

▲ 圖40-1　《乾隆大閱圖》（清，郎世寧繪）。此圖繪於乾隆29歲時。

必須合格，所以這時候的他並不是羅鍋（按：指駝背）。

西元一七五四年，和珅四歲，母親去世。紀曉嵐三十歲，進士及第，改翰林院庶起士。錄取紀曉嵐的正考官是大學士陳世倌，也就是金庸《書劍恩仇錄》中乾隆的「漢人父親」。

西元一七五六年，和珅六歲，乾隆四十五歲，劉墉三十七歲，紀曉嵐三十二歲。這一年，劉墉任安徽學政，主要負責一方教育事業。

西元一七五八年，劉統勳任吏部尚書（從一品），賜紫禁城騎馬。

西元一七五九年，劉墉調任江蘇學政，劉統勳任協辦大學士（從一品）。

西元一七六〇年，和珅十歲，父親去世。這一年，阿克敦的兒子阿桂為都統（從一品），總理伊犁事務。劉墉在江蘇

▲ 圖40-2　《乾隆南巡圖》（清，徐揚繪）。此圖全套12卷，描繪乾隆16年（1751年）乾隆第一次南巡的情景。

學政任上。三十六歲的紀曉嵐充國史館總纂。

西元一七六一年，劉墉仍在江蘇學政任上。劉統勳任東閣大學士（正一品），兼管禮部、兵部，劉統勳達到權力的頂峰。

西元一七六二年，和珅十二歲，考入咸安宮官學讀書。這年，乾隆五十一歲，劉墉四十三歲，紀曉嵐三十八歲。劉墉到太原，任山西太原知府（從四品），為一市之長。紀曉嵐離京，任福建學政。

西元一七六五年，劉墉任冀寧道台（正四品）。

西元一七六六年，劉墉因在太原知府任內有失察之責，被發往邊疆軍隊效力，前面的努力都白費，從頭再來。

西元一七六七年，和珅十七歲，與大學士英廉孫女馮氏結婚。四十八歲的劉墉受父親恩澤，恩旨釋放，任翰林院編修（正七品）。四十三歲的紀曉嵐補受翰林院侍讀（從五品）。

西元一七六八年，四十四歲的紀曉嵐任翰林院侍讀學士（從四品），這一年他因為幫犯貪汙罪的親戚送信而被處分。民間傳說，紀曉嵐送有茶葉和一把鹽的空信封，暗示「鹽案虧空查封」。紀曉嵐被革職，發配烏魯木齊軍中效力。審理該案的是劉統勳，劉統勳剛正不阿，沒維護紀曉嵐，而此時劉墉在翰林院任七品的小官，幫不上忙。電視劇《乾隆王朝》說紀曉嵐此案是劉墉審理，與史實不符；另有一些電視劇則說是和珅查辦的，也不正確，因為此時和珅尚未從政。

西元一七六九年，乾隆已經當皇帝三十四年。和珅十九歲，作為滿貴族，承襲三等輕車都尉（約相當於從三品）。五十歲的劉墉已經出任江寧知府（從四品）。

西元一七七〇年，和珅二十歲，參加科舉考試未中。五十一歲的劉墉轉任江西鹽驛道。乾隆從烏魯木齊召回四十六歲的紀曉嵐。

西元一七七二年，乾隆已經當皇帝三十七年。和珅二十二歲，任鑾儀衛侍衛。劉墉五十三歲，在陝西任陝西按察使（正三品）。

西元一七七三年，始開四庫全書館，劉統勳推薦紀曉嵐任總纂官。是年，劉統勳去世，劉墉因父親逝世，回老家山東丁憂守孝。

西元一七七四年，劉墉回老家守孝第二年。紀曉嵐因為其兒子跟別人打官司受牽連，降三級留任。

西元一七七五年，和珅二十五歲，為御前侍衛，值乾清門，兼任正藍旗滿洲副都統（正二品）。劉墉回老家守孝第三年。

和珅快速升官，與劉、紀兩人差距越來越大

西元一七七六年，乾隆六十五歲，和珅二十六歲。和珅全族由正紅旗加入正黃旗，任軍機大臣行走，即進入軍機處，和珅進入權力的核心層，任總管內務府大臣（正二品），轉任鑲藍旗滿洲副都統（正二品），任國史館副總裁，賞戴一品朝冠，總理內務府三旗事務，賜紫禁城騎馬。這一年，五十七歲的劉墉從丁憂回來，任內閣學士（從二品），充《四庫全書》副總裁。五十二歲的紀曉嵐正在編《四庫全書》，任侍講學士（從四品），文淵閣直閣事。劉墉在家一段時間，和珅一下

子就升上來，劉墉還沒來得及壓他，就已經壓不住；紀曉嵐也不會想到，突然出現的這個小夥子，四年後將成為自己的頂頭上司。

西元一七七七年，和珅二十七歲，轉戶部左侍郎，並署理吏部侍郎事務，兼任步軍統領，即九門提督（正二品），相當於掌握著京城的禁衛軍，這個職位持續到到他人生最後一年。五十八歲的劉墉兼任四庫全書館副總裁，任江蘇學政。這一年，和珅與劉墉有工作上的交集，五月，兩人一起修《明史》。

西元一七七八年，和珅二十八歲，他因徇私舞弊被降二級留任。**和珅第一次受降級處分**，但不久又任御前大臣，補鑲藍旗滿洲都統，後又任正白旗都統（從一品）。這一年，劉墉自掏腰包幫乾隆刊刻詩集，十一月，升為戶部右侍郎。

西元一七七九年，和珅二十九歲，任御前大臣上學習行走。六十歲的劉墉在江蘇學政任上。五十五歲的紀曉嵐任內閣學士（從二品），終於走出翰林院。

西元一七八〇年，和珅三十歲，升戶部尚書（從一品），任御前大臣，補鑲藍旗滿洲都統，兼正白旗領侍衛內大臣（正一品），充四庫館正總裁，兼辦理理藩院尚書事務。才四、五年時間，和珅就從三等侍衛（正五品）成為正一品大員。乾隆南巡，召見六十一歲的劉墉，劉墉升遷為湖南巡撫（從二品）。

西元一七八一年，和珅三十一歲。和珅兼署兵部尚書，管理戶部三庫。蘭州發生叛亂，派和珅去平定，沒成功就被調回來，改派阿桂。這一年，六十二歲劉墉補右都御史（從一品）。此後，**劉墉從從一品到正一品，花了十六年**。

和珅第二次降級，與劉、紀官職最接近的時刻

西元一七八二年，這年二月，**和珅因為以軍機大臣審辦甘肅鎮迪道巴彥岱受賄案徇隱事，降三級留任，這是他第二次受降級處分**。正月，六十三歲的劉墉仍在湖南巡撫任上。二月，劉墉任左都御史（從一品），兼任上書房總師傅上行走（此後，劉墉很長一段時間都兼任此職，上書房為皇子們讀書處），並賜紫禁城騎馬。劉墉與和珅一起查處富察國泰（按：乾隆時期著名貪官）等人，和珅加太子太保銜，劉墉命署吏部尚書，不久又授工部尚書（從一品），仍兼屬吏部。**這是劉墉最可能與和珅抗衡的時期，兩個人品階相差不大**。五十八歲的紀曉嵐這時也調補兵部右侍郎（正二品）。這是三個人關係最微妙的時候。

西元一七八三年，皇帝賞和珅戴雙眼花翎，和珅任國史館正總裁，任文淵閣提舉閣事。六十四歲的劉墉五月署理直隸總督（從一品），七月，調吏部尚書（從一品），在乾隆朝，這是劉墉權力最高的時候。五十九歲的紀曉嵐轉任兵部左侍郎（正二品）。

西元一七八四年，和珅三十四歲，調補正白旗滿洲都統，任清字經館總裁，獲輕車都尉世職，調吏部尚書，協辦大學士（從一品），兼管戶部，封一等男。劉墉仍任吏部尚書（從一品）。

西元一七八五年，這年正月，六十一歲的紀曉嵐授左都御史（從一品），不久發生大學士阿桂親戚海生打死妻子一案，左都御史紀曉嵐認為不是事實。和珅與刑部共同檢驗，最終確定屬實。阿桂罰俸五年，革職留任，紀曉嵐等人降職。**這是歷史上明確記載，和珅與紀曉嵐等人的一次交手，以和珅勝利告終**。這年，劉墉任協辦大學士（從一品）。

西元一七八六年，這年六月，有御史彈劾和珅的家奴劉全，說他藉主人之勢招搖撞騙，蓋大房子，但事實上，是為了給和珅長子豐紳殷德與乾隆十女兒固倫和孝公主結婚之用。乾隆認為是紀曉嵐指使這次彈劾，為報去年之仇，因此處罰彈劾的御史。但其實，紀曉嵐曾阻止這位御史彈劾劉全，他真的是被冤枉了。閏七月，和珅任文華殿大學士（正一品），仍兼管吏部、戶部事，成為內閣三大臣之一。名義上大學士阿桂為首，但和珅與乾隆關係緊密，又掌管吏部、戶部，實際權力更大。九月，**和珅**因徇私被降二級留任，這是他**第三次受降級處分**。劉墉在協辦大學士、吏部尚書任上（從一品）。紀曉嵐六十二歲，長子去世，紀曉嵐說他是因為沉迷蒲松齡《聊齋志異》而死，所以特別恨蒲松齡：「見聊齋志異抄本，時是書尚未刻，又誤墮其窠臼，竟沈淪不返，以訖於亡故。」（《閱微草堂筆記》）。

西元一七八七年，正月紀曉嵐遷禮部尚書（從一品），五月時乾隆發現《四庫全書》中有很多錯誤，紀曉嵐遭受處分。六十八歲的劉墉因洩露與乾隆的談話而被申斥，本打算給他的大學士頭銜給了王杰（按：乾隆後期、嘉慶前期名臣，亦為嘉慶的老師），從此正一品大學士要到他晚年才能拿到。

西元一七八八年，和珅三十八歲，封三等忠襄伯，地位在一品之上。**和珅封爵**，**劉墉與紀曉嵐更沒有能力跟他鬥**。這一年，六十九歲的劉墉任協辦大學士（從一品），吏部尚書、上書房總師傅。六十四歲的紀曉嵐賜紫禁城騎馬。

和珅與乾隆結親家，劉墉被踢出近臣圈子外

西元一七八九年，和珅三十九歲。豐紳殷德與固倫和孝公主成婚，和珅與乾隆成了親家。上書房諸師傅因雨天未能入值（按：官員入宮值班供職），七十歲的劉墉受到牽連，協辦大學士被取消，從吏部尚書變為侍郎銜，被剝奪入值南書房資格。此後兩年，劉墉都被排除在皇帝近臣圈子之外，根本沒有機會與和珅鬥。

西元一七九〇年，乾隆八十壽辰，和珅主持慶典成功，加二級，後又加一級。七十一歲的劉墉在禮部左侍郎（正二品）、順天學政任上。

西元一七九一年，護軍海旺等人盜竊庫銀，**和珅**作為管庫大臣有失

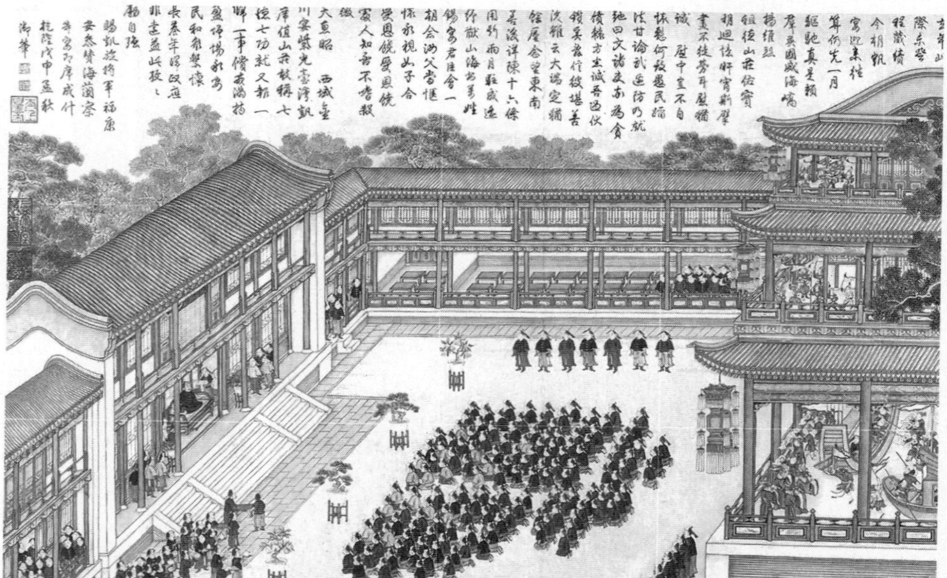

▲圖40-3　《平定臺灣戰圖．清音閣演戲圖》（清，乾隆時期宮廷畫家繪）。此圖描繪平定林爽文起義後，乾隆在承德避暑山莊福壽園犒勞凱旋將士的場面。畫作提「乾隆戊申年」，即1788年，劉墉、紀曉嵐與和珅可能都在這幅畫中。

察之責，照數賠償，被降一級，**第四次受降級處分**。這一年正月，劉墉補左都御史，月底改吏部尚書（從一品），由六十七歲的紀曉嵐任左都御史（從一品），他職位終於升上來，但最大也就到從一品。十一月，劉墉與和珅等人一起校刻《十三經》。

西元一七九二年，和珅因軍功加三級。劉墉調吏部尚書（從一品）。紀曉嵐任禮部尚書（從一品）。

西元一七九三年，和珅任教習庶起士，兼管太醫院、御膳房等事務，接待英國馬戛爾尼（George Macartney）使團。劉墉與紀曉嵐一起校《石渠寶笈續編》。

西元一七九四年，二月，**和珅**因太醫院管理不到位，降二級留任，**第五次受降級處分**。七月定大學士行走班次：阿桂居首，和珅居次，王杰居次，福康安居王杰之次，孫士毅居福康安之次。十一月，和珅因包庇吉祥將軍侵吞幣銀，降二級留用，**和珅第六次受降級處分**。七十五歲的劉墉仍在吏部尚書任上，請紀曉嵐為其母親寫墓誌銘。

西元一七九五年，和珅四十五歲。三月，朝鮮使者見聞中寫道：「閣老和珅權勢隆盛，賄賂公行，庶官皆有定價。」四月，和珅與七十六歲的吏部尚書劉墉、七十一歲的禮部尚書紀曉嵐等人，同任殿試讀卷官，三人一起工作。五月，蒙古臺吉圖巴扎布凶殘一案，**和珅**因為理藩院管理不到位，掩過飾非，因此降三級留任，這是他**第七次受降級處分**。紀曉嵐以禮部尚書兼署左都御史（從一品）。

乾隆過世十五天後，和珅被賜自盡

西元一七九六年，嘉慶三十七歲登基，和珅四十六歲。這一年，乾隆禪位，捨不得玉璽，是劉墉和紀曉嵐一起跟乾隆要回。這年四月，和珅與吏部尚書劉墉等人共同為殿試讀卷官。五月，和珅任正黃旗領侍衛內大臣，後調鑲黃旗滿洲都統。紀曉嵐六月調兵部尚書，十月調左都御史（從一品）。這年，和珅的弟弟和琳病死軍中，和珅幼子也病死，和珅家族處於多事之秋。

西元一七九七年，嘉慶二年。三月，和珅調為鑲黃旗滿洲都統，兼理刑部、戶部。大學士阿桂去世，和珅成為首席軍機大臣（正一品），和珅實際權力早就達到頂峰，這時終於熬成名義上的老大。這一年，七十八歲的劉墉任體仁閣大學士（正一品），終於獲得大學士的頭銜，但受到乾隆申斥，乾隆說劉墉向來不肯認真辦事，這次是因為大學士缺人，才讓他當。七十三歲的紀曉嵐遷禮部尚書（從一品）。

西元一七九八年，和珅四十八歲，晉公爵，相當於超品（封建王朝中，僅次於皇帝的最高品級，高於正一品）。這一年，與和珅共同生活近三十年的妻子馮氏去世。

西元一七九九年，嘉慶四年，八十八歲的乾隆去世（按照傳統習慣，稱其享年八十九歲）。**乾隆去世第二天，和珅被奪軍機大臣、九門提督等職。不久，王念孫等人彈劾和珅。乾隆去世十五天後，和珅被賜自盡**。這一年，八十歲的劉墉加太子太保，劉墉成為群臣領袖。七十五歲的紀曉嵐任高宗實錄館總裁。

西元一八〇三年，紀曉嵐署兵部尚書。劉墉贈送紀曉嵐硯臺。

西元一八〇四年，八十五歲的劉墉贈給紀曉嵐一方硯臺，紀曉嵐在上面刻字留存，年底，體仁閣大學士（正一品）劉墉去世。

西元一八〇五年，紀曉嵐八十一歲。正月，以禮部尚書、協辦大學士（從一品）、加太子太保，管國子監。二月，紀曉嵐在北京虎坊橋去世。

和珅掌權二十餘年，一生擔任過內閣首席大學士、領班軍機大臣、吏部尚書、戶部尚書、刑部尚書、理藩院尚書，還兼任內務府總管、領侍衛內大臣、步軍統領等數十個重要職務，且封三等忠襄伯，後又晉公爵，達到超品，是真正的一人之下，萬人之上。

劉墉一生擔任過安徽學政、山西太原知府、江寧知府、陝西按察使、內閣大學士、戶部侍郎、吏部侍郎、左都御史、工部尚書、體仁閣大學士等職，晚年達到正一品；紀曉嵐一生三遷御史，三入禮部，最高達到從一品。紀曉嵐和劉

▲圖40-4　《山水圖冊》（清，紀曉嵐繪）。

墉的履歷，跟和珅比，總是被壓了幾個級別。

官大一級就足以壓死人，因此，**紀曉嵐與劉墉能像電視劇中那樣整和珅的可能性不大**。

歷史上的紀曉嵐跟和珅，其實是忘年交

從時段上來看，劉墉三十二歲科舉考中，這一年和珅才一歲。在和珅年輕時，劉墉與紀曉嵐不知道有和珅；等他們知道和珅時，他已經平步青雲了。劉墉最初在地方任職，等回到中央與和珅共事，權力已不如和珅。劉墉同時代人洪亮吉《江北詩話》中記載，劉墉在任地方官時確實剛正不阿，有「閻羅老包」之稱，但後來幾經挫折也懂得圓滑，與和珅處事時，往往委蛇其間，世故圓滑，模稜兩可。

再說紀曉嵐，他的品級與權力跟和珅就差得更多，乾隆只是把他當成文學弄臣。紀連海（按：北京師範大學第二附屬中學歷史教師，因在電視節目中講述和珅、紀曉嵐等人的故事，而成為知名的歷史講者）曾說，紀曉嵐與和珅實際是忘年交，和珅每有著作，紀曉嵐會為其潤色，和珅與紀曉嵐的朋友如阿桂等人發生衝突，紀曉嵐還會從中調解，直到和珅被處死，紀曉嵐也沒說和珅的壞話。

乾隆晚年的和珅，更是沒人敢招惹他，英國使團副使喬治．斯當東（Sir George Leonard Staunton）回憶說：「他是皇帝唯一寵信的人，掌握著統治全國的實權。」

在乾隆朝的時候，三個人有沒有「鬥」的可能？還是有的，在西元一七八二至一七八八年這段

時間，三個人的差距最小。富察國泰跟和珅的關係較好，查處富察國泰一案很可能就是劉墉想暗中打擊和珅的勢力。這之後，再也沒見劉墉、紀曉嵐敢直接頂撞和珅，劉墉大部分時間都謹言慎行，不敢輕舉妄動。但劉墉確實比較正直，不阿附和珅，朝鮮使節曾說：「剛方正直推劉墉，風流儒雅推紀昀。」真正敢蔑視和珅的是軍機首輔阿桂，阿桂也是滿洲貴族，文治武功，戰功赫赫，和珅任大學士時，阿桂已經居相位十年，一直為首輔，排在和珅前面。直到一七九七年，阿桂去世，和珅才成為首席軍機大臣，這時候距離他被處死還有三年。到和珅死了之後，劉墉才成為群臣領袖。

劉墉與紀曉嵐是好朋友，兩個人經常互贈硯臺、詩篇、對聯，還一起暢談佛法等。但兩個人都不敢君臣鬥，不敢跟乾隆開玩笑。**從地位上來說，這幾個人都無法跟乾隆調侃**，古代的封建等級非常嚴格，況且**乾隆性格都極為自大自尊、剛愎自用，不允許別人詆毀自己，甚至也不允許在朝堂上出現個性張揚的清官，聽不得半點逆耳之言**。大概也正因為此，劉墉才會變得做事看起來懈怠，經常模稜兩可。

乾隆知道和珅受賄，而且並不是沒有處置過他，**和珅因為受賄（與貪汙罪名不一樣）或失察等錯誤，受過好幾次降級處分。但每一次降級，隨後就又得到恩寵而升級**，比原來還高。最後，嘉慶以「二十大罪」賜死和珅。

和珅最後被處死，不是因為貪汙？

大家都說和珅是大貪官，但最後處死他的罪名，卻沒有「貪汙罪」，罪名中沒有出現一個

「貪」字。以下就來看看二十大罪之中，與財產有關的這幾條：

昨將和珅家產查抄，所蓋楠木房屋，僭侈逾制，其多寶閣，及隔段式樣，皆仿照寧壽宮制度，其園寓點綴，與圓明園蓬島瑤臺無異，不知是何肺腸，其大罪十三。

薊州墳塋，設立享殿，開置隧道，附近居民有撼土堙之稱，其大罪十四。

家內所藏珍寶，內珍珠手串，竟有二百餘串，較之大內多至數倍，並有大珠，較御用冠頂尤大，其大罪十五。

又寶石頂並非伊應戴之物，所藏真寶石頂有數十餘個，而整塊大寶石不計其數，且有內府所無者，其大罪十六。

家內銀兩及衣服等件，數逾千萬，其大罪十七。

且有夾牆藏金二萬六千餘兩，私庫藏金六千餘兩，地窖內並有埋藏銀兩百餘萬，其大罪十八。

附近通州、薊州地方，均有當鋪錢店，查計資本，又不下十餘萬，以首輔大臣，下與小民爭利，其大罪十九。

伊家人劉全，不過下賤家奴，而查抄貲產，竟至二十餘萬，並有大珠及珍珠手串，若非縱令需索，何得如此豐饒？

只說查出他的服飾、銀兩太多，暗示鉅額財產來源不明，而沒有說這些錢是如何貪汙而來。

因為和珅有很多房產、地產、當鋪、生意等收入，想弄清他的貪汙，坐實這一罪名，太耗時麻煩了。**只要以其違規建大房子，使用的珍珠、寶石比皇家的還大，還查到內務府都沒有的好東西，這些明顯僭越禮制的重罪，就可以一擊致命**。為了能盡快處死和珅，嘉慶羅列更容易舉證的罪名，五天之後，和珅就死了。

西元一七九九年，太上皇乾隆過世，和珅也死了，乾隆留下千瘡百孔的大清，能用和珅貪汙受賄的銀兩填補嗎？並沒有，查抄來的錢很快就被嘉慶用完。乾隆去世四十一年後，一八四〇年到來，另一個時代開始了（按：該年發生鴉片戰爭）。

國家圖書館出版品預行編目（CIP）資料

正史的誤導：烽火戲諸侯、焚書坑儒、項羽自刎於烏江……看完這些翻案證據，你會驚呼，歷史課本誰編的？／趙運濤著. -- 初版. -- 臺北市：大是文化有限公司，2022.07
416面；17×23公分. --（TELL；40）
ISBN 978-626-7123-49-2（平裝）

1.CST：中國史　2.CST：通俗史話

610.9　111007367

TELL 040

正史的誤導

烽火戲諸侯、焚書坑儒、項羽自刎於烏江……
看完這些翻案證據，你會驚呼，歷史課本誰編的？

作　　者／趙運濤
責任編輯／連珮祺
校對編輯／江育瑄
美術編輯／林彥君
副 主 編／馬祥芬
副總編輯／顏惠君
總 編 輯／吳依瑋
發 行 人／徐仲秋
會計助理／李秀娟
會　　計／許鳳雪
版權經理／郝麗珍
行銷企劃／徐千晴
業務助理／李秀蕙
業務專員／馬絮盈、留婉茹
業務經理／林裕安
總 經 理／陳絜吾

出 版 者／大是文化有限公司
臺北市 100 衡陽路 7 號 8 樓
編輯部電話：（02）23757911
購書相關諮詢請洽：（02）23757911 分機 122
24小時讀者服務傳真：（02）23756999
讀者服務E-mail：haom@ms28.hinet.net
郵政劃撥帳號／19983366　戶名／大是文化有限公司

法律顧問／永然聯合法律事務所
香港發行／豐達出版發行有限公司 Rich Publishing & Distribution Ltd
地址：香港柴灣永泰道 70 號柴灣工業城第 2 期 1805 室
Unit 1805, Ph.2, Chai Wan Ind City, 70 Wing Tai Rd, Chai Wan, Hong Kong
電話：21726513　傳真：21724355
E-mail：cary@subseasy.com.hk

封面設計／林雯瑛
內頁排版／王信中
印刷／鴻霖印刷傳媒股份有限公司

出版日期／2022 年 7 月初版
定　　價／新臺幣 460 元（缺頁或裝訂錯誤的書，請寄回更換）
I S B N／978-626-7123-49-2
電子書ISBN／9786267123515（PDF）
9786267123508（EPUB）